2017年司法部国家法治与法学理论研究项目"一带一路倡议下中国农业海外投资的企业权益法律保障"（编号：17SFB2045）、重庆市国际法导师团队项目(编号:022600111200107)、重庆大学中央高校基本科研业务费项目人文社科专项"'一带一路'陆上贸易多边规则体系构建研究"（编号：2019CDJSK08PY24）研究成果

重大法学文库

中国农业海外投资的企业权益法律保障

Legal Protection of Corporate Interests in China's Agricultural Overseas Investment

曾文革　等著

中国社会科学出版社

图书在版编目（CIP）数据

中国农业海外投资的企业权益法律保障／曾文革等著 .—北京：中国社会科学出版社，2020.10
（重大法学文库）
ISBN 978-7-5203-7319-7

Ⅰ.①中⋯ Ⅱ.①曾⋯ Ⅲ.①农业投资—海外投资—涉外经济法—研究—中国 Ⅳ.①D922.295.4②D912.404

中国版本图书馆 CIP 数据核字（2020）第 186406 号

出 版 人	赵剑英
责任编辑	梁剑琴
责任校对	季　静
责任印制	郝美娜
出　　版	中国社会科学出版社
社　　址	北京鼓楼西大街甲 158 号
邮　　编	100720
网　　址	http：//www.csspw.cn
发 行 部	010-84083685
门 市 部	010-84029450
经　　销	新华书店及其他书店
印　　刷	北京君升印刷有限公司
装　　订	廊坊市广阳区广增装订厂
版　　次	2020 年 10 月第 1 版
印　　次	2020 年 10 月第 1 次印刷
开　　本	710×1000　1/16
印　　张	17
插　　页	2
字　　数	284 千字
定　　价	98.00 元

凡购买中国社会科学出版社图书，如有质量问题请与本社营销中心联系调换
电话：010-84083683
版权所有　侵权必究

《重大法学文库》编委会

顾　　问：陈德敏　陈忠林
主　　任：黄锡生
副 主 任：张　舫
成　　员：黄锡生　刘西蓉　秦　鹏　张　舫
　　　　　王本存　程燎原　陈伯礼　胡光志
　　　　　曾文革　齐爱民　宋宗宇　杨春平
　　　　　张晓蓓　焦艳鹏　张　燕

出版寄语

《重大法学文库》是在重庆大学法学院恢复成立十周年之际隆重面世的，首批于2012年6月推出了10部著作，约请重庆大学出版社编辑发行。2015年6月在追思纪念重庆大学法学院创建七十年时推出了第二批12部著作，约请法律出版社编辑发行。本次为第三批，推出了20本著作，约请中国社会科学出版社编辑发行。作为改革开放以来重庆大学法学教学及学科建设的亲历者，我应邀结合本丛书一、二批的作序感言，在此寄语表达对第三批丛书出版的祝贺和期许之意。

随着本套丛书的逐本翻开，蕴于文字中的法学研究思想花蕾徐徐展现在我们面前。它是近年来重庆大学法学学者治学的心血与奉献的累累成果之一。或许学界的评价会智者见智，但对我们而言，仍是辛勤劳作、潜心探求的学术结晶，依然值得珍视。

掩卷回眸，再次审视重大法学学科发展与水平提升的历程，油然而生的依然是"映日荷花别样红"的浓浓感怀。

1945年抗日战争刚胜利之际，当时的国立重庆大学即成立了法学院。新中国成立之后的1952年院系调整期间，重庆大学法学院教师服从调配，成为创建西南政法学院的骨干师资力量。其后的40余年时间内，重庆大学法学专业和师资几乎为空白。

在1976年结束"文化大革命"并经过拨乱反正，国家进入了以经济建设为中心的改革开放新时期，我校于1983年在经济管理学科中首先开设了"经济法"课程，这成为我校法学学科的新发端。

1995年，经学校筹备申请并获得教育部批准，重庆大学正式开设了经济法学本科专业并开始招生；1998年教育部新颁布的专业目录将多个部门法学专业统一为"法学"本科专业名称至今。

1999年我校即申报"环境与资源保护法学"硕士点，并于2001年获准设立并招生，这是我校历史上第一个可以培养硕士的法学学科。

值得特别强调的是，在校领导班子正确决策和法学界同人大力支持下，经过校内法学专业教师们近三年的筹备，重庆大学于2002年6月16日恢复成立了法学院，并提出了立足校情求实开拓的近中期办院目标和发展规划。这为重庆大学法学学科奠定了坚实根基和发展土壤，具有我校法学学科建设的里程碑意义。

2005年，我校适应国家经济社会发展与生态文明建设的需求，积极申报"环境与资源保护法学"博士学位授权点，成功获得国务院学位委员会批准。为此成就了如下第一：西部十二个省区市中当批次唯一申报成功的法学博士点；西部十二个省区市中第一个环境资源法博士学科；重庆大学博士学科中首次有了法学门类。

正是有以上的学术积淀和基础，随着重庆大学"985工程"建设的推进，2010年我校获准设立法学一级学科博士点，除已设立的环境与资源保护法学二级学科外，随即逐步开始在法学理论、宪法与行政法学、刑法学、民商法学、经济法学、国际法学、刑事诉讼法学、知识产权法学、法律史学等二级学科领域持续培养博士研究生。

抚今追昔，近二十年来，重庆大学法学学者心无旁骛地潜心教书育人，脚踏实地地钻研探索、团结互助、艰辛创业的桩桩场景和教学科研的累累硕果，仍然历历在目。它正孕育形成重大法学人的治学精神与求学风气，鼓舞和感召着一代又一代莘莘学子坚定地向前跋涉，去创造更多的闪光业绩。

眺望未来，重庆大学法学学者正在中国全面推进依法治国的时代使命召唤下，投身其中，锐意改革，持续创新，用智慧和汗水谱写努力创建一流法学学科、一流法学院的辉煌乐章，为培养高素质法律法学人才，建设社会主义法治国家继续踏实奋斗和奉献。

随着岁月流逝，本套丛书的幽幽书香会逐渐淡去，但是它承载的重庆大学法学学者的思想结晶会持续发光、完善和拓展开去，化作中国法学前进路上又一轮坚固的铺路石。

陈德敏

2017年4月

前　　言

当今世界正在发生着深刻而复杂的变化，逆全球化不时出现，以恶意贸易摩擦为标志的贸易保护主义有所抬头，国际投资和贸易风险加大，气候变化对粮食主产区的影响不断加深，金融投机等非传统因素使农产品国际市场的不确定性持续加强，全球粮食安全仍然困扰着很多发展中国家，农业持续增长动力不足和农产品市场供求结构显著变化，以上问题已经成为世界各国需要共同面对的新挑战。值得欣慰的是，各国已经觉醒，逐渐意识到农业的基础地位和重要作用，开始注重全球农业资源的整合利用和农产品市场的深度开发，对开展国际农业投资合作的诉求更加强烈和迫切。

在此背景下，中国提出"一带一路"倡议，要求依靠中国与有关国家既有的双多边机制和合作平台，积极发展与"一带一路"沿线国家的经济合作关系，打造利益共同体、命运共同体和责任共同体。作为"一带一路"倡议的重要内容之一，贸易畅通要求消除投资和贸易壁垒，构建良好的营商环境，支持开展农林牧渔业、农机及农产品生产加工等领域深度合作。事实上，"一带一路"倡议对于全球农业产业的发展意义重大。首先，"一带一路"倡议为全球农业产业合作提供了新的路径和方向；其次，"一带一路"倡议为全球农业产业互利共赢提供了中国方案；最后，"一带一路"倡议为全球农业产业可持续发展增添了动力。

随着"一带一路"倡议的实施与推进，中国农业企业开始调整经营规划，实施"走出去"战略，加大海外投资合作的力度和规模，取得了一系列成果：就区域分布而言，"一带一路"沿线国家和地区成为中国农业企业对外投资的重点区域；就行业机构而言，以粮食生产和加工为主，产业链条不断延伸；就投资主体而言，民营企业数量超过国有企业；就投资路径而言，中国农业对外合作机制初步建立；就投资方式而言，以绿地投资为主，跨国并购为辅。需要注意的是，"一带一路"倡议下中国农业企业对外投资具有深厚的理论基础，既包括资本国际移动论及资源国际转移说、企业国际化阶段理论、比较优势理论等经济学理论，也包括"一带一路"倡议和人类命运共同体等国际政治理论。

然而，除了取得上述一系列成果之外，"一带一路"倡议下中国农业企业在海外投资过程中也面临着诸多风险，例如国际法律规制上的虚无化，对东道国体系的担忧，中国农业海外投资企业国际竞争力较弱，与东道国农业利益集团存在竞争，面临东道国政府的"征收陷阱"等。这不仅损害中国农业海外投资的企业权益，还影响"一带一路"倡议的进一步实施和推进。因此，完善"一带一路"倡议下中国农业海外投资的企业权益法律保障意义重大。

为保障农业海外投资的企业权益，国内外学者进行了一系列研究。国内研究代表成果集中在以下几方面：第一，海外农业投资环境风险与法律完善（曾文革、孙健，2015）；第二，对中国企业海外农业投资行为的分析（王浩、陈前恒、朱葛军，2013）；第三，对中国农业企业对外直接投资模式的研究（茆海星，2016）；第四，对海外企业投资与中国农业"走出去"的启示的研究（何君、冯勇、张玲玲、尹燕飞，2015）；第五，对中国农业企业对外直接投资的风险与对策的分析（高勇，2012）；第六，对中国企业海外耕地投资战略风险的研究（喻燕，2011）；第七，对农业国际投资规则演进分析并提出中国的应对策略（赵立军，2016）。国外研究成果集中在以下方面：第一，从双边投资条约、国企、私企与政策改革窥见中国在投资中的角色（Norah Gallagher，2016）；第二，对全球企业并购权利的研究（George，Erika A.，2013）；第三，对企业农业投资权利提升的研究（Cordes，Kaitlin Y.；Bulman，Anna，2016）。然而，现有研究成果存在以下不足：第一，缺乏系统性和体系性研究，涉及的问题较为分散且法律研究不够深入；第二，"一带一路"色彩不足，研究的问题与"一带一路"倡议下中国农业企业对外投资的实践存在一定偏差；第三，缺乏中国农业企业海外投资典型案例的实证分析，侧重于理论研究；第四，缺乏对中国农业海外投资企业权益的内涵与外延的分析和研究。

在"一带一路"倡议的时代背景下，重新审视中国农业海外投资的企业权益法律保障具有时代意义与研究价值。就实践意义而言，不但有利于保障"一带一路"倡议下中国农业海外投资的企业权益，而且有助于中国提高统筹国内国际两个市场、两种资源的能力，保证粮食安全，还对"一带一路"倡议的进一步实施和推进具有重要意义；就理论意义而言，有助于完善中国企业海外权益保障法律理论水平，补充农业海外投资企业权益保障理论阙如，实现全球治理视野下国内法治与国际法治的良性互动，增强中国在国际学术界的话语权和影响力。

本书致力于"一带一路"倡议下中国农业海外投资的企业权益法律保障研究。分别从"一带一路"倡议下中国农业海外投资的企业权益法律保障概述、多边国际法规范、保障现状与困境、投资环境、内部性权益法律保障、外部性权益法律保障、制度完善和未来展望等方面进行系统性分析与研究，具体章节如下：

第一章是中国农业海外投资的企业权益法律保障概述。在《共同推进"一带一路"建设农业合作的愿景和行动》等国家政策背景下，"一带一路"倡议下中国农业企业海外投资呈现出以下基本态势："一带一路"沿线国家和地区是投资的热点区域；以粮食经营为主，产业链条不断延伸；民营企业数量远超国有企业，但实力偏弱且抗风险能力差；农业对外合作机制初步建立；主要是对外直接投资，以绿地投资为主，跨国并购为辅；以独资企业为主，合资企业为辅。"一带一路"倡议下中国农业企业海外投资既有资本国际移动论及资源国际转移说、企业国际化阶段理论、比较优势理论等经济学理论基础，也有"一带一路"倡议、人类命运共同体理论等国际政治理论基础。然而，国际法律规制上的虚无化、双边法律规制上的实施高代价、对东道国司法体系的担忧、中国农业海外投资企业国际竞争力较弱、与东道国农业利益集团存在竞争、面临东道国政府的"征收陷阱"等使得中国农业海外投资的企业权益法律保障具有紧迫性和必要性。中国农业企业海外投资过程中存在中国农业海外投资企业与东道国的法律关系、中国农业海外投资企业与中国的法律关系、中国和东道国的法律关系等基本法律关系。其中，农业海外投资企业权益包括内部性权益和外部性权益。前者指企业内部运营权益，后者是企业在外部与东道国以及受投资影响的群体及公众互动过程中涉及的权益。因此，中国农业海外投资的企业权益法律保障应包括以下方面：首先，应坚持共商共享共建原则、可继续发展原则、规制导向原则、创新驱动原则、绿色农业原则；其次，秉承兼顾农业产业安全与农业可持续发展、平衡东道国与投资企业的利益、促进国际农业资本市场的自由流通、融入全球语境并引导国际话语权的价值取向；最后，遵循"一带一路"倡议下中国农业海外投资的企业权益法律保障的国际法规范。

第二章是中国农业海外投资企业权益法律保障的国际法规范。国际法规范不但从投资待遇的事前保障、投资风险的事中保障、投资争端解决的事后保障对农业企业海外投资进行全方位保障，而且在绿色农业和软法约束方面发挥着特殊作用。阐述了以《与贸易有关的投资措施协定》（TRIMs协定）、《农业协定》《华盛顿公约》《多边投资担保机构公约》为代表的全球性多边条约；以《中国—东盟全面经济合作框架协议》《中国—东盟自贸区投资协议》《中国—东盟争端解决机制协议》《中国—东盟升级版议定书》《上合组织成员国政府间农业合作协定》《共同推进"一带一路"建设农业合作的愿景与行动》《金砖国家贸易投资合作框架》《金砖国家农业合作行动计划（2017—2020）》《G20全球投资指导原则》为代表的区域性协定；以《国家粮食安全范围内土地、渔业及森林权属负责任治理自愿准则》《尊重权利、生计和资源的负责任农业投资原则》《世界粮食安全委员会促进农业和粮食系统负责任投资原则》为代表的涉农投资协定，得出现行农业海外投资国际法规范呈现出以下新特点：第一，硬法与软法并存；第二，RCEP谈判新进展，区域性投资协定蓬勃发展；第三，"一带一路"与欧亚联盟对接的区域合作新形式与新规则；第四，规则适用的多层次化。与此同时，现有国际法规范对于"一带一路"农业海外投资规制存在一些不足，例如全球性的多边投资条约进展缓慢，利用率低；区域性的多边投资协定过于原则化，执行力弱；分散化、碎片化的区域投资规则造成法律适用困境。最后，从实体层面和程序层面分别提出以RCEP为核心推动区域投资协定逐步升级完善和构建"一带一路"沿线国家的投资争端解决机制。

第三章是中国农业海外投资企业权益法律保障的现状与困境。以"一带一路"国际合作高峰论坛等为代表的国际会议与论坛，以《中日韩关于加强农业合作的联合声明》等为代表的联合声明，以《中华人民共和国农业部与美国农业部农业及相关领域合作谅解备忘录》等为代表的谅解备忘录，以《中华人民共和国和俄罗斯联邦政府对所得避免双重征税和防止偷漏税的协定》等为代表的国际条约均体现了"一带一路"倡议下中国对国际法治的推动。与此同时,中国农业海外投资企业权益法律保障的思路也正在发生转变,例如保障方式从强调监督管理转变为重视引导服务,保障对象从侧重国有企业转变为民营企业和国有企业并重,保障领域从注重某一领域转变为延伸和拓展到多个领域。为保障"一带一路"倡议下中国农业海外投资的企业权益,中国出台了一系列法律法规和政策文件,其中涵盖核准与备案、外汇、融资、补贴、保险、农业合作、引导服务等重点领域。其中,以引导服务为例,规定完善经营管理体系,依法合规诚信经营,切实履行社会责任,注重资源环境保护,加强境外风险防控。选取中粮集团和双汇集团为案例分析样本,通过分析中粮集团农业项目的股权投资,发现主要存在投资信息的不对称性、企业估值的模糊性、企业经营的懈怠性等商业风险、合法性风险以及其他法律风险。中粮集团主要采取合理设定各项对赌指标,审慎确定对赌估值;科学设计对赌架构;认真对待对赌协议的涉税问题等措施。通过分析双汇集团农业项目投资,发现主要存在信息风险和汇率风险。双汇集团坚持公平互利原则和规则导向原则,积极关注母国和东道国的相关产业政策,充分利用国家间经济战略对话平台。通过上述分析,"一带一路"倡议下中国农业海外投资企业法律保障面临农业海外投资企业权益保障专门法律缺失,有关农业企业海外投资的立法位阶较低,国内立法与国际条约衔接有待完善,农业企业海外投资的保险亟须立法,农业企业海外投资的融资面临困难等问题和挑战。

第四章是"一带一路"沿线国家农业投资的法律环境。介绍了中国对"一带一路"沿线国家农业投资情况:俄罗斯是农业企业海外投资重点地区,中亚五国聚焦国家部分重点产业,缅甸是农业海外投资对象国,印度尼西亚是中国农业海外投资主要目的地,柬埔寨具有部分产业投资合作较大的空间。"一带一路"沿线国家农业投资法律环境评估有利于指引和支持中国农业海外投资企业的投资活动,预警风险和保障企业权益,促进国际商事纠纷高效解决,提升农业企业"走出去"的能力和海外经营水平。既评估了以俄罗斯和中亚五国为代表的"一带"国家农业投资法律环境,俄罗斯的立法变动频繁,法律冲突较多,司法环境不容乐观,复杂税制和高税负,中亚五国的投资政策法规日益完善,农业优惠政策多,外汇管理整体较为严格,贸易便利化程度逐步改善,税负整体较重,土地和劳工政策严格;也评估了以缅甸、印度尼西亚和柬埔寨为代表的"一路"国家农业投资法律环境,缅甸的整体法律体系有待完善,且执法成本高,营商环境相对薄弱,政府行政效率低,政策稳定性差,金融体系较为落后,印度尼西亚法律体系比较完整,但是法律稳定性和可操作性较差,营商环境水平低,税费较重,柬埔寨营商环境差,政府工作效率低,法律法规不健全。

第五章是中国农业海外投资企业的内部性权益法律保障。企业的内部性权益法律保障制度是企业内部性的治理防控体系的建设,是企业自己制定"软法"使各项业务活动互相联系、互相制约的措施、方法和规程,保证经营活动的经济性、效率性和效果性而在单位内部采取的自我调整、约束、规划、评价和控制的一系列方法、手段与制度的集合。中国农业海外投资企业面临的内部风险包括信息风险、决策风险、管理风险、操作风险等。第一,注意信息安全保障。充分利用我国政府制定的各类农业海外投资优惠政策,积极履行法律法规赋予的权利与义务,加强与有关国际组织、国内主管部门的沟通与交流,完善有效的现代化信息沟通机制。第二,提升对外投资过程中的法律保护意识。强化对外投资决策控制,建立对外投资风险评估机制,建立健全风险预警机制,妥善处理已发生的风险。第三,增强企业内部管理过程中的法律思维。优化企业管理模式,完善企业内控制度,强化企业金融防范意识,完善财务管理机制。第四,重视对企业内部文化软实力的保护。注重劳工权益保护,加强人才培养建设,加强科技创新品牌,提高企业知识产权保护意识。第五,利用外部力量保护内部合法权益。完善农业对外投资法律体系,充分发挥政策在对外投资中的指引作用,注重加强发挥相关行业协会和工会的作用。

第六章是中国农业海外投资企业的外部性权益法律保障。外部性投资风险是指对投资收益有不利影响、企业自身经营环节与要素外的各类风险。中国农业海外投资企业面临的外部风险包括政治风险、经济风险、社会风险、自然风险,其成因是农业资源保护主义的兴起,国际贸易投资规则体系的转轨,农业海外投资主体缺乏风险识别能力,国家层面规划缺失,国内政策支持力度不强。农业海外投资外部性风险法律保障制度包括风险预防制度、风险抵御制度、风险转移机制、风险事件后经验信息的收集与整理,具有体系的完整性、与签署协定的密切相关性、内容复杂性、适用地域的独特性。中国农业海外投资外部性风险法律保障制度存在以下不足:第一,风险防范制度缺失。区域政治风险、经济风险、东道国的本地化风险防范制度缺失。第二，外部性风险的抵御制度不足。第三，外部性风险事后总结与交流制度不足。完善中国农业海外投资外部性风险法律保障制度应：第一，应融入合理的投资理念。例如沟通、交流与合作的理念，共商、共建、共享的理念。第二，通过立法统筹联动明确农业对外投资战略思路。统一中国农业海外投资战略思路，针对"一带一路"沿线国家进行合理的农业投资布局。第三，规范投资过程，提升对外农业投资企业的自身抗风险能力。搭建合理的投资规范制度，建立优惠金融制度促进投资。第四，构建对外农业投资保险制度，完善外部性风险的转移机制。完善海外农业投资保险制度的基本理念，海外农业投资保险的承保机构，海外农业投资保险的承保条件，海外农业投资保险范围。第五，利用"一带一路"背景优势，完善现有国际投资争端解决机制。完善现行争端解决机制规则框架，构建农业海外投资争端解决的纠错规则，用经济外交弥补传统投资争端解决机制的不足。第六，搭建具有中国特色的"一带一路"农业投资争端解决机制。以"双边"促"多边"，充分发挥双边协定解决争议的巨大潜力，设立"一带一路"投资争端解决中心，规则理念应体现中国特色，反映沿线各国的法律传统和文化特征，程序设计要回应现实诉求，满足海外投资保护的实际需求。

第七章是中国农业海外投资企业权益保障的制度完善和未来展望。在逆全球化下的国际投资保护主义兴起，国际农业投资结构呈现不均衡性，国际农业投资逐步由"绿地投资"转变为"褐地投资"的国际背景下，中国应充分利用"一带一路"友好合作框架深化政治互信，为逆全球化问题输入全球智慧，充分利用"一带一路"倡议为国际农业投资合作提供制度动力，加快由"绿地投资"向"褐地投资"的转变速度。"一带一路"倡议推行以来国际农业投资合作与保障呈现新趋势，例如，随着"一带一路"倡议不断向纵深发展，农业投资国际保障治理理念不断优化，利用友好合作框架促进相关谈判工作的推进。"一带一路"倡议下中国农业海外投资企业权益保护应坚持以下总体思路：第一，坚持国内保障与国外保障相结合的保护框架。完善国内法律保障体系，梳理和优化国际法律保障体系，构建行业内部规则治理体系；第二，推进保障主体的多元化；第三，推动政府职能由"管理型"到"服务型"转变；第四，强化金融支持与金融合作；第五，树立可持续发展的农业投资理念，保护东道国的自然环境；第六，践行社会主义市场经济的平等原则，加强对广大民营企业的管控和服务；第七，对非洲、拉美地区的农业投资持续保持审慎态度。构建"一带一路"倡议下中国农业海外投资企业权益保障法治体系应坚持以下具体路径：首先，加强国内法法治体系建设。推动海外投资基本法的制定和颁布，进一步界定部门权力边界，补足优化法律条文，丰富"促进类"规则，进一步提升金融机构在海外农业投资企业权益保障中的作用，强化政府与企业间信息交换和信息披露机制建设。其次，推动国际法法治体系建设。推动国际投资"软法"的系统性硬化，不断丰富国际投资法和国际农业发展合作的基本原则和治理理念，完善国际组织的规则体系搭建，提升相关国际机构在解决投资争端层面的作用，选择与中国海外投资权益保护相适应的双边投资协定模式，补正我国现有的双边投资框架，完善"一带一路"纠纷解决机制，完善仲裁规定，推进沿线国家的司法合作。最后，完善中国农业海外投资企业的内部权益保障机制。不断提升农业海外投资企业的风险识别能力，企业自身应不断探索建立企业内部的事前风险评估机制，充分利用行业协会搭建标准化经营规范，政府应不断强化其引导和服务职能，推动企业内生保障规则机制的完善和优化。"一带一路"倡议下中国农业海外投资企业权益保障的未来展望如下：第一，牢牢依托传统国际法多边治理体系，充分吸纳国际智慧；第二，积极推动农业全球化进程，积极增强在新型国际贸易投资规则制定中的话语权；第三，尊重并遵守东道国以及国际通行的环境社会保护标准；第四，充分依托"一带一路"倡议，建立各类农业专项合作示范区。

本书的重点是对"一带一路"倡议下中国农业海外投资的企业权益法律保障的必要性、基本原则、价值选择、思路转变、重点领域、案例分析、主要问题以及体系建设进行分析。具体而言本书在以下方面进行了重点研究和探索：

第一，就必要性而言，说明了国际法律规制上的虚无化、双边法律规制上的实施代价高、对东道国司法体系的担忧、中国农业海外投资企业国际竞争力较弱、与东道国农业利益集团存在竞争、面临东道国政府的"征收陷阱"。

第二，就基本原则而言，阐述了共商共建共享原则、可持续发展原则、规则导向原则、创新驱动原则和绿色农业原则。

第三，就价值选择而言，兼顾农业国际竞争力和本国市场控制力，平衡东道国企业与中国农业海外投资企业的利益保护，促进国际农业资本市场的自由流通、融入全球语境并引导国际话语权等。

第四,就思路转变而言,强调了保障范围从侧重于传统农业大国转变为"一带一路"沿线国家,保障对象从侧重国有企业转变为民营企业和国有企业并重,保障环节从仅注重投资管理转变为投资管理的相关环节,保障方式从强调监督管理转变为重视引导服务,保障手段从侧重国内法转变为国际法与国内法并重。

第五,就重点领域而言,核准与备案领域确立"备案为主,核准为辅"的境外投资管理模式、明确发展改革部门核准和备案的权限、明确商务部门核准和备案的权限;外汇领域明确外汇管理的原则、丰富外汇管理的内容、突出外汇管理的重点;融资领域明确融资改革的重点、运用国家政策支持融资、酝酿修改再融资规则;补贴领域规定专项资金直接补助的内容、确立申请项目应具备的基本条件、明确申请专项资金的材料和程序;保险领域确立中国出口信用保险公司为保险人、明确承保政治风险的范围、规定保险索赔争端解决的事项;农业合作领域明确农业境外企业合作原则、突出农业境外企业合作重点、鼓励建立农业境外企业合作机制;引导服务领域完善经营管理体系、依法合规诚信经营、切实履行社会责任、注重资源环境保护、加强境外风险防控。

第六,就案例分析而言,选取了以中粮集团和双汇集团为代表的"一带一路"倡议下中国农业企业海外投资的典型案例,中粮集团主要存在投资信息的不对称性、企业估值的模糊性、企业经营的懈怠性等商业风险、合法性风险以及其他法律风险。其采取合理设定各项对赌指标,审慎确定对赌估值,科学设计对赌架构,认真对待对赌协议的涉税问题。双汇集团主要存在信息风险和汇率风险,其坚持公平互利原则和规则导向原则,积极关注母国和东道国的相关产业政策,充分利用国家间经济战略对话平台。这对于中国农业企业海外投资具有较高的参考和借鉴价值。

第七,就主要问题而言,"一带一路"倡议下中国农业企业对外投资比重较低,中国农业海外投资企业权益保障立法处于探索阶段,中国农业海外投资企业权益保护的立法程序仍需完善等因素致使"一带一路"倡议下中国农业海外投资企业法律保障面临农业海外投资企业权益保障专门法律缺失。中国农业企业对外投资涉及部门较多且难以统筹,低位阶法律具有一定的灵活性和针对性,中国农业海外投资企业权益法律保障的重要性认识不足等因素导致有关农业企业海外投资的立法位阶较低。国际法治与国内法治的关系认识不清,"重国内法,轻国际法"的情况长期存在,"一带一路"倡议提出新的时代要求等因素导致国内法与国际法衔接与转化有待完善。商业纠纷易导致外交争端,政治风险边界模糊且难以界定,代位求偿机制不完善等因素导致需要农业企业海外投资的保险立法。民营和中小农业企业自身的固有缺陷,农业企业海外投资的固有局限性,新兴产业的政策倾斜和资本冲击等因素致使农业海外投资企业融资困难。国际投资争端类型众多且缺乏统一的解决方式,各种国际投资争端解决机制均存在不同程度的缺陷,"一带一路"框架下国际投资争端解决机制亟须完善等因素导致国际投资争端解决机制存在不足。

第八,就体系建设而言,第一,坚持国内保障与国外保障相结合的保护框架;第二,推进保障主体的多元化;第三,推动政府职能由"管理型"到"服务型"转变;第四,强化金融支持与金融合作;第五,树立可持续发展的农业投资理念,保护东道国的自然环境;第六,践行社会主义市场经济的平等原则,加强对广大民营企业的管控和服务;第七,对非洲、拉美地区的农业投资持续保持审慎态度。除此之外,还应完善国内法治建设、国际法治建设以及中国农业海外投资企业的内部权益保障机制。

任何一项研究都离不开方法的支撑,没有研究方法,其研究就成了无源之水、无本之木。本书的研究方法主要包括:第一,实证分析法。以中粮集团农业项目股权投资和双汇集团农业项目投资为样本,剖析对赌协议和杠杆收购的主要风险,并阐述法律保障;第二,价值分析法。"一带一路"倡议下中国农业海外投资的企业权益法律保障应兼顾农业产业安全与农业可持续发展,平衡东道国与投资企业的利益,促进国际农业资本市场的自由流通以及融入全球语境并引导国际话语权的价值选择;第三,规范解释方法。阐述全球性多边公约、区域性协定、涉农投资协定、"一带一路"沿线国家的立法以及中国的法律政策对"一带一路"倡议下中国农业海外投资的企业权益法律保障的相关规定。

由于本书涉及内容较广,书中论证难免存在不妥之处,敬请同行和读者批评指正。

曾文革

2020年3月

目 录

第一章 中国农业海外投资的企业权益法律保障概述…………… (1)

第一节 中国农业企业海外投资的概况 ………………………… (1)

  一 中国农业企业海外投资的政策背景 ………………… (2)

  二 中国农业企业海外投资的基本态势 ………………… (3)

第二节 中国农业企业海外投资的学理基础 …………………… (6)

  一 中国农业企业海外投资的经济学理论 ……………… (6)

  二 中国农业企业海外投资的国际政治理论 …………… (8)

第三节 中国农业海外投资企业权益法律保障的基本理论 …… (10)

  一 中国农业海外投资企业权益法律保障的内涵 ……… (10)

  二 中国农业海外投资企业权益法律保障的必要性 …… (14)

  三 中国农业海外投资的企业权益法律保障的基本原则 ……… (17)

  四 中国农业海外投资的企业权益法律保障的价值取向 …… (20)

第二章 中国农业海外投资企业权益保障的国际法规范 …………… (24)

第一节 国际法规范对于中国农业海外投资企业权益保障的
作用 ……………………………………………………… (25)

  一 国际法规范对于海外投资企业权益保障的作用 …… (26)

  二 国际法规范在农业海外投资中的特殊作用 ………… (27)

第二节 全球性条约对于农业海外投资的规制 ………………… (28)

  一 WTO框架下有关农业海外投资的国际法规范 …… (28)

  二 《华盛顿公约》对于农业海外投资的规制 ………… (32)

  三 《MIGA公约》对于农业海外投资的规制 ………… (35)

  四 全球性条约对于中国农业海外投资者权益保障的作用 …… (36)

第三节　区域性协定对于农业海外投资的规制 …………… (37)
　　一　中国—东盟自贸区有关区域性协定 ………………… (37)
　　二　上海合作组织有关农业海外投资的区域性协定 …… (42)
　　三　金砖国家有关农业海外投资的区域性协定 ………… (44)
　　四　典型区域性协定对于中国农业海外投资者权益保障的
　　　　作用 ………………………………………………………… (45)
第四节　软法规范对于中国农业海外投资的规制 …………… (46)
　　一　CFS框架下农业多边投资规则的主要内容 ………… (46)
　　二　CFS框架下农业多边投资规则对农业海外投资的影响 … (48)
第五节　国际法规范对于农业海外投资的规制及完善 ……… (49)
　　一　国际法规范的新进展 ………………………………… (49)
　　二　现有国际法规范对于农业海外投资规制的不足 …… (55)
　　三　海外农业投资国际法规范的完善路径 ……………… (56)

第三章　中国农业海外投资企业权益法律保障的现状与困境 ……… (59)
第一节　中国对农业海外投资的企业权益国际法治的推动 … (59)
　　一　国际会议与论坛 ……………………………………… (60)
　　二　联合声明 ……………………………………………… (61)
　　三　谅解备忘录 …………………………………………… (63)
　　四　国际条约 ……………………………………………… (63)
第二节　中国农业海外投资企业权益立法与政策的进展 …… (65)
　　一　中国农业海外投资企业权益法律保障的思路转变 … (65)
　　二　中国农业海外投资企业权益法律保障的重点领域 … (68)
第三节　中国农业企业海外投资典型案例实证分析 ………… (73)
　　一　中粮集团农业项目的股权投资：对赌协议 ………… (73)
　　二　双汇集团农业项目投资：杠杆收购 ………………… (75)
第四节　中国农业海外投资企业权益法律保障面临的困境 … (78)
　　一　农业海外投资企业权益保障的专门法律存在缺失 … (78)
　　二　农业企业海外投资的法律位阶较低 ………………… (80)
　　三　国内法与国际法衔接与转化有待完善 ……………… (82)
　　四　农业企业海外投资的保险亟须立法 ………………… (84)
　　五　农业海外投资企业融资困难 ………………………… (86)
　　六　国际投资争端解决机制存在不足 …………………… (88)

第四章 "一带一路"沿线国家农业投资的法律环境 (90)
第一节 中国对"一带一路"沿线国家农业投资概况 (90)
  一 俄罗斯：农业海外投资主要目的地 (91)
  二 中亚五国：农业海外投资聚焦部分国家主要产业 (93)
  三 缅甸：农业海外投资对象国 (93)
  四 印度尼西亚：农业投资合作空间与风险并存 (94)
  五 柬埔寨：部分产业投资合作潜力较大 (95)
第二节 "一带一路"沿线国家农业投资法律环境评估的必要性 (96)
  一 指引和支持中国农业海外投资企业的投资活动 (96)
  二 预警风险，保障企业权益 (97)
  三 促进国际商事纠纷高效解决 (98)
  四 提升企业"走出去"的能力和海外经营水平 (98)
第三节 典型"一带"国家农业投资的法律环境及评价 (99)
  一 俄罗斯农业投资法律环境及评价 (100)
  二 中亚五国农业投资法律环境及评价 (105)
第四节 典型"一路"国家法律环境及评价 (124)
  一 缅甸农业投资法律环境及评价 (124)
  二 印度尼西亚农业投资法律环境及评价 (128)
  三 柬埔寨农业投资法律环境及评价 (133)

第五章 中国农业海外投资企业的内部性权益法律保障 (139)
第一节 农业海外投资企业内部性权益法律保障的基本内容 (139)
  一 内部性权益法律保障的定义及范围 (140)
  二 企业内部性权益保障与法律保障、风险防范的关系 (140)
  三 内部性权益法律保障的重要性 (141)
  四 企业内部性权益法律保障的相关法律法规及规章制度 (142)
第二节 中国农业海外投资企业所面临的内部风险与挑战 (144)
  一 信息风险 (144)
  二 决策风险 (145)
  三 管理风险 (146)
  四 操作风险 (148)
第三节 中国农业海外投资企业内部性权益法律保障的实施 (150)

一　内部信息安全 ………………………………………………… (151)
　　二　决策保障制度 ………………………………………………… (153)
　　三　管理体系完善 ………………………………………………… (160)
　　四　企业文化建设 ………………………………………………… (164)
　　五　相关保障措施 ………………………………………………… (168)

第六章　中国农业海外投资企业的外部性权益法律保障 ………… (176)
　第一节　中国农业海外投资企业外部性权益法律保障的内涵
　　　　　及特点 …………………………………………………… (176)
　　一　外部性权益法律保障的定义与内容 ………………………… (176)
　　二　外部性权益法律保障的特点 ………………………………… (178)
　第二节　中国农业海外投资企业所面临的外部性风险与成因 …… (178)
　　一　外部性风险的种类 …………………………………………… (179)
　　二　外部性风险的成因 …………………………………………… (181)
　第三节　中国农业海外投资企业外部性权益法律保障的缺失 …… (185)
　　一　风险防范制度缺失 …………………………………………… (185)
　　二　外部性风险的抵御能力不够 ………………………………… (186)
　　三　外部性风险事后总结与交流制度不足 ……………………… (187)
　第四节　中国农业海外投资企业外部性权益法律保障的完善 …… (187)
　　一　外部性权益法律保障制度应融入合理的投资理念 ………… (187)
　　二　通过立法统筹联动明确农业对外投资战略思路 …………… (188)
　　三　提升对外农业投资企业的自身抗风险能力 ………………… (189)
　　四　构建对外农业投资保险制度 ………………………………… (191)
　　五　完善现有国际投资争端解决机制 …………………………… (194)
　　六　构建新的国际投资争端解决机制 …………………………… (196)

第七章　中国农业海外投资企业权益保障的制度完善和未来
　　　　展望 ………………………………………………………… (199)
　第一节　中国农业海外企业投资的国际环境及新趋势 …………… (199)
　　一　中国农业企业海外投资面临的国际环境 …………………… (199)
　　二　中国对农业海外投资的推动 ………………………………… (202)
　　三　国际农业投资保障出现的新趋势 …………………………… (206)
　第二节　中国农业海外投资企业权益保护的总体思路 …………… (207)

一 建立国内保障与国外保障相结合的保障体系……………（208）
二 推进保障主体的多元化………………………………（210）
三 推动政府职能由"管理型"到"服务型"转变………（210）
四 强化金融支持与金融合作……………………………（211）
五 树立可持续发展的农业投资理念，保护东道国的自然
环境……………………………………………………（212）
六 践行平等保护原则，加强对广大民营企业的服务和
监管……………………………………………………（213）
第三节 中国海外农业投资企业权益保障的法治体系与企业治理
体系建设……………………………………………………（214）
一 国内法法治体系建设…………………………………（214）
二 国际法法治体系建设…………………………………（219）
三 企业治理体系建设……………………………………（224）
第四节 中国农业海外投资企业权益保障的未来展望……………（228）
一 不断丰富并深化全球治理理念的内涵及行为框架…（228）
二 积极推动农业全球化进程，积极提升农业投资规则制定
中的话语权……………………………………………（229）
三 依托传统国际法多边治理体系，不断探索多边投资合作
新模式…………………………………………………（230）
四 完善纠纷解决机制，推进沿线国家的司法合作……（232）

参考文献………………………………………………………（235）

后记……………………………………………………………（247）

第一章

中国农业海外投资的企业权益法律保障概述

在"一带一路"倡议的时代背景下,中国农业不断深化改革与对外开放,一方面立足国内保障国家粮食安全和农业产业安全,提出乡村振兴战略;另一方面鼓励农业对外投资合作与交流,特别是与"一带一路"沿线国家构建双边和多边合作机制,为开展农业合作提供了良好平台。推进与"一带一路"沿线国家和地区的农业投资合作,不仅是中国扩大对外开放、农业企业"走出去"的内在需要,还是"一带一路"沿线国家和地区农业发展的客观需求,更是优化和完善世界农业投资合作格局的必由之路。然而,中国农业企业在实施"走出去"战略、加大海外投资力度的同时,面临着政治风险、金融风险、经营风险、技术风险、法律风险、文化与管理风险等,这不但影响"一带一路"倡议的进一步实施与推进,还阻碍了人类命运共同体重大哲学命题的实现,也损害了中国农业海外投资的企业权益。因此,"一带一路"倡议下中国农业海外投资的企业权益法律保障意义重大且迫在眉睫。

第一节 中国农业企业海外投资的概况

"一带一路"倡议下中国农业海外投资的企业权益法律保障的意义重大。首先,保障中国农业海外投资的企业权益有利于中国农业企业"走出去",开拓海外市场,促进区域内农业要素有序流动,提升企业的国际竞争力和中国的国际影响力;① 其次,保障中国农业海外投资的企业权益是"一带一路"倡议贸易畅通的重要体现,有利于解决"一带一路"沿线国家和地区投资贸易便利化问题,消除投资和贸易壁垒,形成良好的政策氛围和营商环境;最后,保障中国农业海外投资的企业权益体现了人类命运共同体的国际权力观、共同利益观、可持续发展观和全球治理观,有助于中国发挥负责任大国的国际政治地位,为全球治理变革贡献力量和智慧。

一 中国农业企业海外投资的政策背景

作为"一带一路"倡议的重点内容,贸易畅通着力研究解决投资贸易便利化问题,消除投资和贸易壁垒,加强双边投资保护协定和避免双重征税协商,同沿线国家和地区共建自由贸易区,拓展相互投资的领域,开展农林牧渔业、农机及农产品生产加工等领域的深度合作。② 随着"一带一路"倡议的实施,中国农业企业纷纷实施"走出去"发展战略,加大海外投资力度和规模,积极开展农业企业海外投资合作与交流。与此同时,乡村振兴战略和农业农村现代化成为新时代中国农业改革发展的方向和趋势。为了保障中国农业海外投资的企业权益和促进农业改革与发展,中国从国家层面和地方层面分别出台了一系列政策文件。

就国家层面而言,为加快实施"一带一路"倡议和农业"走出去"战略,原农业部要求开展境外农业合作示范区建设试点,坚持示范区和试验区同步推进与实施,就前者而言,建设境外政策创新基地,就后者而言,积极对接国际投资规则。此外,为进一步加强"一带一路"农业合作的顶层设计和对外合作,原农业部发布《共同推进"一带一路"建设农业合作的愿景和行动》和《农业对外合作两区建设方案》。秉承政策协同等原则,以农业投资合作为重点,拓展农业投资的产业链,充分利用现有的国际公约、国际惯例和双边协定,加强与"一带一路"沿线国家的农业投资合作,不断创新和完善投资模式,因地制宜共建境外农业合作园区,积极与塞尔维亚、阿根廷、埃及等国家签订农业投资双边协定。③

---

① 邓婷婷、张美玉:《"一带一路"倡议下中国海外投资的条约保护》,《中南大学学报》(社会科学版) 2016 年第 6 期。

② 程国强:《我国农业对外开放的影响和战略选择》,《理论月刊》2012 年第 7 期。

③ 李霞、丁宇、汉春伟:《"一带一路"倡议下中国对外投资的环境挑战、机遇与建议》,《世界环境》2017 年第 5 期。

就地方层面而言，作为21世纪海上丝绸之路的重要省份，浙江制定《浙江省农业对外合作发展规划（2018—2022）》，要求加大农业企业海外投资力度和规模，提高农业企业海外投资水平，积极拓宽农业企业合作渠道和路径，培养高水平农业企业人才队伍。作为中国农业第一大省，河南发布《河南省"十三五"现代农业发展规划》，要求积极推进农业企业对外开放和制定战略规划，坚持绿色环保可持续发展，提高资源利用效率，加强与国外农业企业合作与交流，寻求市场准入、关税减免等政策优惠；作为丝绸之路经济带的重要省份，陕西发布《关于促进农业对外合作的通知》，鼓励农业企业对外投资合作，注重农业人才队伍的建设和培养，促进农业技术的国际交流，提升农业企业的国际竞争力和影响力。

为积极融入和推进"一带一路"建设，加大农业对外投资合作，吉林制定《促进农业对外合作实施方案》，要求积极推行农业示范区和试验区建设试点与布局，提升农业海外投资企业的科技含量和水平，增强自身竞争力和影响力，政府加大政策扶持力度，提高企业自身的管理水平。

二 中国农业企业海外投资的基本态势

"一带一路"倡议实施以来，中国积极贯彻农业"走出去"发展战略，投资规模不断扩大，投资结构逐步优化，投资区位更加广泛，投资行业日益丰富，投资主体日趋多元，呈现出良好的投资态势。

（一）区域分布

"一带一路"沿线国家和地区成为中国农业企业对外投资的重点区域。据统计，[①] 截至2017年，中国农业对外投资存量为173.3亿美元，同比增长10%，其中亚洲和欧洲是农业对外投资存量最为集中的地区，前者为64.6亿美元，占比37.3%，后者为58.4亿美元，占比33.7%。其中，根据中国农业对外投资的驱动因素，"一带一路"沿线国家和地区包含三类：一是以风险规避为导向，向老挝和俄罗斯等周边邻近国家投资，截至2017年，中国农业对老挝和俄罗斯投资存量分别为9.6亿美元和6.7亿美元，占比分别为5.5%和3.9%；二是以资源利用为导向，向印度尼西亚和泰国等资源丰富国家投资，截至2017年，中国农业对印度尼西亚和

[①] 农业农村部国际合作司、农业农村部对外经济合作中心编著：《中国农业对外投资合作分析报告（2018年度）》，中国农业出版社2019年版，第2—13页。

泰国投资存量分别为11.8亿美元和5.2亿美元，占比分别为6.8%和3.0%；三是以科技交流为导向，向瑞士和以色列等科技发达国家投资，截至2017年，中国农业对瑞士和以色列投资存量分别为43.3亿美元和13.7亿美元，占比分别为25.0%和7.9%。

（二）行业结构

以粮食经营为主，产业链条不断延伸。一方面，种植业是中国农业企业对外投资的主导产业，主要从事粮食和经济作物相关业务，截至2017年，在境外设立的851家农业企业中，从事种植业的企业数量为405家，占总数的47.6%，种植业对外投资存量为97.9亿美元，占比56.5%。其中，从事粮食作物种植的企业企业有216家，种植品种主要为玉米、水稻和小麦。从事经济作物种植的企业有189家，主要经营产品包括大豆、橡胶和棉花等。另一方面，产业链条不断延伸，农业对外投资领域已由初级产业链发展到加工、仓储、物流、贸易等多环节共建的局面。截至2017年，在境外设立的851家农业企业中，一半以上的企业同时经营两种以上类型的业务活动，经营一种业务的企业中，从事农业生产的企业最多，为208家；从事贸易的企业53家，从事加工的企业48家。

（三）投资主体

民营企业的数量远超国有企业，但实力偏弱且抗风险能力差。民营企业农业对外投资发展迅速，数量大幅度提升，远超国有企业，已经成为中国农业对外投资的中坚力量。在境外设立的851家企业中，由国有企业设立的企业仅有85家，而民营企业高达766家，前者的投资存量为83.0亿美元，后者为90.4亿美元，民营企业的平均投资规模仅为国有企业的1/8，总体来说，与国有企业相比，民营企业实力偏弱，抗风险能力差。但是，民营企业经营方式灵活，对外投资受限较小。值得注意的是，习近平总书记在2018年11月全国民营企业座谈会上讲到改革开放40年民营企业对国家经济发展做出的贡献，强调将不断为民营企业创造更好的发展环境，支持民营企业改革发展。可以预见，民营企业在农业对外投资领域拥有良好的发展前景，将发挥更为重要的作用。

（四）投资路径

中国农业对外合作机制初步建立。为保障中国农业企业更好地"走出去"，中国在"一带一路"沿线国家和地区建立农业对外合作机制。首先，中国与世界贸易组织、联合国粮农组织等国际组织建立了长期稳定的农业合作关系，形成了东盟与中日韩农业合作、上海合作组织农业合作、中国与联合国粮农组织"粮食安全特别计划"框架下的"南南合作"、中国与中东欧国家农业合作论坛等机制；① 其次，中国对外建立了农业产业合作区，以中俄托木斯克木材工贸合作区为例，其来源于定期会晤机制下的合作项目《中俄森林资源合作开发与利用总体规划》，主要进行森林资源的开发、采伐、加工、运输、销售等产业链商业运营，且该木材可通过中欧班列运往中国大部分市场；最后，中国与全球140多个国家建立了稳定的农业合作关系，与60多个国家成立了农业合作联合委员会或工作组。商务部已与200多个国家和组织建立了双多边经贸机制，质检总局也与各贸易合作国家和地区建立质检合作机制，签署了500余份检验检疫议定书。

（五）投资方式

主要是对外直接投资，以绿地投资为主，跨国并购为辅。按照投资形式与性质，对外投资可以分为对外直接投资和对外间接投资。中国农业企业对外投资主要是直接投资，以绿地投资为主，跨国并购为辅。绿地投资是指外国投资者向东道国输出资本，直接创办企业，并对该企业的经营管理拥有管理权或控制权。② 其特点是投资额大、建设周期长、投资风险高，这要求企业具有较高的技术优势以弥补额外的固定投资和营销网络的不足。③ 跨国并购又称褐地投资，是指外国企业通过兼并或收购东道国企业股份或资产，从而取得东道国企业的经营管理权或实际控制权。④ 与绿地投资相比，跨国并购的优势体现在以下几个方面：首先，跨国并购降低了企业发展的风险和成本。如果采取直接出口，高运费和高关税将降低企业的竞争力。如果采取绿地投资，极其耗时且难以应付国际市场，而跨国并购则避免了以上问题。其次，企业摆脱筹措资金方面的限制。一国企业向他国投资经常需要融资，跨国并购完成后，并购方可以通过多种途径获得资金，从而不影响现金支付。再次，企业可以低价购买资

---

① 翟学玲、张雯丽、原瑞玲、王慧敏：《"一带一路"倡议下中国农业对外合作研究——主要国家投资环境与企业发展实绩》，经济管理出版社2017年版，第13页。

② 王传丽主编：《国际经济法》，中国政法大学出版社2015年版，第270页。

③ 蒋冠宏、蒋殿春：《绿地投资还是跨国并购：中国企业对外直接投资方式的选择》，《世界经济》2017年第7期。

④ 王传丽主编：《国际经济法》，中国政法大学出版社2015年版，第272页。

产。跨国并购可以通过多种途径低价获取他国企业的资产或股权。最后，跨国并购可有效利用被并购企业的专利、客户、原材料、技术等相关经营资源。

(六) 企业类型

以独资企业为主，合资企业为辅。对外直接投资企业主要包括独资经营企业、合资经营企业和合作经营企业等类型。"一带一路"倡议下中国农业企业对外投资以独资企业为主，合资企业为辅。例如2017年，中国在境外设立的具有境外企业类别数据的816家农业企业中，独资经营企业为509家，占比62.4%；合资经营企业为250家，占比30.6%。

第二节　中国农业企业海外投资的学理基础

随着"一带一路"倡议的实施，中国农业企业纷纷实施"走出去"发展战略，加大海外投资力度和规模，取得了一系列成果。从理论而言，中国农业企业之所以对外投资，是因为其背后的经济学理论和国际政治理论，前者包括资本国际移动论及资源国际转移说、企业国际化阶段理论、比较优势理论；后者包括"一带一路"倡议和人类命运共同体理论。

一　中国农业企业海外投资的经济学理论

农业企业海外投资具有经济学理论基础，具体到"一带一路"倡议的时代背景，中国农业企业海外投资的经济学理论主要包括资本国际移动论及资源国际转移说、企业国际化阶段理论、比较优势理论等内容。

(一) 资本国际移动论及资源国际转移说

资本国际移动是为了达到各国的经济或者政治目的将资本从一国（地区）转移到另一国（地区）的国际资本交易。引起资本国际移动的主要原因是为了谋取利润，有时也有政治因素，例如资本所有者将资本从政治不安定的国家（地区）移出。资本国际移动须在不实行外汇管制或者外汇管制较松的国家之间进行，还需要完善和发达的国际资本市场。资本国际移动不但可以弥补一些国家国际收支经常项目的逆差，而且有利于资本短缺国家开发资源和引进技术，还可以为资本充裕国家的过剩资本找到投资路径。① 该学说不是用来解释国际直接投资，而是国际间接投资。后来，经过发展与修正产生国际资源转移说，即各国基于对技术、管理经验、原料来源的需求差别，产生了资本的国际流动，这种理论是根据赫克歇尔—俄林（Heckscher-Ohlin）模式的资源禀赋论推导而来。该模式是现代国际贸易理论的新开端，与李嘉图的比较成本说模式并列为国际贸易的两大基本模式。"一带一路"倡议下中国农业企业对外投资的背景之一便是产能和外汇过剩，需要寻找新的投资路径。加之，中国农业企业对外投资的方式以对外直接投资为主，对外间接投资为辅。在对外直接投资中，以绿地投资为主，跨国并购为辅。因此，上述学说为"一带一路"倡议下中国农业企业海外投资提供了理论基础。

（二）企业国际化阶段理论

约翰逊和瓦德协姆等北欧学者在20世纪70年代提出企业国际化阶段理论，该理论认为，企业发展经历了从国内到国际的递进阶段，大部分企业开始时将国内市场定位为主要目标，随着企业的不断发展，国内市场无法满足其需求，便开始开拓国际市场，于是进入了企业国际化阶段，融资、税收等因素也逐渐由国内化延伸至国际化阶段。企业国际化阶段理论主要包括决策综合化、价格国际化、利润最大化、资源整合化、产业多元化等内容。② "一带一路"倡议要求，解决投资贸易便利化问题，消除投资和贸易壁垒，加强双边投资保护协定和避免双重征税，开展农业多个领域的深度合作。中国农业企业开始实施"走出去"战略，加强与"一带一路"沿线国家地区的农业投资合作。

（三）比较优势理论

大卫·李嘉图提出比较成本贸易理论，该理论认为国际贸易的基础是生产技术的相对差别，以及由此产生的相对成本的差别，每个国家应当集中生产并出口具有比较优势的产品，进口具有比较劣势的产品。日本经济学家小岛清以此为基础，提出比较优势理论，即对外直接投资应选择母国的夕阳产业和东道国的朝阳产业。该理论从投资国的角度分析对外直接投

---

① 朱小梅：《论资本要素国际移动对发展中国家经济发展的影响》，《计划与市场》1998年第2期。

② 王宏新、毛中根：《企业国际化阶段的理论发展评述》，《上海经济研究》2007年第2期。

资动机，统筹了宏观和微观、投资与贸易的关系。① 为保障粮食安全和农业产业安全，中国提出乡村振兴战略，农业得以迅猛发展，特别是在技术、资金、人才、管理经验等方面积累了显著优势。"一带一路"倡议和"走出去"战略提出后，中国农业企业以此为契机，根据"一带一路"沿线国家和地区农业的基础和特点，进行针对性的投资合作，例如瑞士和以色列等国家农业科技发达，为了学习其先进的技术并在国内推广，中国农业企业主要进行劳工投资；泰国和印度尼西亚等国家农业资源丰富，为了进一步开发和利用其资源，中国农业企业主要进行资本投资；值得一提的是老挝，老挝农业资源丰富，但是种植技术落后，农业资金缺乏，缺乏出口市场，中国农业企业为当地提供资金、技术和市场，当地提供土地和劳动力，对水稻种植的各个环节均制定了严格标准，将大米出口的标准引入老挝，被老挝农林部授予"绿色种植农产品"称号。随着"一带一路"倡议的进一步实施与推进，中粮集团和湖南省农业科学院等单位在进出口老挝原生态大米、建设老挝现代农业产业园、建设老挝水稻研究中心、筹建老挝生物有机肥合作项目等方面与老挝开展合作，形成了辐射东南亚的水稻育种中心和水稻生产技术推广中心。

二 中国农业企业海外投资的国际政治理论

关于农业企业海外投资的国际政治理论较多，但具体到"一带一路"倡议的时代背景下，中国农业企业海外投资的国际政治理论主要包括"一带一路"倡议和人类命运共同体理论。

（一）"一带一路"倡议

"一带一路"倡议是中国对内深化改革和对外扩大开放的重要举措，标志着中国从国际规则遵守者向国际规则制定者的角色转变。"一带一路"倡议严格遵守联合国的宗旨和原则，坚持共商共享共建，政策沟通要求中国与"一带一路"沿线国家和地区在合作过程中，应当认真遵守国际公约、国际惯例及相关的法律政策。设施联通要求加大铁路、公路等硬件设施建设，为"一带一路"沿线国家货物运输提供便利。贸易畅通主张打破贸易壁垒，降低关税，实现投资贸易的自由化便利化。资金融通要求成立亚投行等金融机构，为"一带一路"沿线国家和地区投资提供资

---

① 任太增：《比较优势理论与梯级产业转移》，《当代经济研究》2001年第11期。

金支持。民心相同要求积极推进"一带一路"沿线国家经济、政治、文化交流与合作,消除隔阂与偏见,增强彼此的认同感。"一带一路"倡议是全球治理和国际法治下致力于构建利益共同体、命运共同体和责任共同体的新探索。① 在"一带一路"倡议下中国农业企业实施"走出去"发展战略并积极进行海外投资,不但有利于贯彻和落实"一带一路"倡议的贸易畅通,提高农业企业海外投资自由化和便利化,而且有利于转变农业企业经营战略,提升企业的国际竞争力和影响力,还有利于中国探索国际贸易新规则,构建互利共赢的国际经济新秩序。

(二) 人类命运共同体理论

当前,逆全球化趋势明显,以贸易摩擦为标志的贸易保护主义有所抬头,现有的国际经济秩序受到严重挑战,以世界贸易组织等为代表的国际组织面临着巨大困境。人类命运共同体理论应运而生,该理论视角下全球治理与国家治理成为当代中国的两大战略考量。② 该理论涵盖丰富,内涵深刻。对话协商要求针对国际政治、经济、军事等纠纷,强调利益相关方要平等对话,协商解决,通过和平方式解决争端,而不应诉诸武力或者以武力相威胁。共建共享要求全体成员共同协商制定国际规则,而不应由个别大国或国际组织制定,同理,国际规则所带来的成果也应当由全体成员共享,而非由个别大国或国际组织独享。合作共赢要求国家要摒弃隔阂与偏见,通过签署国际公约等方式加强交流与合作,从而实现国家间的共赢。交流借鉴要求国家在交流与沟通的过程中,借鉴他国的优点和长处,理解和包容他国的缺点和不足。绿色低碳要求各国在发展的过程中,不能一味地追求经济增长,而是要重视节约资源和保护环境,实现绿色、环保、可持续发展。国家权力观是指妥善处理和协调国际组织与国家之间的权力关系是构建国际公平合理的新秩序的关键。共同利益观是指气候变化、环境污染等问题将世界各国紧密联系在一起,维护国家自身利益就是维护共同的利益,需要各国共同努力。可持续发展观追求人口、资源和环境的协调发展,在国家发展的过程中要坚持经济与环保的平衡。在"一带一路"倡议下中国农业企业实施"走出去"发展战略并积极进行海外投

---

① 杨国华:《"一带一路"与国际法治》,《法学杂志》2018年第11期。
② 蔡拓:《人类命运共同体视角下的全球治理与国家治理——全球治理与国家治理:当代中国两大战略考量》,《中国社会科学》2016年第6期。

资,分别体现了人类命运共同体的国际权力观、共同利益观、可持续发展观和全球治理观。① 换言之,在"一带一路"倡议下中国农业企业海外投资是践行构建人类命运共同体,建立公平合理的国际政治经济新秩序的重要体现。

第三节 中国农业海外投资企业权益法律保障的基本理论

法律是治国之重器,良法是善治之前提。随着"一带一路"倡议的实施,中国农业企业加大海外投资力度和规模,取得显著成果。与此同时,中国农业海外投资企业与东道国的纠纷和争端也不断增加。为了保障中国农业海外投资的企业权益,亟须运用法律手段。具体而言,中国农业海外投资的企业权益法律保障主要涉及内涵、必要性、基本原则、价值取向等基本理论。

一 中国农业海外投资企业权益法律保障的内涵

在"一带一路"倡议下,中国农业海外投资的企业权益法律保障被赋予新的时代内涵。其主要包括中国农业海外投资企业的含义及界定标准、基本法律关系、企业权益等内容。

(一)中国农业海外投资企业的含义及界定标准

中国农业海外投资企业是指为实现经济利益,中国农业企业向本国以外的国家和地区进行投资。通过梳理和归纳中国签订的双边投资协定,可以得出海外投资企业有三种形式:第一,经济实体,例如"经济组织"(1997年中国—苏丹BIT)、"经济实体"(1994年中国—埃及BIT)等;第二,法律实体,例如"公司、合伙及其他组织"(2009年中国—马里BIT)"公司或实体"(1997年中国—毛里求斯BIT)、"法人"(1999年中国—摩洛哥BIT)、"公司"(2010年中国—尼日利亚BIT);第三,混合表述,例如"经济实体、法人、公司"(1997年中国—南非BIT)。

至于如何界定投资企业国籍,国际上主要有注册地标准、主营业地标

---

① 曲星:《人类命运共同体的价值观基础》,《求是》2013年第4期。

准和资本控制标准。① 依据中国签订的双边投资协定,投资企业国籍的认定标准主要有单独标准、复合标准和其他复合标准三种模式。首先,单独标准包括:第一,成立地标准,例如中国分别与尼日利亚、阿尔及利亚、南非、突尼斯等签订的双边投资协定;第二,成立地或注册地标准,例如中国与毛里求斯签订的双边投资协定。其次,复合标准包括:第一,成立地+住所地标准,例如中国与苏丹签订的双边投资协定;第二,成立地+注册地标准,例如中国与马达加斯加签订的双边投资协定。最后,其他复合标准包括:第一,成立地+主营业地标准,例如中国与赞比亚签订的双边投资协定;第二,成立地+机构所在地标准,例如中国与波茨瓦纳签订的双边投资协定;第三,成立地+总部所在地标准,例如中国与乌干达签订的双边投资协定。综上,成立地标准成为认定非自然人投资者国籍的基本标准。事实上,中国《民法总则》也采用了成立地标准。

(二) 中国农业企业海外投资的基本法律关系

第一,中国农业海外投资企业与东道国的法律关系。中国农业海外投资企业与东道国的法律关系属于东道国国内法律关系,具体而言是东道国涉外投资关系。中国农业海外投资企业对东道国进行投资不但会给东道国带来就业机会、资金、技术和管理经验等,而且也可以获取巨大利润。当然,也存在一些问题,例如可能会严重冲击当地相关产业,甚至威胁东道国农业安全;或者中国农业海外投资企业遭受东道国的不公正对待。因此,为了吸引外资,保护外商合法权益,规范外商投资管理以及促进本地经济的发展,东道国制定了一系列与外商投资相关的法律,其内容一般包含投资促进、投资保护、投资管理和法律责任等。值得注意的是,允许外国投资者进入其境内进行投资并不是东道国的义务,为了保障国家安全而限制或禁止外国投资者进入某特定领域是东道国的权利,具体表现为制定外商投资的负面清单。在"一带一路"倡议和全球经济下行的时代背景下,东道国应秉承支持对外开放和加强国际合作的宗旨,进一步放开市场准入,加大外商投资促进和保护力度,充分利用国内和国际两个市场、两种资源,从而实现本国经济的发展。除了规定在东道国的一系列外商投资相关法律,义务也体现在中国与东道国签订的双边投资协定中。中国农业海外投资企业也要遵守东道国的义

---

① 任清:《海外投资须重视国籍筹划》,《中国外汇》2017年第17期。

务，这不仅可以保护企业自身的合法权益，而且也有利于中国在东道国的良好口碑和信誉。

第二，中国农业海外投资企业与中国的法律关系。中国农业海外投资企业与中国的法律关系属于中国国内法关系。① 例如中国农业海外投资企业与中国出口信用保险公司的关系。此外，中国出台了一系列法律法规来保障中国农业海外投资企业的权益。例如国资委出台《中央企业境外投资监督管理办法》，其从境外投资监管体系建设、境外投资管理和责任追究等方面予以规定；国家发改委出台《民营企业境外投资经营行为规范》，其从管理体系、诚信经营、社会责任和环境保护等方面进行明确；商务部和国家发改委分别出台《境外投资管理办法》和《企业境外投资管理办法》规定境外投资企业设立的核准备案和境外投资项目的核准备案；国家外汇局出台《境内机构境外直接投资外汇管理规定》，其从境外直接投资外汇登记和资金汇出、境外直接投资前期费用汇出和境外直接投资项下资金汇入及结汇等方面予以规定。由此可得，一方面，尽管上述法律法规角度不一，或者从企业类型的视角予以规定，或者从农业企业对外投资的重要环节入手进行明确，甚至有的法律法规存在一些瑕疵和不足，但是均尝试着对中国农业海外投资企业的权益进行保障；另一方面，中国农业海外投资企业的实践也为上述法律法规的完善提供了意见和建议。可以肯定的是，二者在相互促进与发展的过程中，不断完善中国农业海外投资企业权益保障法律体系。

第三，中国和东道国的法律关系。中国和东道国的法律关系属于国际法上国家之间的关系。关于外国直接投资的国际法渊源包括协定、习惯、一般法律原则、司法判决、双边投资协定、避免双重征税协定、双边合作协定、区域性投资协定、多边投资协定和国际惯例等。其中，避免双重征税协定是指国家间为了避免向同一纳税人的同一所得重复征税，根据平等互惠原则而签订的双边税收协定。② 为避免双重征税和偷税漏税，中俄从税种范围、居民企业的判定、常设机构的时间门槛、股息、利息和特许权使用费等方面对《中俄对所得避免双重征税和防止偷漏税的协定》进行

---

① 吴智：《我国海外投资保险制度法律关系主体的思考》，《时代法学》2003年第1期。
② 廖益新：《论避免双重征税协定与国内税法的关系》，《厦门大学学报》（哲学社会科学版）1995年第3期。

了修订。① 综上，此举保障了中国农业海外投资企业的合法权益，增强了投资的信心，极大地促进了中国农业海外投资企业的发展。

（三）中国农业海外投资企业权益

中国农业海外投资企业权益是一项内容庞杂的系统性工程。以保障主体、方式、特点等为标准，中国农业海外投资企业权益可以分为企业内部性权益和企业外部性权益。尽管二者有所区别，但是均统一于"一带一路"倡议下中国农业海外投资的企业权益的法律保障。

企业的内部性权益法律保障是企业内部性的治理防控体系的建设，是企业自己制定"软法"使各项业务活动互相联系、互相制约的措施、方法和规程，为保证经营活动的经济性、效率性和效果性而在单位内部采取的自我调整、约束、规划、评价和控制的一系列方法、手段与制度的集合。企业的内部性权益法律保障主要包含内部环境、风险评估、控制活动、信息与沟通、内部监督等方面。其主要目的是维护整个企业内部的有序运行，致力于企业内部的财务、人事、信息、管理制度等内部性事务的处理，更多地涉及管理学、经济学与法学的结合，是企业的内部治理和内部控制。一套完善的内部管理体系能够联系企业内部各相关利益主体的正式和非正式关系的制度安排和结构关系网络，其根本目的在于试图通过这种契约制度安排，达到各相关利益控制主体之间的权力、责任和利益的相互制衡，并通过建立明确的控制机制防范投机行为、提升合作能力、降低风险，从而使得预期目标的实现变得更加可以预测。因此，企业的内部性权益保障制度的构造至关重要，直接影响和决定着一个企业的发展前景和命运，所有企业务必给予高度的重视。需要注意的是，在"一带一路"倡议下中国农业海外投资企业的内部性权益法律保障面临着信息风险、决策风险、管理风险、操作风险等风险。因此，需要从内部信息安全、决策保障制度、法制管理体系、合法文化保护、外部资源利用等方面予以保障。

企业的外部性权益法律保障是指针对所须应对的各类风险，从风险预防、风险抵御、风险转移、经验总结的角度基于法律工具所展现的一系列规则总和。其主要包含风险预防、风险抵御、风险转移、风险事件后经验

---

① 李勇彬、汪昊：《我国与"一带一路"沿线国家避免双重征税协定对比》，《税务研究》2017年第2期。

信息的收集与整理等内容。与企业的内部性权益法律保障相比，企业的外部性权益法律保障具有完整的体系性、投资协定的密切相关性、内容的复杂性、适用地域的独特性。需要强调的是，"一带一路"倡议下中国农业海外投资企业的外部性权益法律保障面临着政治风险、经济风险、社会风险和自然风险等风险，而风险防范制度缺失、外部性风险的抵御制度不足、外部性风险事后总结与交流制度存在漏洞等是亟须解决的突出问题。因此，企业的外部性权益法律保障应融入合理的投资理念，明确战略思路，规范投资过程，提升抵抗风险能力，构建投资保险制度，完善风险转移机制，构建农业海外投资争端解决机制。

二 中国农业海外投资企业权益法律保障的必要性

当前逆全球化趋势明显，以恶意贸易摩擦为代表的贸易保护主义有所抬头，全球经济格局正面临着重大变革，国际投资与贸易风险急剧增加。中国提出"一带一路"倡议，作为世界农业大国，中国为加快农业企业转型升级，调整经营战略，加大海外投资力度和规模。可以预见的是，中国农业企业海外投资风险必然随之增加，通过法律手段保障其合法权益具有必要性和紧迫性。加强中国农业海外投资企业权益法律保障，不仅可以提升中国农业海外投资企业的国际竞争力和影响力，还有助于"一带一路"倡议的进一步实施与推进。

(一) 国际法律规制上的虚无化

跨国并购是中国农业企业海外投资的重要形式，而跨国并购过程中的可能发生投资母国与东道国的管辖冲突。国际上避免该冲突主要依据国民待遇、消极礼让原则和积极礼让原则。国民待遇原则要求东道国给予中国农业海外投资企业的待遇不低于或等同于其本国国民的待遇。消极礼让原则要求东道国对于中国农业跨国投资企业跨国并购行为适用本国法时，要通过国际礼让的方式，避免在国家层面产生摩擦。积极礼让原则要求东道国和母国之间积极协助，互相合作解决中国农业企业海外投资中的冲突和问题，其强调主动性和合作性，而非被动性与消极性。[①] 由于上述原则具有一定的空洞性和模糊性，因此难以妥善保障"一带一路"倡议下中国农业海外投资的企业权益。中国是《解决国家与他国国民之间投资争端的

---

① 参见戴龙《我国反垄断法域外管辖制度初探》，《法学家》2010年第5期。

公约》的缔约国，该公约设立常设性机构，旨在解决国家与他国投资者间的争议。需要注意的是，该公约在具体实践中涉及管辖权问题时会无法保证公平性。而中国与"一带一路"沿线国家签订双边协定时，通常对管辖权问题采取保留方式，且中国不允许特殊问题赋予国际投资争端解决中心管辖权和处理权。例如，国际投资争端解决中心因为以上原因驳回中国平安集团起诉比利时政府。因此，无论是国际原则，还是《解决国家与他国国民之间投资争端的公约》，在保障"一带一路"倡议下中国农业海外投资的企业权益时均存在国际法律规制上的虚无化。

（二）对东道国司法体系的担忧

"一带一路"沿线国家的法律体系不健全、法律制度不透明和司法制度不公允，中国农业企业海外投资遇到纠纷时，如果向东道国寻求救济，东道国可能对中国企业利用当地救济设置严重障碍，而其国内法律很难确保其国内具备完善的行政复议制度和相关程序来审议各项政令从内容到形式的违法性。东道国出于本国农业经济利益的考虑，往往只接受当地化的争议解决方式，对外国投资的争议解决，主张由投资东道国国内管辖，排斥国际性的投资争议解决机制，对于ICSID等机制采取反对或有条件地接受态度，导致投资争议当地化解决的不确定。但由于不少国家法制尚不健全，因此发生违约风险的概率较高，东道国政府可能无正当合法理由不履行或违反约定履行与外国投资者签订合同。例如，个别"一带一路"沿线国家政府的政策缺乏连贯性，新政府经常单方面中止上届政府做出的承诺和签订的协议。此外，个别非洲国家否认中国农业海外投资企业与东道国政府签订的投资合同，原因在于东道国法治不健全、投资合同涉及贿赂等违法行为。

（三）中国农业海外投资企业国际竞争力较弱

就农业企业海外投资而言，发达国家比发展中国家资金多、技术高且竞争力强。事实上，发达国家的农业海外投资企业从原材料供应、核心加工到最终销售形成了一条完整的产业链，其通过绿地投资和跨国并购等直接投资方式逐步开拓海外市场，并在国际市场中占据较大份额。这不但增加了发展中国家农业企业海外投资的难度，而且影响了发展中国家的粮食安全，易导致农业产业安全危机。在"一带一路"倡议下，中国农业企业改变经营规划，实施"走出去"战略，加大海外投资力度。然而，资金缺乏、技术落后和法律欠缺等降低了中国农业企业海外投资的竞争力。

这不但阻碍了"一带一路"倡议下中国农业企业开拓海外市场,而且不利于"一带一路"倡议下中国海外投资的企业权益保障。因此,在"一带一路"倡议的时代背景下,提高中国海外投资企业的竞争力具有其必要性与重要性。

(四) 与东道国农业利益集团存在竞争

农业利益集团在部分东道国国家发挥着极其重要的作用,因而受到当地政府的关注与偏袒。其农业协会在议会制度下发挥作用,政府的政策决策也深受这些组织的影响和制约。在内容和运作上暗含着对国内农业利益集团的倾斜,许多制度安排都未将外国农业投资企业考虑进去。特殊利益集团对一国自由投资战略的推进造成重大的政治牵制,甚至由此使国家整体身份出现某种"偏袒的介入",赋予当地农业结成独立的团体争取利益的权利,而限制中国农业投资企业群体表达自身利益诉求、参与公共决策的途径。农业本身基于资源依附属性与价格波动特征具有敏感性。东道国政府可能实施汇兑限制,包括限制将本地货币兑换成硬通货,以及限制将硬通货转移出境,其原因在于:一是东道国出于本国的外汇需求,故意使得外汇继续留存本国;二是东道国低下的工作效率,未能在规定或投资者要求的时限内完成投资或利润转移出境。① 在实践中,很多发展中国家出于对外汇资源稀缺性的认识,实行重商主义的货币政策,外资只进不出,或接受外资尽量放宽条件,但需要资金出境时则设立种种障碍。此外,"一带一路"沿线国家的金融制度还不完善,没有建立信用证交易,货币制度也极其不稳定,这也加大了发生汇兑风险的可能性。

(五) 面临东道国政府的"征收陷阱"

征收是最高的海外投资风险之一,"在东道国政府—跨国公司关系中,再也没有比政府将财产和分支机构国有化更能引起争议的了"。征收既包括剥夺所有权的行为,也包括剥夺或限制使用权或控制权的行为;既包括一次性行为,也包括连续性行为。凡是投资利益受东道国不利措施影响的行为都可涵盖在内。这种剥夺或者影响投资者对投资行使使用权或控制权以及连续性受相关措施影响的行为是谓间接征收,是征收在当前的主要表现形式。部分国家认为根据经济主权原则,主权国家可对其域内经济事务

---

① 刘乃郗、韩一军、刘邦凡:《逆全球化背景下中国农业海外投资风险与对策》,《哈尔滨工业大学学报》(社会科学版) 2018 年第 1 期。

享有完全的排他的权力，而不受任何其他国家、国际机构或经济组织的干预，独立自主地决定本国参与的各种国际经济事务。对外资实行征收或国有化，且不给予充分补偿，便是国家行使经济主权的应有之义。[①] 中国农业海外投资企业可能因投资东道国基于公共利益而被征收和征用。尽管近年来直接征收风险日益减少，但取而代之的是间接征收，其隐秘性更强，破坏力度不容忽视。

三 中国农业海外投资的企业权益法律保障的基本原则

基本原则对于"一带一路"倡议下中国农业海外投资企业权益法律保障具有重要意义，其不但对企业权益保障具有导向作用，而且可以弥补法律保障的漏洞与不足。为了更好地保障"一带一路"倡议下中国农业海外投资企业权益，中国确立了一些基本原则，例如共商共建共享原则、可持续发展原则、规则导向原则、创新驱动原则和绿色农业原则。

（一）共商共享共建原则

共商共享共建原则来源于国际投资法中的公平互利原则，公平互利原则是国际投资法的一个基本原则。公平要求投资关系中各主体法律地位上的平等、权利和义务的对等；互利是指在相互关系中要兼顾双方的利益，不能损人利己。公平和互利是相辅相成有机统一的，公平是互利的前提和基础，而互利也是公平的检验标准和外在表现。[②] "一带一路"倡议下中国农业企业海外投资应当遵守共商共享共建原则，该原则要求：第一，中国农业企业海外投资要坚持开放合作，东道国的范围不应只限于"一带一路"沿线国家和地区，而是涉及更加广泛的地区和国家；第二，中国农业企业海外投资要坚持和谐包容，应尊重各国的发展道路和模式选择，加强不同法系国家的对话和合作，在区别中寻求尊重，在合作中谋发展；第四，中国农业企业海外投资要坚持市场运作，遵循市场规律、国际通行规则和市场主体作用；第三，中国农业企业海外投资过程中要坚持互利共赢，兼顾各方利益，吸引各方主动参与其中，发挥各自的优势和长处。中国与"一带一路"沿线国家签订双边投资协定时，不应仅限于形式上的

[①] 曾文革、周玉颖：《论我国对东盟农业投资政治风险的法律防范》，《经济问题探索》2013 年第 11 期。

[②] 曾华群：《国际经济法学要研究新问题》，《法学研究》2004 年第 2 期。

平等,还要考虑实质上的平等。共商共享共建原则不仅是"一带一路"建设的原则,更是"一带一路"倡议下中国农业企业海外投资需要遵守的基本原则。因此,只有坚持共商共享共建原则,才能建立中国与东道国的新型互利投资关系,才能保障"一带一路"倡议下中国农业海外投资的企业权益,才能促进"一带一路"倡议的进一步实施与推进。

(二) 可持续发展原则

为促进国际投资的可持续发展,联合国贸易与发展会议在世界投资报告中提出建立可持续发展的投资政策框架,该框架包括核心原则、各国投资政策指南和政策选择。其中核心原则包括为可持续发展而促进投资、政策的连贯性、公共治理与制度、动态的政策制定、平衡权利和义务、国家管理的权利、对投资的开放、投资保护和待遇、投资促进和便利、公司治理与责任、国际合作等。① 以此为基础,"一带一路"倡议下中国农业企业海外投资应遵循可持续发展原则,对于东道国而言,在制定外商投资法时,除了规定保护外商的合法权益,更要明确违法违规投资的法律责任。对于中国而言,在制定保护和促进农业企业海外投资的相关法律政策时,不能只考虑农业带动的经济增长,还要考虑在此过程中可能产生的环境污染和生态破坏,需要重视节约资源和环境保护,在可持续发展的基础上,实现二者的协调发展。此外,国家和地方制定支持农业企业"走出去"和加强国际合作相关的政策时,应当符合并服务于"一带一路"等国家的大政方针,为保证政策实施的连贯性,要进行定期的检查,特别是要及时跟踪和调查国际农业企业投资趋势和动态,并适时进行调整。

(三) 规则导向原则

"一带一路"法治化体系构建应遵循规则导向等基本原则。② 与此同时,规则导向原则也是"一带一路"倡议下中国农业企业海外投资的重要原则。该原则要求:第一,中国农业企业海外投资要恪守联合国宪章的宗旨和原则,要遵守和平共处五项原则,即尊重东道国主权和领土完整,不侵犯和不干涉东道国内政,平等互利以及和平共处。第二,中国在制定相关的法律时,应当符合中国加入的全球性协定、区域协定和双边投资协

---

① 宁红玲、漆彤:《"一带一路"倡议与可持续发展原则——国际投资法视角》,《武大国际法评论》2016年第1期。

② 刘敬东:《"一带一路"法治化体系构建研究》,《政法论坛》2017年第5期。

定，避免与其发生矛盾和冲突。针对上述协定未涉及的领域，法律法规应当予以丰富和完善；针对上述协定已规定的领域，法律法规应当予以协调和配合。第三，为了配合中国农业企业对外投资的相关法律法规，中国应从国家和地方两个层面出台一系列配套政策。国家政策应当立足宏观的制度安排，从中国农业企业境外投资总体上予以统筹和规划，使其更好地服务于"一带一路"倡议，而地方政策应在贯彻和落实国家政策的基础上，结合本地农业发展实际情况和农业企业经营特点，出台一些具有针对性和指导性的政策。例如农业部颁布《农业对外合作"两区"建设方案》等。上述政策不仅有利于保障"一带一路"倡议下中国农业海外投资的企业权益，而且对于促进中国的粮食安全具有重要意义。

（四）创新驱动原则

创新驱动是突破中国经济发展瓶颈、解决深层次矛盾的根本出路。[①] 加快创新驱动，培育中国农业企业海外投资新优势。首先，夯实农业发展的基础，加快发展和培育壮大绿色农业产业，对传统农业进行升级，提高竞争力。推进农业与高科技产业的深度融合，加快建设现代农业，培育具有全球影响力和竞争力的先进农业产业集群。其次，增强农业创新能力。构建开放、协同、高效的共性技术研发平台，强化农业创新对海外投资的促进作用。推动互联网、人工智能、区块链与农业投资有机融合。充分利用双边和多边合作机制，加强农业技术交流与合作，着力扩大知识产权对外许可。再次，提高农产品质量。加强质量管理，积极采用先进技术和标准，对标国际先进水平，完善认证认可制度，积极推进与东道国市场认证和检测结果互认，制定统一的检测标准。最后，加快品牌培育与保护。在中国农业企业海外投资过程中，要大力培育农业品牌，加强商标、专利等知识产权保护和打击假冒伪劣工作，鼓励农业企业开展商标和专利境外注册。强化农业品牌研究、设计、定位和交流，完善品牌管理体系，提升中国农业品牌的国际影响力和竞争力。

（五）绿色农业原则

绿色农业是运用生态经济学原理，以绿色技术进步为基础，利用绿色高科技手段，统一节约资源、保护环境和发展农业，实现绿色、环保和可

---

① 凌捷：《供给侧改革与中国创新驱动发展战略研究》，《改革与战略》2016 年第 7 期。

持续的农业发展方式。① 在"一带一路"倡议下中国农业企业海外投资应坚持绿色农业原则,具体而言,一方面,制定财政支持绿色农业发展的政策,加大财政支持力度,鼓励绿色生产,降低绿色农产品相关税费,支持实施绿色科技兴农战略;另一方面,设立绿色农业企业海外投资基金。中国光大集团与重庆市人民政府、东南非贸易与开发银行、巴基斯坦哈比银行共同签署了"一带一路"绿色投资基金合作备忘录。虽然绿色投资基金得到了政府的支持,但是其按照商业模式进行运作。针对"一带一路"沿线国家农业投资过程中产生的合作缺失等问题,"一带一路"绿色投资基金通过推动绿色金融的发展,促进农业企业海外投资,从而实现"一带一路"沿线国家农业产业高质量发展。绿色投资基金以股权投资为主,这与"一带一路"倡议下中国农业企业海外投资的模式不谋而合。此外,该基金将投资的重点集中于农业环境治理、农业设备升级、农业环保设施建设等。而上述内容是绿色农业原则的重要内容。

四 中国农业海外投资的企业权益法律保障的价值取向

价值取向是指一定主体基于自己的价值观在面对或处理矛盾和冲突时,所秉承的基本价值立场和价值态度。价值取向对于"一带一路"倡议下中国农业海外投资的企业权益法律保障具有重要意义。为保障其合法权益,中国确立了兼顾农业国际竞争力和本国市场控制力,平衡东道国企业与中国农业海外投资企业的利益保护,促进国际农业资本市场的自由流通,融入全球语境并引导国际话语权等价值取向。

(一)兼顾农业国际竞争力与本国市场控制力

"一带一路"倡议实施以来,中国农业企业转变经营战略,加大海外投资力度,农业产业安全成为亟须关注和解决的重点问题,农业产业安全包含农业国际竞争力与本国市场控制力等内容。② 农业国际竞争力侧重于中国农业企业的"走出去",要简化农业企业投资项目和企业设立的核准与备案手续,降低融资的门槛和难度,出台农业企业海外投资的保险政策,加强政府的引导与服务,提高农业企业的科技水平,形成生产、销售、运输等一套完整的产业链,加强农业高水平人才队伍建设,积极与

---

① 严立冬:《绿色农业发展与财政支持》,《农业经济问题》2003年第10期。
② 郑宝华、李东:《国内农业产业安全问题研究综述》,《农业经济问题》2008年第1期。

"一带一路"沿线国家签订涉及农业的双边投资协定。中国农业企业海外投资过程中,既要重视农业国际竞争力,也不能忽略本国市场控制力。本国市场控制力则关注外国农业企业的"引进来",应特别关注外资并购对中国农业产业的影响,例如外资并购是否对中国农业产业形成控制地位,是否削弱中国农业产业创新能力,是否会垄断中国农产品市场,是否会危及中国的粮食安全等。事实上,农业国际竞争力与本国市场控制力是对立统一关系。"一带一路"倡议下,兼顾农业国际竞争力与本国市场控制力的同时,应增强本国市场控制力,完善中国农业产业竞争政策体系,加强外商投资的审查力度,建立农业市场风险控制与预防机制,保障国家粮食安全。

(二) 平衡东道国企业与中国农业海外投资企业的利益保护

中国农业企业对外投资过程中,东道国企业和中国投资企业的利益保护存在失衡。其表现为过于保护中国投资者的利益,而一定程度上忽视东道国企业的利益,例如给予准入阶段的中国投资者以国民待遇加负面清单,给予一定的土地和税收等优惠政策,间接征收认定标准过低,征收征用的补偿标准高于本国企业等。这极大地保障了中国农业海外投资的企业权益,有利于加快国际市场扩张的步伐和速度,增强其国际竞争力和东道国的市场控制力。从某种意义上而言,东道国对中国农业海外投资企业权益的过分保障必然引发东道国企业的不满,可能产生以下后果:其一,东道国企业放弃国内市场,加大海外投资力度和规模,影响东道国农业产业安全,甚至引发粮食危机;其二,东道国企业与中国农业海外投资企业进行恶意竞争,东道国企业破坏农业基础设施,甚至引发东道国的动乱。事实上,一旦打破了东道国企业与中国农业海外投资企业的利益保护的平衡,一定程度上就会冲击东道国的经济秩序,这既不利于中国农业海外投资企业的可持续发展,也不利于东道国营造良好的营商环境,还违背了"一带一路"倡议下互利共赢的初衷。跨国公司与东道国企业存在供给商、客户、竞争者、技术伙伴、外溢效应等多元化合作方式。① 因此,通过双边投资条约平衡东道国企业与中国投资企业的利益保护具有紧迫性和必要性。除了东道国政府应有所认识之外,中国应当建议东道国政府对于

---

① 孙雅娜:《跨国公司与东道国当地企业的合作方式及其经济内涵》,《当代经济管理》2011年第8期。

东道国企业与中国农业投资企业一视同仁,在利益保护平衡的前提下实现良性的市场竞争,从而实现东道国与中国的互利共赢。

(三) 促进国际农业资本市场的自由流通

整个法律正义哲学都是以自由观念为核心而建立起来的。[①] 投资自由化的趋势最能够影响到农业产业欠发达地区的产业安全与产业经济。国际资本向农业领域的渗透与延伸,客观上反映了人口众多的新兴市场对食品进口的需要、全球对生物燃料需求的增加、投资国土地和水等农业生态资源的缺乏。即使从全球法律环境分析,在投资自由化机制的作用下,发达国家的跨国公司往往能较为便利地进入发展中国家,尤其是中国这样潜力巨大的国内市场,这一趋势也是客观使然:其一,从国际贸易环境来看,多哈回合的农业谈判难以取得共识,一方面,发达国家坚决拒绝削减本国巨额的农业补贴;另一方面,发展中国家在农业"低补贴、低投入、低科技"的状态下,要应对发达国家拆除贸易壁垒、放开农产品市场的要求。因此,绕过贸易壁垒的最便捷方式即为直接投资。其二,相较于大多数发展中国家在农业领域的资本运营与技术投入,跨国农业企业所拥有的实力后盾显然要强大得多。在投资方面,它们更懂得通过资本与产业的结合来获得超值利润。打通价格通道,通过控制农业产业链来获取超额利润与丰厚回报,是资本逐利的本性使然,也造成了外资在许多低收入国家的农业资本构成中占相当大比例的局面。其实,在以"粮食战争"为核心的农业产业竞争力抗衡中,无视农产品的金融属性必将使得产业资本失去对优势市场的进入契机与控制。

(四) 融入全球语境并提升国际话语权

农业海外投资是实现全球农业资源配置,提高农业资源利用效率,促进全球农业发展,实现国家粮食安全的重要手段和途径。国际话语权是权力的重要组成部分,也是大国博弈的重要方面。[②] 中国已经逐渐意识到融入全球语境并引导国际话语权的重要性,并采取了一系列措施。首先,中国提出"一带一路"倡议,其包括政策沟通、设施联通、贸易畅通、资

[①] [美] E. 博登海默:《法理学——法哲学及其方法》,邓正来等译,华夏出版社 1987 年版,第 272 页。

[②] 孙吉胜:《中国国际话语权的塑造与提升路径——以党的十八大以来的中国外交实践为例》,《世界经济与政治》2019 年第 3 期。

金融通和民心相通,以贸易畅通为例,其要求消除贸易壁垒,放宽市场准入,实施税收优惠,实现投资自由化和贸易便利化,这为中国农业企业海外投资创造条件。其次,中国从国际法层面来推动农业企业海外投资,除了与"一带一路"沿线的传统农业国家签订了一系列农业双边投资协定之外,中国根据中国农业企业对外投资的实际情况定期修订已签订的农业双边投资协定。此外,中国加强与世界粮农组织、世界贸易组织等国际组织的沟通与合作,积极参与国际农业论坛与学术交流,并提出建议和意见。再次,中国从国内法层面来推动农业企业海外投资,中国从核准与备案、融资、保险、引导服务等方面出台了一系列法律政策,中国定期发布关于"一带一路"沿线的农业大国农业投资的指导意见,以引导和服务中国农业企业对外投资。此外,为解决中国农业企业对外投资过程中产生的纠纷,中国成立了国际商事法庭。最后,在"一带一路"倡议下,中国农业企业转变经营战略,纷纷"走出去",在"一带一路"沿线国家进行大规模海外投资,积极与东道国企业交流与合作,推动农业产业相关技术标准的协调和统一,不断增强企业的国际竞争力和国家影响力。

第二章

中国农业海外投资企业权益保障的国际法规范

农业是"一带一路"沿线国家投资的重要领域,同时也是高风险领域。随着"一带一路"逐步走深走实,农业海外投资的规模也越来越大。相应地,在海外投资过程中也遇到一些风险需要寻求法律保障。目前,现有的农业海外投资的国际法规范主要由四部分组成:各国的国内投资法律制度,全球性的多边投资协定,区域性的投资协定,双边投资协定。① 现有的国际法规范不仅对于农业海外投资者的行为具有重要的指导意义和保障作用,而且对于"一带一路"建设过程中企业权益保障法律制度的构建具有重要的参考价值。本章通过梳理研究这些国际法规范,主要研究全球性多边协定和区域性投资协定的相关规则,有助于中国农业企业辨明投资外部环境,以期为投资者利用国际规则规避风险提供指导意义;进而得出现有国际法规范保障农业海外投资者权益的制度缺陷,为中国后续多边投资协定的谈判与修改明晰思路,对企业权益保障法律制度的构建寻找出发点。

在论述本章内容之前,需要阐明"海外投资""企业权益""国际法规范"的关系。海外投资是指中国投资主体通过资金、股权、实物、知识产权等形式向境外投资,并取得经营管理权;企业权益是指企业作为单一商业主体所享有的所有权、经营权、使用权和控制权等;国际法规范则包括国际条约、国际习惯和一般法律原则。在海外投资过程中,作为单一的

---

① 张小波、李成:《论全球治理中的国际投资机制构成、发展及对中国的影响》,《国际观察》2016 年第 4 期。

商业主体如何与东道国抗衡？如何维护企业权益？这就需要通过国际法规范。国际法规范由国家间自由同意而缔结，又反过来约束所有缔约国。国际法规范约束国家行为体，对于作为国际法主体的投资者的权益具有协调和保护功能。当然，企业权益也可以通过企业内部的规章制度来保障，但海外投资具有跨国性，法律主体和法律环境较为复杂，遇到东道国采取征收、国有化措施时，单靠企业自身的战略决策是无法止损的，需要借助国家层面完善的海外投资保险制度和签订的双、多边国际条约。也就是说：中国农业海外投资的企业权益保障最重要的手段是法律保障——国际法规范。国际法规范包括双边协定和多边协定，多边协定又分为全球性和区域性协定。本章内容主要论述多边协定对于中国农业海外投资企业权益保障作用。

第一节 国际法规范对于中国农业海外投资企业权益保障的作用

法者，治之端也。法律是治国之重器，良法是善治之前提。在农业海外投资的过程中，企业权益不仅受到企业规章等内部性保护，同时受到法律等外部性保护。国际法作为部门法，具有法的指引、评价、教育、预测和强制功能，而法律又因其可预测性与强制性，成为保障中国农业海外投资企业权益的重要利器。企业权益保障机制需要内部与外部的协同保障，才能真正维护海外投资企业的利益。而在外部保障机制主要表现为国际法规范、东道国国内法、母国的海外投资法。何为国际法规范？根据《国际法院规约》第38条，国际法的渊源主要包括国际条约、国际习惯、一般法律原则。[1] 但是，第38条的规定并非穷尽列举，有学者指出"软法亦是国际法规范的重要形式"[2]，对于海外投资企业的权益保障起到重要的规范与指引作用。因此，完善的企业权益保障机制分为内部性权益保障和外部性权益保障，同时外部性权益保障包括硬法和软法的共同保障。

---

[1] 江河：《朝核危机的国际法解读：以安理会决议为视角》，《武汉科技大学学报》（社会科学版）2013年第1期。

[2] 何志鹏：《逆全球化潮流与国际软法的趋势》，《武汉大学学报》2017年第4期。

一　国际法规范对于海外投资企业权益保障的作用

《维也纳条约法公约》"承认条约为国际法渊源之一，是各国间不分宪法及社会制度发展和平合作的工具"，并将条约定义为"国家间自由缔结而以国际法为准的国际书面协定"。[①] 这就是说通过国家间自由同意而缔结的国际法规范，反过来又约束所有缔约国。根据"条约必须信守"原则，国际法规范对于国家行为体的约束，对于作为国际法主体的投资者的利益具有协调和保护功能。具体而言：国际法规范对于海外投资者权益的全方位保障作用主要体现在以下三个方面：（1）对投资待遇，保障予以公平公正待遇，起到事前保障作用。无论全球性协定，还是区域性协定，都规定了投资待遇问题。许多双边投资条约也对投资待遇问题做出明确规定，承诺给对缔约方投资者的投资给予公正和公平的待遇、最惠国待遇甚至国民待遇。这一保证使得中国投资者在东道国能享受平等的待遇，免遭歧视和不公平竞争。中国《外商投资法》的通过，标志着中国对外开放迈入新阶段。实行准入前的国民待遇和负面清单模式更有利于扩大外商投资，其更能推动中国投资者在"走出去"过程中获得同等的待遇与保护。（2）投资风险担保，这是国际法规范保护的重心，起到事中保障作用。国内立法，双边条约和多边投资担保机构均对此作了明确规定。如有些资本输入国的外国投资法规定，一般不采取国有化和征收措施，在特殊情况下的征收时，支付公正补偿；资本输出国的海外投资保险主要是为了保证投资者不受东道国政治风险的损害而施行的。资本输入国与资本输出国缔结的双边投资条约更以此为核心，规定承保范围和代位求偿权等问题。《多边投资担保机构公约》建立的多边投资担保机构，承保政治风险，意图给国际投资提供更有力的保证。（3）投资争端解决，是投资者权益保障的最后一道防线。作为重要的投资争端解决机制，《华盛顿公约》所确立的解决国家与他国国民间投资争端中心，对于规制中国投资者和东道国政府的争端规定了完整的法律程序。目前，ICSID 受理案件共有 960 个，中国作为原告的有六个，中国投资者逐步认识到 ICSID 对于其权益保障的重要作用。此外，区域性协定，双边投资条约中都有争端解决的规定，保障投资者与东道国在法律框架内行动，否则将受到争端解决机制

[①] 韩立余：《构建国际经贸新规则的总思路》，《经贸法律评论》2019 年第 4 期。

制裁。综上，国际法规范为海外投资行为以及权益保障提供可约束性的法律框架，对于各方利益的协调和法律权益保障无疑具有重要意义。

二 国际法规范在农业海外投资中的特殊作用

农业是"一带一路"倡议实施以来中国对外投资的重要组成部分。2018 年《中国对外投资发展报告》的数据显示：2017 年中国农业对外直接投资存量 173.3 亿美元，收入 509.6 亿美元，雇佣外方劳工 13.9 万人，向东道国缴纳税款 4.1 亿美元，投资覆盖亚洲、欧洲等 100 多个国家和地区，涉及粮食作物、农资农机及生产加工等各个产业链，为世界粮食安全及可持续发展做出了积极贡献。[①] 同时，由于农业的弱质性，易受自然条件影响，相对而言农业投资具有高风险性，对于农业投资形成有约束力的国际法规范具有防范投资风险之优势。具体而言，国际法规范对于海外农业投资者的作用除了投资待遇、风险担保、争端解决等共性作用外，还有一些特殊性作用。其一，国际法规范在农业海外投资中的特殊作用体现在绿色农业方面。农业的弱质性和不可或缺性，需要各国政府对农业予以保护和支持。作为多边贸易体系基础型地位的世界贸易组织经过艰难的多轮谈判，制定了《农业协定》等规则来规范各国农业补贴行为。中国在绿色发展原则的指引下，在 WTO 框架内逐步完善中国法律体系，在 WTO 框架下规划农业补贴，减少农业国内支持立法与国际农产品贸易相关规定的冲突，以践行中国入世时的承诺。具体而言，中国应增加"绿箱"补贴，以弥补中国的"绿箱"支持缺口。同时，合理利用"黄箱"政策空间，并积极推动"黄箱"向"蓝箱"的转变以及"蓝箱"向"绿箱"的转变，调整投资方向，可以提高农业科技水平，促进农业信息推广、培育良种，在完善农产品检验检疫系统等方面加大投入量。[②] 其二，国际法规范在农业海外投资中的特殊作用还体现在软法的软约束力方面。WTO 框架下农业谈判进展缓慢，联合国粮农组织、联合国贸发会议、世界银行、OECD 等利用其自身技术优势，相继制定了农业领域多边投资规则，出台

[①] 余姝、陈伟、郇长坤：《中国海外农业投资区位选择中东道国法治环境评价》，《世界农业》2019 年第 9 期。

[②] 李杰：《WTO 农业补贴规则与中国绿色农业补贴法律体系的调适》，《云南农业大学学报》（社会科学版）2017 年第 2 期。

了包括《尊重权利、生计和资源的负责任农业投资原则》、《国家粮食安全范围内土地、渔业及森林权属负责任治理自愿准则》(《土地权属自愿准则》)、《促进农业和粮食系统负责任投资原则》(《负责任农业投资原则》) 等重要文件,[①] 成为农业海外投资法律体系中最重要的部分,对于海外投资者的权益保护具有重要意义。

第二节 全球性条约对于农业海外投资的规制

全球性多边投资条约是调整国际投资关系的主要国际法规范。[②] 全球性条约是缔约国平等协商基础上缔结的,对海外投资者权益保障具有重要作用。从现有的国际法规范来看,海外农业投资者权益主要受到以下条约保障:WTO 框架下的投资规则,解决他国国民与缔约国争端的《解决国家与他国国民投资争议公约》(简称《华盛顿公约》),向发展中国家投资承保政治风险的《多边投资担保机制公约》(简称《MIGA 公约》)。WTO 框架下涵盖贸易、服务、投资、争端解决机制等规则,旨在促进贸易便利化和投资自由化,营造良好的投资环境,吸引各国海外投资合作。ICSID 作为解决缔约国与他国国民争端的国际性专门机构,对于化解纠纷,营造平等和谐的投资环境起到事后保障作用。MIGA 保险机制下担保业务较为灵活,可以弥补官办保险公司承保严格而造成无法投保的弊端,对于海外投资者的权益受损提供事中救济。[③] 投资准入、风险承保、争端解决等国际法规范,为海外投资者搭建起完善的外部权益保障机制。同时,梳理相关规则也是制度完善和权益保障机制构建的逻辑起点。

一 WTO 框架下有关农业海外投资的国际法规范

关税与贸易总协定(GATT)经过八轮回合,终于于 1995 年 1 月 1 日成立了世界贸易组织(WTO)。作为最重要的国际经济组织,世界贸易组

[①] 赵立军:《农业国际投资规则演进及中国的应对策略研究》,博士学位论文,中国农业科学院,2016 年,第 24 页。

[②] 曾华群:《国际经济法导论》,法律出版社 2007 年版,第 318 页。

[③] 蒋德翠:《中国企业在东盟投资的法律保护研究》,《广西社会科学》2018 年第 10 期。

织法律体系涵盖货物贸易、服务贸易、知识产权以及争端解决等诸多方面。受全球价值链的影响，贸易与投资的界限逐渐变得模糊，比如，北美自由贸易协定中包含投资章节，多边投资协定包含贸易条款。因此，世界贸易组织（WTO）框架下调整农业海外投资的国际法规范主要包括《与贸易有关的投资措施协定》《农业协议》。世界贸易组织一直秉持成员国加入时接受一揽子协议的约束，不得提出保留，自2010年中国加入世贸组织以来，积极利用WTO规则来为中国企业海外投资提供制度保障。

（一）《与贸易有关的投资措施协定》（简称TRIMs协定）

1. 多边投资规则的探索与发展

第二次世界大战以来，随着生产和资本的国际化趋势加强，以美国、欧盟为首的发达国家开始尝试构建全球性、综合性的多边投资协定。WTO框架下多边投资规则的谈判真正始于乌拉圭回合，作为乌拉圭回合的三个新议题之一，经过缔约各方的协商谈判和相互妥协，终于在1994年通过了《与贸易有关的投资措施协定》（Agreement on Trade-Related Investment Measures）（简称《TRIMs协定》）。《TRIMs协定》是第一份专门针对投资的具有全球效力的多边投资协定。在此之前，OECD曾通过了《国际投资和多国企业宣言》，该宣言相对简单，仅对跨国企业和东道国的行为作了规定。而《TRIMs协定》涵盖了国民待遇、出口限制、外汇限制等一系列投资措施，包括针对发展中国家的例外条款，是全球投资规则的标杆。[①] 1995年，美国试图在发达国家内部达成高标准的多边投资协定（MAI），但是因法国等反对而失败。[②]

2.《TRIMs协定》的宗旨及主要内容

《TRIMs协定》是在WTO框架下达成的有关投资的规则在贸易领域的延伸，许多条款仍以GATT规定为基础，适用范围较为狭窄。该协定的宗旨是禁止投资措施对贸易造成扭曲和限制，推动贸易的逐步自由化，进而推动国际投资与合作。协定规定的基本原则是：成员国实施与贸易有关的投资措施，不得违反关贸总协定关于国民待遇和取消数量限制的原

---

① 赵立军：《农业国际投资规则演进及中国的应对策略研究》，博士学位论文，中国农业科学院，2016年，第23页。

② 曾华群：《国际经济法导论》，法律出版社2007年版，第319页。

则。① 并且该协定明确规定了五种与贸易有关的投资措施,包括当地成分要求、贸易平衡要求、数量限制要求、外汇管制要求等。② 此外,《TRIMs协定》还规定了透明度原则和争端解决机制,协商程序和争端解决使用GATT1994第22条、第23条和WTO《争端解决谅解书》各项条款。

综上所述,《TRIMs协定》虽然是多边投资规则的突破,但是因其是在WTO贸易规则下所形成的,仍然从属于GATT,未突破GATT的适用范围。③ 主要体现在以下几个方面:第一,《TRIMs协定》适用于与货物贸易有关的投资措施,对于服务贸易、技术贸易不包含在内。第二,《TRIMs协定》将国民待遇原则和取消数量限制原则作为其核心内容,通过概括式和列举式明令禁止五项与贸易有关的投资措施。依据协定,禁止任何成员方不得实施与关贸总协定第3条国民待遇或第11条一般取消数量限制的规定不相符合的与贸易有关的投资措施。第三,《TRIMs协定》具有概括性和不确定性,对于与货物贸易有关的投资措施的内涵与外延并未界定。

3.《TRIMs协定》对农业海外投资的规制及局限

《TRIMs协定》作为WTO一揽子协议的一部分,中国自2001年加入以来,积极利用WTO规则来为中国企业境外投资提供保障。农业作为中国海外投资的重要领域,理应受到《TRIMs协定》的规制。虽然该协定没有专门规定农业有关内容,但其基本原则和核心禁止内容对于农业海外投资具有重要指导意义。中国与其他WTO缔约国应当积极履行WTO体系下的义务并积极寻求法律保障。

作为最具影响力且第一个与投资有关的实体性全球多边投资协定,《TRIMs协定》虽然存在适用范围狭隘、概括性、不确定性等问题,但是仍然是投资规则迈出的一大步,对于国际投资自由化、多边投资规则的构建具有划时代意义,将推动国际投资法的重大进步。比如:将"国民待遇""取消数量限制"和"透明度"等贸易规则引入国际投资法领域,借助行之有效的争端解决程序规制投资,丰富和促进国际投资法的发展。

---

① 余劲松主编:《国际经济法》,高等教育出版社2018年版,第223页。

② 刘辉群、卢进勇:《WTO多边投资规则对中国企业"走出去"的影响》,《世界贸易组织动态与研究》2010年第6期。

③ 梁咏:《中国投资者海外投资法律保障制度研究》,博士学位论文,复旦大学,2009年,第30页。

《TRIMs 协定》是世界上第一个具有约束力的实体性国际投资协定，在国际投资法发展史上具有重要意义。①

(二)《农业协定》

1.《农业协定》的宗旨及主要内容

农业是多哈回合谈判的主要议题之一，经过艰苦谈判，终于签订了《农业协定》。《农业协定》的基本宗旨是：建立公平的、以市场为导向的农业贸易制度体系，并涉及应当通过在国内支持和保护方面的承诺谈判，来建立起强有力的、在操作上更为有效的规则推动农产品贸易体系改革工作，逐步实现农产品贸易自由化。《农业协定》确立的农产品规则主要由市场准入、国内支持和出口补贴三部分组成。第一，市场准入关税化。市场准入，主要指降低进口关税和放松各种进口限制。《农业协定》中的市场准入承诺，指农产品关税削减与约束以及减让表中列明的其他市场准入承诺。统一适用的关税取代以前存在的各类非关税措施，各类非关税措施转换成关税后，列入关税减让表中，构成约束性关税。第二，国内支持弱化。国内支持是指对国内农业生产者的支持措施，包括对农业生产者的国内补贴。这种支持可以通过市场价格支持或政府直接支付来实现。《农业协定》将国内支持分为不同类型并设定不同义务。这些措施被形象地称为"黄箱"措施、"绿箱"措施和"蓝箱"措施，并设定不同的义务。"黄箱"措施主要指《农业协议》允许提高或保证农产品价格和农民收入的各类补贴与支持，但应当逐步减少这类补贴和支持。各成员提供的国内支持纳入减让表，除另有规定外，任何成员不得超过减让表列明的承诺水平提供有利于国内生产者的支持。"绿箱"措施是指国内支持措施对生产没有扭曲作用或者仅有非常小的扭曲作用，对此可以不用作出减让承诺，这些不用作出减让承诺的国内支持措施，应通过政府公共资金计划提供，并且不能具有对生产者提供价格支持的作用。"蓝箱"措施是指用于限产计划的直接支付，不在削减国内支持承诺的范围内。第三，出口补贴明确化。《农业协定》第 8 条明确规定："每一个成员承诺不提供不符合该协定且不符合减让表中的承诺的出口补贴。"该协定第 3 条规定，除另有规定外，不得对减让表未列明的农产品提供出口补贴；对列明的农产品不得

---

① 刘辉群、卢进勇：《WTO 多边投资规则对中国企业"走出去"的影响》，《世界贸易组织动态与研究》2010 年第 6 期。

超出所列明的最高水平提供出口补贴。《农业协定》规定的农产品出口补贴纪律与《补贴与反补贴措施协定》完全禁止的出口补贴不同。《农业协定》允许对农产品提供已经列明的出口补贴，但补贴要逐渐减少，既要减少补贴资金数额，又要减少接受补贴的产品数量。各成员不得提供没有列明的出口补贴。[1]

除此之外，"非贸易关注"也是《农业协定》的重要内容。《农业协定》第 20 条规定：非贸易关注问题在改革的继续进程中加以考虑。就理论层面而言，"非贸易关注"是指那些违背了 WTO 的自由贸易基本原则，但是却关乎个人、国家乃至整个世界多个方面的社会福祉问题。因此，非贸易关注范围主要包括农业的多功能性、动植物检测检疫、绿色技术壁垒以及知识产权保护问题、环境标准和动植物福利问题。[2]《农业协定》的非关注事项对于海外农业投资过程中遇到的环境风险和粮食安全问题的防控具有重要的意义。

2.《农业协定》与农业海外投资的关系

《农业协定》从一定程度上限制了对农产品贸易的扭曲，增加了农业保护的透明度，从而使农产品交易的透明度和安全性有所提高。此外，农产品贸易争端解决程序有利于解决纠纷，营造良好且稳定的国际农产品贸易环境。[3]显然，《农业协议》对于改善国际农产品贸易规则具有重要意义。但是，《农业协议》主要是发达国家的产物，中国只能被动接受，许多规则对于发展中国家的优惠待遇并未实现。市场准入的关税化导致了关税高峰，出口补贴的笼统规定，表明公平公正的贸易体系仍然遥远。

二 《华盛顿公约》对于农业海外投资的规制

(一)《华盛顿公约》的主要内容

《解决国家与他国国民间投资争端公约》（简称《华盛顿公约》）在解决国际投资争端，改善投资环境方面发挥着重要作用。《华盛顿公约》于 1966 年 10 月生效。根据该公约成立了 ICSID，作为解决缔约国与另一

---

[1] 陈安主编：《国际经济法学》，北京大学出版社 2017 年版，第 358 页。

[2] 曾文革等：《我国农业贸易生态化转型的法律保障研究》，中国社会科学出版社 2017 年版，第 55 页。

[3] 向雅萍：《WTO 农业协议与中国农业法制环境》，《武汉理工大学学报》（社会科学版）2004 年第 1 期。

缔约国国民之间投资争端的国际性专门机构。中国于1990年2月9日签署公约，1993年1月7日交存批准书，1993年2月6日公约对中国生效。中国在农业海外投资的过程中必然会与东道国发生各种类似法律冲突，近几年的数据显示中国主要投向俄罗斯、东盟等"一带一路"国家，而"一带一路"沿线国家只有其中几个国家不是《华盛顿公约》的缔约国。中国在海外农业投资过程中，可以寻求争端解决机制保障中国农业企业的合法权益。

ICSID作为解决缔约国与另一缔约国国民之间的投资争端的国际性专门机构，是《华盛顿公约》的重要内容。《华盛顿公约》主要规定了"中心"管辖权、调解与仲裁程序以及裁决的排他性效力。关于仲裁管辖权，《华盛顿公约》规定必须同时具备以下要件：第一，争端是因投资而产生的；第二，争议双方必须为该公约缔约国和另一缔约国投资者；第三，必须以争端双方书面同意ICSID管辖为前提。同时规定了中心管辖的排他性。根据《华盛顿公约》第26条、第27条，一旦一方选择仲裁中心，除另有规定外，意味着排除其他救济，包括东道国的当地救济、外国法院诉讼、其他仲裁程序和投资者母国的外交保护。但是，东道国有权"用尽当地补救"，作为同意根据《华盛顿公约》将争端提交仲裁的一个条件，即东道国有权要求投资者在将其提交仲裁中心之前用尽当地补救。关于仲裁方式，《华盛顿公约》规定了主要通过仲裁和调解两种方式解决投资者与东道国的争议，由于调解不具有约束力，而仲裁具有约束力，仲裁成为ICSID最重要的争端解决方式。《华盛顿公约》第42条规定[①]了仲裁所适用的法律，即首先根据当事人合意选择的法律，若当事人没有选择，则适用争端一方缔约国（东道国）的国内法以及可能适用的国际法，并应遵循不得拒绝裁判和公序善良原则。[②]关于仲裁裁决的承认与执行，《华盛顿公约》第53条规定，裁决对当事各方具有约束力，不得进行任何上诉或采取其他公约规定外的补救办法。除了根据公约规定予以停止执行的情况

---

① 《华盛顿公约》42条规定："（1）仲裁庭应当依照双方可能同意的法律规则裁定一项争议。如无此种协议，仲裁庭应适用争议一方缔约国的法律（包括其关于冲突法的规则）以及可能适用的国际法规则。（2）仲裁庭不得借口法律明文规定或含义不清而暂不作出裁决。（3）第（1）款和第（2）款的规定不得损害仲裁庭在双方同意时根据公平善意原则对争议作出裁决的权力。"

② 余劲松主编：《国际经济法》，高等教育出版社2018年版，第256页。

外，任何一方均应遵守和履行裁决的规定。① 由于一裁终局和排他性规定，使得裁决结果得到有效快速执行，为海外农业投资法律风险的防控提供了有效的程序性机制。

（二）《华盛顿公约》对于农业海外投资保障的重要意义及局限性

目前，协商、东道国救济和国际仲裁是中国解决外国投资者与中国政府争议的主要方式，随着中国从资本输入国向资本输出国角色的转变，近几年中国开始利用 ICSID 解决中国投资者与外国政府之间的争端，保障中国海外投资者的利益。但是，对于 ICSID 机制的利用率并不够。随着"一带一路"战略的实施，中国对外投资有了很大的发展，随之与外国政府发生的争端也逐渐增多，应积极寻求争端解决机制救济，完善中国对外签订的投资协定与规则，为中国海外投资者及投资提供更有力的法律保障。

ICSID 作为专门解决国际投资争端的重要机构，对于中国农业海外投资具有重要意义。但是，也不能忽视其局限性。首先，是机构本身的局限性。机构规定的一裁终局虽然可以提高效率，但却忽视了上诉机构的纠错作用，可能导致裁决结果的不一致。同时缺乏监管机构并且透明度较低。② 目前正在进行新一轮的机制改革，中国应当积极提案，争取规则制度话语权，更好地维护海外投资权益。其次，中国与"一带一路"国家对于机制的利用率不足。目前，"一带一路"国家仍有 11 个不是公约的缔约国，并且 ICSID 审理的 703 多个案件中，中国作为原告起诉的仅有 6 件，不能满足中国作为资本输出国的角色转变。需要认真审视国际投资规则，规避法律风险，善于利用国际规则维护自身权益。最后，在"一带一路"大背景下，"一带一路"沿线的十几个国家仍未加入全球性的机制，并且管辖需要经过双方书面同意为前提也为投资者制造了障碍，一裁终局的规定缺乏有效的监督机制和上诉机构，或者由于投资者与国家之间地位的不平等性使得裁决无法得到有效执行等，有学者提出《华盛顿公约》明显体现着发达国家的立场。种种弊端下，造成中国投资者对 ICSID 仲裁机制的利用率不高。陈安教授提出在未来可以设立上诉机构，建立常设投

---

① 刘京莲：《国际投资仲裁体制的困境与出路》，《福建论坛》（人文社会科学版）2011 年第 5 期。

② 张晓君、李文婧：《"一带一路"背景下的 ICSID 改革》，《重庆大学学报》（社会科学版）2019 年第 7 期。

资法庭,以确保裁决公平和有效执行。

三 《MIGA 公约》对于农业海外投资的规制

在海外投资过程中,尤其中国农业主要投向"一带一路"发展中国家,由于一些发展中国家法治水平低、政治动荡、政权变更等因素,容易造成政治风险和法律风险,导致投资者权益受损。《MIGA 公约》创造的全球性的保险机制,相较于依据双边条约而成立的保险机制,更容易受到投资者青睐。MIGA 保险机制对于海外投资者权益保护起到重要救济作用。

(一)《MIGA 公约》的宗旨及主要内容

为了保护投资者利益,鼓励跨国资本向发展中国家流动,1998 年,在世界银行的主导下,国际社会共同制定了《多边投资担保机构公约》(简称《MIGA 公约》),中国作为创始成员国签署并批准了该公约。《MIGA 公约》旨在促进资本向发展中国家的流动,改善海外投资环境,进而保障海外投资者利益。MIGA 保险机制作为最大的多边投资保险机制,主要承保"货币汇兑险、征收险、违约险、战争与内乱险"四类非商业风险,并且对承保的投资的条件也进行了有关限制:第一,必须是对发展中国家进行投资;第二,必须是合格的投资者;第三,东道国同意 MIGA 保险机构为投资提供相应担保。[①] 同时,关于代位求偿权的规定也是多边投资担保机构的一项重要内容,使得投资者与国家之间的投资争端转化为国家和国际组织的投资争端。[②] MIGA 承保的合格投资既包括股权投资,也包括非股权直接投资。并且机构只承保新的投资,即投保人提出的请求机构担保的申请经注册之后才开始实施的投资。MIGA 在承保投资之前,需考察投资的经济合理性、对东道国发展的贡献、是否符合东道国的法律与规章、投资与东道国宣布的发展目标和重要性是否一致等因素。

(二) MIGA 保险机制与农业海外投资的关系

MIGA 保险机制作为最大的多边投资担保机构,为海外投资政治风险

[①] 曾文革、周钰颖:《论我国对东盟农业投资政治风险的法律防范》,《经济问题探索》2013 年第 11 期。

[②] 谷向阳:《中国海外能源投资法律风险防范研究》,硕士学位论文,浙江大学,2016 年。

提供了救济机制和安全保障作用，有利于东道国与投资者之间投资争端的非政治性解决。"一带一路"沿线国家除了极少数外都加入了该公约，在双边条约尚未签署且较混乱的情况下，选择多边投资保险机构意义重大。多边投资担保机构具有其他类型的官方和私营国际投资保险机构所没有的经营优势，特别是与其他国际投资保险机构相比，在政治风险的防范、调解解决纠纷和顺利实现代为求偿等方面，多边投资担保机构的优势非常明显。①

如果说 ICSID 争端解决机制作为风险发生之后的事后解决机制，那么 MIGA 更侧重于事前预防，MIGA 机制与 ICSID 机制共同构成一套海外投资保障机制，农业作为海外投资的重要领域理应受该机制保障。但是，MIGA 公约的投保费用高、投资范围受限以及代位求偿权的规定不完善，也造成了利用率低的局限。

四　全球性条约对于中国农业海外投资者权益保障的作用

全球性多边投资条约是调整国际投资关系的主要国际法规范，是国际投资法的重要组成部分。农业投资是中国海外投资的重要领域，在投资过程中，由于对东道国法律制度不了解，不同法律差异较大，东道国政权变更、政治动荡等原因，尤其是"一带一路"沿线国家法治水平低，法律制度不完善，寻求东道国保护频频受阻，相关的全球性条约对于投资指引和投资者权益保障起到重要作用。WTO 法律制度较为成熟并得到广泛认可，是其他多边条约建立的标杆，在 WTO 框架下的《农业协定》规定了市场准入、国内支持和出口补贴等农产品贸易规则，推动农产品贸易逐步自由化；ICSID 作为解决缔约国与他国国民间的争端解决机构，已经审理 700 多起案件，为投资者与东道国解决争端、营造良好的投资环境提供了最后一道防线；MIGA 保险机制具有其他官办和私营保险机构均没有的优势，承保条件依据多边公约，鼓励向发展中国家资本流动，并且其权威性得到各国认可，在海外投资承保政治风险方面起着不可替代的作用。因此，完善的多边投资条约体系是海外投资者权益保障机制的重要组成部分。

---

① 杨泽伟：《"21 世纪海上丝绸之路"建设的风险及其法律防范》，《环球法律评论》2018 年第 1 期。

第三节 区域性协定对于农业海外投资的规制

国际投资协定依据缔约国的数量不同可以分为双边投资条约和多边投资条约，多边投资条约又可以分为区域性投资协定和全球性投资条约。当今，随着经济一体化、政治全球化的加强，尤其中国提出"一带一路"倡议以来，各国与周边地区的经济贸易往来越来越频繁，区域合作日趋丰富，为了规制区域经济的发展，以自由贸易区（FTA）为主要形式的区域贸易协定发展快速，同时，农业领域的投资法规也不断完善起来。区域投资协定是国际投资法的重要组成部分。由于它们是经区域各国或各成员反复磋商达成的共识，履行过一定的法律程序，代表所有成员的共同立场，成为多边投资和全球投资统一立法的最坚实基础。[1] 目前，随着乌拉圭回合谈判的僵局，全球性的投资协定进展稳定并很多内容已经不适应现代经济发展，出现了区域性协定的热局面。数百个以自由贸易协定或促进贸易与投资协定等不同名称出现的区域性国际经济条约中的投资章节，是保障农业海外投资最主要的国际法规范。

近年来，中国海外农业投资主要集中在亚非发展中国家和大洋洲，欧美发达国家相对较少，重点投资国集中在东盟地区、俄罗斯以及部分非洲国家。[2] 并且在"一带一路"倡议实施以来，农业海外投资额得到快速增长。其中，中国与东盟国家的区域性协定就有《促进和保护投资协定》《东盟投资区域框架协议》等，中国与俄罗斯的区域性协定可以借鉴上海合作组织相关法律规范，这些都构成中国海外农业投资法律保障体系中最重要的部分。本节内容主要论述区域性协定的主要内容和对农业海外投资起到的保障作用，也为海外农业投资法律保障机制的构建奠定制度基础。

一 中国—东盟自贸区有关区域性协定

东盟成员国全部是"一带一路"沿线国家，中国与东盟国家有着深

---

[1] 赵立军：《农业国际投资规则演进及中国的应对策略研究》，博士学位论文，中国农业大学，2016年，第21页。

[2] 同上书，第51页。

厚且长远的合作基础,并且东盟是中国农业投资的重要领域,具有良好的区位优势、经济基础和法律基础。梳理并熟知中国与东盟国家的区域性协定是中国投资者海外农业投资权益保障的重要内容。目前,中国与东盟自贸区的区域性协定主要有《中国—东盟全面经济合作框架协议》《中国—东盟自贸区投资协议》《中国—东盟争端解决机制协议》《中国—东盟升级版议定书》等,并且《区域全面经济伙伴关系协定》也如火如荼地展开谈判,全面升级版的协定对于中国农业投资东盟国家将奠定良好的法律基础,对海外农业投资者权益保障起到重要作用。

(一)《中国—东盟全面经济合作框架协议》

2002年,中国就开始了与东盟国家的区域合作,《中国—东盟全面经济合作框架协议》的签署是中国—东盟自由贸易区建设的重要标志,同时也标志着中国东盟农业合作的开端。《中国—东盟全面经济合作框架协议》作为自贸区建设的标志,仅原则性地规定了16条,对于中国和东盟区域合作框架作了简要阐述,确立了中国和东盟合作的总体目标和整体路径,也是中国与东盟投资合作发展的基石。

《中国—东盟全面经济合作框架协议》虽然是原则性的宏观规定,但内容涵盖较为广泛,包括货物贸易、服务贸易、投资和经济合作等方面的内容,旨在促进贸易、投资自由化、便利化,与 WTO 的宗旨保持一致。货物贸易是《中国—东盟全面经济合作框架协议》的核心内容,除 WTO 允许例外的国家安全和人身健康、公共安全和文化艺术以及少数敏感产品外,逐步取消关税和贸易壁垒。首先,《中国—东盟全面经济合作框架协定》明确了经济贸易、投资合作的相关内容,并且旨在构建透明、自由、便利的投资机制。其次,《中国—东盟全面经济合作框架协定》对于货物贸易、投资、服务贸易以及其他领域的合作逐条进行了规定,其中第5条还专门就投资保护作了原则性规定,相比 WTO 规则是初步进步。[1] 为使未加入世贸组织的东盟国家享受同样的待遇,中国同意给予东盟非世贸组织成员多边最惠国待遇,即中国加入世贸组织时的承诺适用于这些国家。最后,为了促进东盟自贸区战略尽快落实,同时为了促进农产品投资与贸易,《中国—东盟全面经济合作框架协议》规定了"早期收获"计划,旨

---

[1] 梁丹妮:《〈中国—东盟全面经济合作框架协议〉初探——以世界贸易组织法为起点》,《云南大学学报》2006年第2期。

在分阶段逐步推进自贸区合作。第一阶段，也被称为"早期收获"计划阶段，主要以减免农产品关税为主；第二阶段，到2010年，中国与东盟建立自由贸易区。这一阶段中国与东盟签署了农业合作谅解备忘录，为中国海外农业投资打下了有力的经济和法律基础，规定了农业领域的重点合作领域，主要包括杂交水稻种植、水产养殖、生物技术、农产品和机械等，标志着中国与东盟农业合作进入一个新阶段。[①]《中国—东盟全面经济合作框架协议》作为自贸区谈判的法律渊源与基础，虽为原则性规定，但相比WTO规则进展较大，使贸易便利化、投资自由化迈入了新阶段。此外，关于农业合作的"早期收获"计划对中国与东盟国家的农业投资起到了良好的指引和保障作用。作为总则条款，为后续贸易协议、服务协议、投资协议的谈判奠定了法律基石。

（二）《中国—东盟自贸区投资协议》

在《中国—东盟全面经济合作框架协议》的总体框架指引下，中国与东盟相继展开了货物贸易、服务贸易、投资协议、争端解决机制协议的谈判。《中国—东盟自贸区投资协议》作为专门性投资规则，是中国农业投资东盟国家权益保障体系的重要内容。《投资协议》于2009年8月在第八次中国—东盟经贸部长会议上签署，标志着中国—东盟自贸区主要法律体系基本建立，同时确保2010年中国—东盟自贸区正式建立。[②]

《中国—东盟自贸区投资协议》旨在建立一个高透明度、便利化、自由化的中国—东盟自贸区投资法律体系，进而保障海外投资者的相关权益。《中国—东盟自贸区投资协议》通过27个条款规定了投资待遇、征收、补偿、代位、争端解决等内容，同时还规定了利益拒绝、一般例外、安全例外、透明度等新型条款。[③] 关于投资待遇方面，规定了国民待遇和最惠国待遇；关于征收与补偿，当投资者遭受"武装冲突、革命、国家紧急状态、叛乱、暴动"等政治风险时，对投资者的补偿不得低于任何第三国投资者或国民待遇。此外，还强调了资本转移的自由和自由贸易区内汇

---

① 吕余生：《抓住机遇 加强合作 共创双赢——中国—东盟自由贸易区建成后广西与东盟农业合作的分析与思考》，《东南亚纵横》2010年第2期。

② 李光辉：《中国—东盟自由贸易区〈投资协议〉》，《理论前沿》2010年第1期。

③ 魏艳茹：《中国—东盟框架下国际投资法律环境的比较研究——以〈中国—东盟投资协议〉的签订与生效为背景》，《广西大学学报》（哲学社会科学版）2011年第1期。

率的可兑换性。① 另外，《中国—东盟自贸区投资协定》还规定了透明度原则。缔约国应公布与投资有关的法律法规。重要的是，《中国—东盟自贸区投资协议》在强调投资保护的同时，也兼顾投资促进措施。② 投资促进措施主要表现在建立一站式投资中心，简化投资批准手续，促进规则、法规和政策等信息的公布和交流，为投资者创造更加透明公开的投资环境。

中国—东盟自贸区作为中国对外签订的第一个自贸区，是中国政府在区域投资法律制度上的巨大尝试，结合中国和东盟的实际情况，借鉴众多多边投资规则和区域投资规则，最终签订了《中国—东盟自贸区投资协议》，致力于在中国—东盟自贸区内建立一个自由、透明、便利的投资环境，促进中国与东盟经贸合作，同时也对之后签订的区域性投资协定起了重要参考作用。③

（三）《中国—东盟争端解决机制协议》

《中国—东盟争端解决机制协议》也是《中国—东盟全面经济合作框架协议》下的重要部分，目的在于构建一套完善的中国—东盟自贸区法律体系。中国在东盟国家农业投资，不仅有利于实现互利共赢，而且在投资过程中不可避免地会发生争端，因此，制定争端解决机制显得尤为重要。在2002年11月签订的《中国—东盟全面经济合作框架协议》就明确规定了缔约方将在协议生效1年内建立正式的争端解决机制与程序。2004年11月，签署了《中国—东盟争端解决机制协议》，正式确定了双方争端解决的法律程序和机制。《中国—东盟争端解决机制协议》的签署和执行，为解决中国与东盟在经济合作领域的争端提供了法律依据，为该区域内企业提供了良好的法律保障环境，有效促进了两国之间的经济合作，使得双方合作朝着标准化和制度化迈进。

《中国—东盟争端解决机制协议》通过18条规定了一套完善的程序，包括适用范围、磋商、调解、调停程序、仲裁庭的设立、仲裁程序与规

---

① 曾文革、周钰颖：《论我国对东盟农业投资政治风险的法律防范》，《经济问题探索》2013年第11期。

② Sheng Lijun, "China-ASEAN Free Trade Area: Origins, Developments and Strategic Motivations", *International Politics & Security Issues Series*, No. 1 (2003).

③ 刘旷怡：《中国与东盟全面经济合作框架协议投资协议》，硕士学位论文，黑龙江大学，2014年。

则、补偿与减让等,使得中国企业在东盟发生争端时有了强有力的法律保障机制,为中国与东盟间的农业投资合作创造了投资法律环境。《中国—东盟争端解决机制协议》具有以下优点:第一,相较 WTO 规则,适用范围较广泛,除了贸易、投资、知识产权、环境等领域的争端,还包括政府和权力机构依据《中国—东盟全面经济合作框架协议》所采取的措施产生的争端。这对海外投资者权益的保护会更全面,更有利于争端的化解和投资的顺利进行。第二,《中国—东盟争端解决机制协议》更强调友好解决争端,规定了磋商、调解、调停等程序,并且规定磋商是申请仲裁的前提性程序。此外,通过时限的规定使得磋商程序具有了一定的法律约束力。友好协商的方式解决争端有利于化解矛盾,促进海外投资。但是,精细的法律条文并未带来期待的法律效果,显现出利用率低的弊端。[①] 立足于东盟调解制度的传统,调解程序规则化寻找制度突破。这对于中国海外投资争端的友好解决与投资者的权益保护更有益。

(四)《中国—东盟升级版议定书》

从 2002 年《中国—东盟全面经济合作框架协议》签署,到 2010 年中国—东盟自贸区正式全面建成,中国与东盟的经贸合作取得重大进展。2015 年,《中国—东盟升级版议定书》的签署标志着中国与东盟的经贸合作踏上新征程。[②] 在国际投资规则、贸易体制重构的新时代新背景下,需要对原有的协定进行更新换代。《中国—东盟升级版议定书》就是中国对外签订的第一个自贸区升级版协议书,内容涵盖货物贸易、服务贸易、投资、经济技术合作等,为投资者创造了更加透明稳定的投资环境。《中国—东盟升级版议定书》主要呈现出以下新特点:一是便利化,简化相关投资批准程序;二是信息化,建立信息交流平台,提供相关规则、法规、政策信息的发布,必要时举办研讨会;三是整合建立一站式投资中心及相关机制,为企业界提供支持和咨询服务,包括便利企业牌照和许可证的发放。[③]《中国—东盟升级版议定书》的签署顺应国际投资规则重塑的重大

[①] 孙志煜:《中国—东盟自贸区争端解决机制的制度反思与路径优化》,《政法论丛》2016 年第 4 期。

[②] 郭晶、李光辉:《借力自贸区升级版推进中国—东盟经贸合作》,《国际经济合作》2016 年第 9 期。

[③] 柯静嘉:《"一带一路"背景下中国企业投资东盟的法律保障》,《广东行政学院学报》2019 年第 6 期。

趋势，希望引入更高水平的投资保护条款，为中国海外投资者的权益保驾护航。

（五）《区域全面经济伙伴关系协定》

区域全面经济伙伴关系（RCEP）包括东盟+6（中国、日本、韩国、印度、澳大利亚、新西兰）共16国，与"一带一路"的提出时间一致，是中国推动发展中国家经贸合作、引领国际规则重塑的重要举措。① 随着TPP、TTIP的新一轮谈判，大国主导区域经济一体化的进程加快，发展中国家主导的RCEP也加快了谈判进程，掀起了引领国际经济新秩序的热潮。《区域全面经济伙伴关系协定》作为一个全面的、现代的、高质量的自贸协定，不仅包括传统的货物贸易、投资、服务贸易等，还包括电子商务、知识产权、竞争政策、政府采购等内容。② 至今，会议指出，经过7年艰苦努力，在近日东亚合作领导人系列会议期间，《区域全面经济伙伴关系协定》的15个成员方（除印度外）已经完成了全部文本的谈判及市场准入谈判。高水平的投资保护条款和争端解决机制，为中国在东盟国家的农业投资提供高质量的权益保护法律机制和准入机制。

二 上海合作组织有关农业海外投资的区域性协定

上海合作组织是由中国、俄罗斯、哈萨克斯坦、乌兹别克斯坦、吉尔吉斯斯坦、塔吉克斯坦六国于2001年6月成立的区域性组织。区域性协定是上海合作组织得以成立并开展成员国经贸合作的法律依据。③ 由于农产品刚性需求与国内农业资源接近极限的双重压力，需利用国际市场农业资源来维护我国粮食安全。俄罗斯、中亚国家农业资源丰富，但利用程度低，利用上合组织的优势，加强与俄罗斯与中亚国家的农业合作是现实所需，俄罗斯也成为中国海外农业投资的重要领域。因此，研究上海合作组织框架下有关农业海外投资国际法规范对于中国农业海外投资者的权益保障具有重要意义。

---

① 刘阿明：《中国地区合作新理念——区域全面经济伙伴关系与"一带一路"倡议的视角》，《社会科学》2018年第9期。

② Chandran, Sarath B. P., "India in the Regional Comprehensive Economic Partnership (RCEP) -Need for Caution", *Mpra Paper*, 2018.

③ 秦鹏、彭坤：《上海合作组织条约制度评析》，《新疆大学学报》（哲学·人文社会科学版）2019年第4期。

(一) 上海合作组织有关区域性协定的谈判

2001年6月,《上海合作组织成立宣言》的签署,标志着上海合作组织正式成立。为了促进成员国的经贸合作,2003年5月,在莫斯科峰会上签署《上海合作组织成员国多边经贸合作纲要》,该纲要把农业合作作为成员国经贸合作的重要领域之一。此后,为了解决上合组织人粮食安全问题,进一步促进农业经贸合作,2010年6月,签署了一项农业合作特别条约,即《上海合作组织成员国政府间农业合作协定》,旨在建立农业领域的合作磋商机制。2014年,上合组织第三次农业部长会议签署了《上海合作组织第三次农业部长会议纪要》,审议通过了《〈上海合作组织政府间农业合作协定〉2015—2016年农业合作计划》。[①] 2018年6月10日,习近平主席发表了弘扬"上海精神"、构建"上海合作组织命运共同体"的重要讲话,再次强调要深化农业合作,保障粮食安全。由于各国农业的互补性,农业一直是上海合作组织经贸合作的重要领域。"一带一路"倡议的有序推进,为上合组织国家加强农业合作,增进技术交流提供了新契机。一系列合作协议的签订,将上合组织国家间农业合作不断推向纵深,也正在发挥越来越重要的作用。

(二)《上海合作组织成员国政府间农业合作协定》

上海合作组织成员国由于资源优势,农业合作起步较早,但主要集中在双边上。上海合作组织作为一种主导参与型多边制度,[②] 为了推动区域农业合作,构建完善的多边经贸体系,成员国签署了专门的《上海合作组织成员国政府间农业合作协定》,在此之前《中国—东盟全面经济合作合作纲要》就已确立农业是成员国优先合作领域。上海合作组织作为与"一带一路"对接的政府间国际组织,有关区域性协定对于中国海外农业投资者权益起到双重保障作用。该协定确立了农产品的加工与贸易、农业投资、农业科研技术等领域的合作方向。现阶段上合组织框架下的区域农业合作的主要宗旨是促进农产品贸易投资便利化,进而推动成员国之间的农业技术合作与交流。《上海合作组织成员国政府间农业合作协定》作为

---

① 郑国富:《"一带一路"倡议下中国与上合组织成员农产品贸易合作发展的机遇、挑战》,《农业经济》2019年第6期。

② 祁怀高:《新中国70年周边多边外交的历程、特点与挑战》,《世界经济与政治》2019年第6期。

专门性的农业经贸合作的国际性条约,对于农业合作机制的建设,深化成员国农业贸易投资便利化奠定了法律基础。对农业的投资将给各国经济带来新的红利,并促进成员国之间的相互联系和合作共赢。但是,上合组织成员国在通关程序、检验检疫标准、关税税率等方面仍然存在贸易壁垒,加上农业运输渠道不畅,缺乏信息交流机制以及一定程度的投资壁垒,极大地限制了农业合作的深入推进。①

(三)《上海合作组织成员国多边经贸合作纲要》

2003年,成员国签署的首部《上海合作组织成员国多边经贸合作纲要》将在2020年到期,首部纲要本着重点领域投资合作便利化原则,促进成员国经贸合作。为了规则对接需求和更大范围、更大领域的开放,在新时代背景下,成员国共同努力,签署了新版《上海合作组织成员国多边经贸合作纲要》。新版纲要涵盖交通基础设施、贸易、金融、人文、数字、能源、旅游等13个领域的合作清单。② 这对上合组织加快合作进程调整,凝聚合作共识、拓宽合作空间起到重要指导作用。

三 金砖国家有关农业海外投资的区域性协定

金砖国家拥有世界35.6%的耕地,农业合作一直是金砖国家合作机制的重要组成部分,同时也是实现区域一体化和互利共赢的现实路径。为了应对金融危机,中国、俄罗斯、巴西、印度等新兴市场国家组成金砖合作机制,2010年,南非加入变为"金砖五国"。为了推动金砖国家贸易、投资等领域合作,金砖国家间签署了一系列协议,比如:《金砖国家银行合作机制金融合作框架协议》《多边信用证保兑服务协议》和《金砖国家银行合作机制多边本币授信总协议》等,2013年3月签订的《金砖国家贸易投资合作框架》,明确了未来合作的具体领域。③ 2014年,金砖五国正式成立金砖国家开发银行。2017年,厦门峰会上通过了一系列重要合作文件,重点关注贸易、投资、电子商务和金融方面的合作。④ 金砖国家农

---

① 徐雅雯:《上海合作组织贸易投资便利化问题研究》,博士学位论文,东北财经大学,2012年,第115页。

② 肖斌:《解析新版〈上合组织成员国多边经贸合作纲要〉》,《世界知识》2019年第23期。

③ 李杨、黄宁:《金砖国家投资合作机制的发展与对策》,《河北学刊》2016年第5期。

④ 朱伟东:《金砖国家司法合作的现状、问题与前景》,《河北法学》2018年第5期。

业合作形式主要表现为召开部长级会议,制定农业行动计划、举办举办农业经贸投资论坛和粮食安全合作论坛等,为推动金砖国家农业合作提供了制度保障。[①] 金砖国家合作机制作为南南合作的典型代表,金砖五国作为中国海外投资的重要领域,相关区域性协定对于中国海外投资具有事前引导作用,对于投资者权益具有事后保障作用。

(一)《金砖国家贸易投资合作框架》

2013年3月,金砖国家第三次经贸部长会议发表了《金砖国家贸易投资合作框架》,提出了金砖国家内部加强合作的新原则、新概念、新模式和新机制。[②]《金砖国家贸易投资合作框架》作为金砖国家合作的基础性协定,明确了未来金砖国家合作的具体领域,包括:贸易投资促进和便利化、技术创新合作、中小企业合作、知识产权合作和基础设施和工业发展合作等。此外,鼓励企业积极投资基础设施建设,开展技术方面交流合作,逐步推进《金砖国家中小企业合作协议》的签订。

(二)《金砖国家农业合作行动计划(2017—2020)》

如上所述,金砖国家农业合作形式体现为签订农业行动计划。2017年6月,金砖国家举办了以"创新与共享,共同培育农业发展新动能"为主题的会议,颁布了《金砖国家农业合作行动计划(2017—2020)》。该计划以绿色、可持续发展为宗旨,发展绿色农业成为金砖国家的共识。重点内容包括以下几个方面:第一,减少温室气体的排放,保护自然资源的良性循环。第二,提高资源利用率,提高生态系统抗灾能力,增强农业可持续发展。第三,加强应对和适应气候变化的技术研发,开展环境友好型技术的研究。第四,建立信息技术交流平台,定期交流农业贸易数据、风险评估、科研技术等有关信息。

四 典型区域性协定对于中国农业海外投资者权益保障的作用

作为农业大国,农业一直是中国海外投资的重要方向,中国与全球140多个国家建立了农业合作关系。多边层面,与联合国粮农组织、东盟

[①] 张蛟龙:《金砖国家粮食安全合作评析》,《国际安全研究》2018年第6期。
[②] 蔡春林、刘美香:《金砖国家贸易投资合作现状和机制创新方向》,《亚太经济》2017年第3期。

国家、上合组织、金砖国家等建立了稳定的农业合作关系。① 在 "一带一路" 倡议背景下，中国—东盟自贸区、上海合作组织、金砖国家积极与"一带一路"对接，在更大范围、更深层次上对外开放，并且积极促进规则的更新换代，进而全方位保障中国海外投资者权益。区域性协定作为国际条约的重要组成部分，既是区域性组织得以建立的基础，也是成员国进行经贸合作的法律依据，同时也是指导投资者海外投资的重要依据，保障海外投资者权益的法律武器。区域全面经济伙伴关系协定（RCEP）在投资领域采取准入前国民待遇+负面清单模式，保障投资自由化；上合组织签署专门性的农业经贸合作国际性条约——《上海合作组织成员国政府间农业合作协定》，对于海外农业投资提供专门性指导与保障；金砖国家提倡绿色和可持续的农业合作，提倡农业的技术研发和信息交流，保障投资者的知情权，构建透明、便利、互利的权益保障机制。

第四节 软法规范对于中国农业海外投资的规制

如上文所述，由于法的预测性和确定性，可以引导投资者正确投资并保障海外投资者权益。海外投资必然会涉及多元主体，投资者、东道国、母国等之间的复杂法律关系，而国际条约是缔约方在平等协商的基础上缔结的，并受其约束的、调整国际关系的国际法规范。除此之外，软法虽然没有法的强制约束力，但是对于投资者权益起到重要指引作用。在 WTO 多哈回合谈判受挫、区域性协定复杂化背景下，软法规范对于海外投资者的权益起到重要保障和引导作用。本节主要分析软法规范，包括《土地权属自愿准则》《负责任农业投资原则》等。

一 CFS 框架下农业多边投资规则的主要内容

随着全球农业投资的加快增长，对于农业投资规则的急迫需求，再加上 WTO 框架下的多哈回合谈判频频受阻，多边投资体系的构建进展缓慢，在此背景下，许多国际组织开始探索规则制定，并发挥越来越重要的作

---

① 农业农村部国际合作司：《新中国成立 70 周年农业对外合作取得新突破》，《农业工程技术》2019 年第 33 期。

用。世界粮食安全委员会（CFS）经过一轮改革后，从粮农组织的下属机制转变为跨国际组织，逐渐成为农业规则构建的核心机制。在世界银行、联合国粮农组织的支持下，世界粮食安全委员会启动了对农业投资国际规则的包容性磋商进程，相继出台了《土地权属自愿准则》《促进农业和粮食系统负责任投资原则》（以下简称《负责任农业投资原则》）等重要文件，成为农业海外投资法律体系最重要部分，对于海外投资者的权益保护具有重要意义。因磋商进程快，规则显得简单而原则化，但仍然因其多边性、权威性、专业性，对国际农业投资产生了深远影响。

（一）《土地权属自愿准则》

随着农业投资带来的红利增长，农业资源的权属问题引起了国际社会争议。为了规范农业投资和资源权属问题，2012年10月，世界粮食安全委员会通过了《国家粮食安全范围内土地、渔业及森林权属负责任治理自愿准则》（以下简称《土地权属自愿准则》）。该标准主要包括权属权利和义务的法律认定及分配、转让和变更，以及气候变化的监测，实施和评估。[1] 重点解决以下几个问题：第一，权属治理的基本原则；第二，权属权利的认定、分配、转让和变更等法律问题；第三，权属的行政管理，包括建立登记体系、土地评估、纠纷解决等；第四，最重要的一点是：强调对外来投资进行规范化管理。[2]《土地权属自愿准则》虽然是在发达国家的推动下达成的，但其符合多数发展中国家的根本利益。[3] 该准则虽然是"软法"规范，但因软法独特的调整方式，对海外农业投资产生了重大影响。

（二）《负责任农业投资原则》

《负责任农业投资原则》是针对农业对外投资的专门性软法规范，以《尊重权利、生计和资源的负责任农业投资原则》为基础发展而来，由原来的七项原则发展为十项原则，涵盖了可持续发展、粮食安全、权属分配、自然资源防御、文化遗产与传统知识、建立安全和健康的农业与粮食

---

[1] 赵立军、李先德、陈秧分：《全球负责任农业投资规则的发展进程及中国的应对策略》，《世界农业》2016年第6期。

[2] 宗会来：《〈国家粮食安全框架下土地、渔业及森林权属负责任治理自愿准则〉及其影响》，《世界农业》2013年第2期。

[3] 王士海、李先德：《负责任土地权属治理与中国政策实践——"负责任土地权属治理自愿准则国际研讨会"综述》，《农业经济问题》2014年第12期。

系统，包容和透明的治理结构、程序和申诉机制、评估和应对影响，促进问责制和其他相关指导原则。该投资原则在确保粮食安全的前提下，更侧重于对农业投资的规制。《负责任农业投资原则》作为一个软法规范，基本涵盖了投资的各种类型，并且基本理念符合国际贸易和投资协定的规定。禁止各国利用这一原则设置贸易壁垒和保护主义，鼓励各国创造有利于负责任投资的环境，包括立法、政策、公共行政和提供公共产品。这一投资原则对投资者的投资行为和投资者权益保护具有重要的启示作用。①

二 CFS框架下农业多边投资规则对农业海外投资的影响

《土地权属自愿准则》与《负责任农业投资原则》属于世界粮食安全委员会为了保障粮食安全，规范对外投资行为而制定的国际性文件，本质上属于"软法"，不具有法律约束力。但其"软法"的性质使其调整范围更广，涵盖的内容更丰富。前者侧重于权属土地的治理，后者侧重国际投资的规制，两者相辅相成，互为补充，共同构成一套规范土地权属、可持续发展、对外农业投资等问题的农业多边投资规则体系。这些规则对农业海外投资的影响主要体现在以下几个方面：第一，有利于改善投资环境。对于一些权属不清、制度不稳、决策不透明的东道国具有鞭策作用，有利于改善投资环境，保护投资者的积极性和利益；第二，可能会增加投资的不确定性。由于规范的软法性质，对于东道国约束力不强，再加上规则的宏观性和原则性，欠缺实际操作性，容易造成投资者和东道国的误解，产生争议，对投资造成很大的不确定性。②

总而言之，《土地权属自愿准则》和《负责任农业投资原则》作为专门调整农业领域的多边规范，虽然仅仅具有软法的性质，但是对于中国及"一带一路"沿线国家农业规则的形成是重要的制度基础，对中国海外投资行为的规则与引导具有重要意义。虽然《土地权属自愿准则》和《负责任农业投资原则》是在美国等发达国家的统领下形成的，中国并未参与规则的谈判，但对农业海外投资法律保障制度的形成具有重要参考价值。

---

① 王士海、李先德、陈秋分：《跨国农业土地权属交易及相关国际规则制定动向》，《中国人口·资源与环境》2015年第1期。

② 赵立军、李先德、陈秋分：《全球负责任农业投资规则的发展进程及中国的应对策略》，《世界农业》2016年第6期。

第五节 国际法规范对于农业海外投资的规制及完善

农业海外投资的外部权益保障主要靠良法善治。法律是治国之重器,良法是善治之前提。海外农业投资受到东道国国内法、母国国内法和相关国际法的全面保障和约束。根据《国际法院规约》第 38 条,国际法渊源主要包括国际条约、国际习惯和一般法律原则。但这并非穷尽列举。第 38 条澄清了国际法院"应当适用"的法律,但并未表明国际法的所有来源都已用尽,成文法无疑是落后的,相关法律可能需要更新,本条的规定不能排除国际软法作为国际法渊源的可能性。[①] 当前,关于农业海外投资的软法主要表现在联合国粮食与农业组织框架下的一些准则、指南,而且针对农业领域的规则设定,无疑对于以后硬法层面农业规则的形成意义重大。总而言之,在全球秩序复杂、逆全球化盛行的背景下,现行农业海外投资的国际法规范呈现出一些新特点:硬法与软法规范并存、区域性投资协定蓬勃发展,"一带一路"与欧亚经济联盟对接的区域合作新形势下产生了一些新规则,作为全球最大的自由贸易协定——区域全面经济伙伴关系协定(RCEP)的谈判取得新进展,全面的、多层次的规则涌现,无疑对中国农业海外投资的权益保障具有重要的意义。

一 国际法规范的新进展

国际投资规则是规定缔约国之间为促进和保护国际投资而确立权利和义务的法律规定。[②] 随着经济全球化的深入和国际投资的加速发展,出现了不同的利益诉求。不同的国家在保护和促进外国投资方面存在差异。它们在国际投资规则,双边、区域和多边谈判的目的、结构和具体内容上反复博弈。目前,国际投资协定的内容和形式逐步深化和不断完善,包括双

[①] 严阳:《刍论全球治理中的国际软法——以兴起、表现形式及特点为视角》,《理论月刊》2016 年第 7 期。

[②] 桑百川、靳朝晖:《国际投资规则新发展及对中国的影响》,《山西大学学报》(哲学社会科学版)2012 年第 3 期。

边投资协定和自由贸易协定、双重征税条约、多边协定和区域一体化或合作协定。① 现行农业的海外投资规则可以归纳为以下五个方面：第一是农业投资特别协定；第二是全球农业投资多边国际规则；第三是农业相关国际投资的区域监管；第四是双边农业投资条约和协定；第五是作为国际规则体系根基的各国法律制度。以上五个层次的农业投资规则相辅相成，形成了现行农业海外投资国际法规范的基本框架。

（一）硬法与软法并存

软法是原则上不具有法律约束力，但却具有实际效果的行为规范。② 软法是相对于硬法而言发展的一个概念，硬法靠国家强制力保障实施，具有法律约束力，而软法没有法律约束力，但却能产生实际效果的规范。相对于条约等硬法规范，软法具有成本低、批准快、易修订、弹性大等优势，能够满足国际社会对规则的不同需求。"一带一路"国际合作的不确定性和软法的规范性、形式多样性、实施灵活性，决定了"一带一路"建设与软性之间的兼容性，也意味着软法可以发挥其独特的制度功能优势助力"一带一路"建设。③ 作为国际行为规范，软法可以起到解释、澄清条约文本原则性、模糊性内容，补充、填补法律间隙或真空地带等作用。未来软法必将获得更大的发展空间，软法与硬法将并存发展。国际软法治理是国际法在参与全球治理过程中补充国际硬法治理的又一有效途径，国际硬法与国际软法共同构筑全球治理的中心与边缘。④

就国际条约而言，其形成要求经过各国的谈判而形成文本，通过签署而确定文本，通过批准而被国家接受为法律，这三个环节中的任何一个出现问题，都可能使形成条约规范的愿望落空。比如，2001年开始的WTO多哈回合，当初雄心勃勃地打算4年之内就一系列重要问题达成协议，今天在逆全球化的背景下进展缓慢。而软法因其灵活性在近年来发展较为迅速，并且越来越得到各国的认可。软法的作用主要表现在以下几个方面：第一，软法在国际成文法中的指导作用。软法促进了国际立法的发展，国

---

① 赵立军：《农业国际投资规则演进及中国的应对策略研究》，博士学位论文，中国农业大学，2016年，第18页。
② 何志鹏、尚杰：《国际软法的效力、局限及完善》，《甘肃社会科学》2015年第2期。
③ 韩永红：《"一带一路"国际合作软法保障机制论纲》，《当代法学》2018年第4期。
④ 严阳：《刍论全球治理中的国际软法——以兴起、表现形式及特点为视角》，《理论月刊》2016年第7期。

际组织的非约束性决议、示范法、行为准则和其他文件可能成为硬法的试点，并逐渐被转化为条约。第二，软法是对成文国际法的补充。软法可能有助于解释国际法的目标和方向，填补现有条约生效后的缺口，并释明具体国际法原则的含义和内容。例如联合国大会的一些决议被认为是对《联合国宪章》原则的权威解释和适用。① 在软法的法律属性仍存在争议的背景下，对国际软法是否构成国际法的起源问题不予置评，但其对硬法的补充作用是不可否认的。

在农业海外投资的国际法规则中，软法主要表现为 CFS 框架下农业多边投资规则，《土地权属自愿准则》与《负责任农业投资原则》作为国际性文件，虽不具有法律约束力，但其"软法"的性质使其调整范围更广，涵盖的内容更丰富。前者侧重于权属土地的治理，后者侧重国际投资的规制，两者相辅相成，互为补充。其对投资、土地所有权保护和农业可持续发展之间的关系，国内土地承包和流转，包括外国农业投资在内的农业投资的标准化以及农业可持续发展的保护具有积极的价值。②

（二）RCEP 谈判新进展，区域性投资协定蓬勃发展

在"一带一路"建设法治化的实际推进方面，中国提出以实施自由贸易区战略为抓手，在 2016 年重点推进与周边及"一带一路"沿线国家的自由贸易区建设。③ 英国脱欧、美国退出跨太平洋伙伴关系协定 TPP，世界单边主义和贸易保护主义抬头，国际社会秩序动荡地区热点问题不断出现。在 WTO 陷入僵局背景下，区域投资协议逐渐备受重视，区域投资协议对农业海外投资规范具有重要意义。《区域全面经济伙伴关系》（Regional Comprehensive Economic Partnership，RCEP）是在 WTO 谈判受阻、经济全球化进程缓慢但区域经济一体化发展强劲的背景下形成的。2011 年，东盟基于自身利益考虑，在第 18 届东盟经济部长会议上讨论并提出了组建区域全面经济伙伴关系草案。在第 19 次东盟峰会上，东盟十国领导人正式批准了《区域全面经济伙伴关系协定》。2012 年，东盟 10 国、中国、日本、韩国、印度、澳大利亚和新西兰的经济部长们原则上同意建

---

① 何志鹏：《逆全球化潮流与国际软法的趋势》，《武汉大学学报》（哲学社会科学版）2017 年第 7 期。

② 宗会来：《〈国家粮食安全框架下土地、渔业及森林权属负责任治理自愿准则〉及其影响》，《世界农业》2013 年第 2 期。

③ 韩永红：《"一带一路"国际合作软法保障机制论纲》，《当代法学》2016 年第 4 期。

立 RCEP。2015 年，东盟宣布建立经济共同体，发布了《东盟共同体愿景 2025》和《东盟互联互通总体规划 2025》。RCEP 成员约占全球一半人口和 1/3 的 GDP，是全球最大的自由贸易区。在区域全面经济伙伴关系（RCEP）建设过程中，我们要进一步完善 5 个 "10+1" 自由贸易区，进一步促进贸易和基础设施互联互通，有效打破 RCEP 碎片化，降低合作和治理成本。[①] 近年来，随着经济一体化和区域一体化的加强，区域投资规则呈现出蓬勃发展的趋势，并逐渐取代双边投资规则，导致双边投资协定数量减少且发展相对缓慢。与此同时，全球投资规则不断涌现，国际规则中的多边力量日益彰显其重要性和影响力。随着"一带一路"倡议的实施和自由贸易区的发展，区域投资协定蓬勃发展。

（三）"一带一路"与欧亚联盟对接的区域合作新形式与新规则

"一带一路"倡议是中国领导人向世界贡献的全球治理新方案，是区域合作的新形势。欧亚经济联盟是俄罗斯、白俄罗斯和哈萨克斯坦组成的经济联盟，其目的主要是推动区域一体化。2014 年 5 月 29 日，俄罗斯、白俄罗斯和哈萨克斯坦三国总统在哈首都阿斯塔纳签署《欧亚经济联盟条约》，宣布欧亚经济联盟将于 2015 年 1 月 1 日正式启动。2015 年 5 月，中俄签署了《关于丝绸之路经济带与欧亚经济联盟建设对接与合作的联合声明》，明确表示双方将努力整合"丝绸之路经济带和欧亚经济联盟"的建设。"丝绸之路经济带"与欧亚经济联盟的对接，确保区域经济的持续稳定增长，加强区域经济一体化，维护区域和平与发展。[②] 以俄罗斯为首的欧亚经济联盟和中国倡导的"一带一路"建设，对未来政治经济格局的转变具有重要的战略意义。2016 年 6 月，中俄两国元首签署了《中华人民共和国和俄罗斯联邦联合声明》。2017 年 7 月，中俄两国元首签署了《中华人民共和国和俄罗斯联邦关于进一步深化全面战略协作伙伴关系的联合声明》，双方将继续开展区域合作，在公开、透明、互利的基础上，双方将继续制定有关措施，建立欧亚经济伙伴关系，促进区域经济一体化。

2018 年 5 月 17 日，中国与欧亚经济联盟及其成员国签署的《中华人

---

① 丁松：《构建"一带一路"自由贸易区合作与治理机制的思考》，《区域经济评论》2019 年第 5 期。

② 笪志刚：《制约"一带一盟"对接的瓶颈问题》，《边界与海洋研究》2017 年第 3 期。

民共和国与欧亚经济联盟经贸合作协定》正式生效。该协定涵盖了海关合作和贸易便利化、知识产权、部门合作和政府采购等13个章节，涵盖了电子商务和竞争等新问题。① 该协定符合现阶段对接合作实际，为更高水平一体化安排奠定基础。该协定是中国与欧亚经济联盟在经贸方面首次达成的重要制度性安排，是推进"一带一盟"对接的早期收获。该协定虽未涉及取消或减免关税，但其包含了贸易安排的传统议题及电子商务、知识产权等"升级版"重要的新议题，对减少非关税壁垒、促进贸易便利化、解决现阶段对接合作中的问题有积极作用。"联合委员会"的机制化安排更是为对接合作提供了路径指引和制度保障。总体而言，该协定符合现阶段双方对接合作的实际，如果这一协定落实的成果显著，能为各方带来实实在在利益，便可为今后商谈更高水平的经济一体化安排奠定基础。欧亚经济伙伴关系将成为继亚太经济合作组织（APEC）、跨太平洋伙伴关系（TPP）和贸易与投资伙伴关系（TTIP）之后的第四个洲际超级区域经济一体化联盟。对全球经济体制改革和发展中国家参与国际经贸规则的制定具有重要意义。

"一带一路"与欧亚经济联盟的联系不仅包括基础设施的硬连接，还包括新规制的软连接，这为中国在欧亚经济联盟国家的农业投资带来了机遇。欧亚联盟旨在加速双边和多边基础设施的相互联系。三个蓝色的经济走廊贯穿太平洋、印度洋、北冰洋、红海、地中海和波罗的海，覆盖了整个欧亚大陆。六个主要经济走廊将亚太经济圈和欧洲经济圈连接起来。② 2014年2月，习近平总书记正式邀请俄罗斯参加"一带一路"建设。两国元首就俄跨欧铁路和"一带一路"对接达成共识。它有利于俄罗斯远东地区的发展，可以更好地发挥俄罗斯跨欧亚铁路物流通道的作用。欧亚经济伙伴关系遵循世贸组织关于在欧亚大陆达成的自由贸易协定的基本规则，通过资源整合来加强区域经济和贸易合作，并全面实施欧亚贸易和投资自由化，使整个欧亚大陆实现经济资源的有效配置，促进区域经济繁荣和发展。

---

① 蒋菁、刘阳：《〈中华人民共和国与欧亚经济联盟经贸合作协定〉评析》，《俄罗斯学刊》2019年第6期。

② 郑英琴：《中国与北欧共建蓝色经济通道：基础、挑战与路径》，《国际问题研究》2019年第4期。

(四) 规则适用的多层次化

"多层次"不仅指全球、区域、双边条约和国内法等各种形式的法律规范,也指法律规范的不同性质,即需要具有法律约束力的条约和不具有法律约束力的非正式协议。[①] 目前,关于农业海外投资的国际法规范已经形成了全球性、区域性、双边协同发展,软法与硬法的协同并进的态势。农业海外投资的国际法规范主要表现为以下特点:第一,区域性投资协定的发展迅速。区域性的投资规则呈现蓬勃发展的趋势,正逐步取代双边投资规则,进而导致双边投资协定的数量减少且发展相对缓慢。[②] 同时,全球投资规则不断涌现,国际规则中的多边力量越来越显示出它们的重要性和影响力。例如中国—东盟投资协定、金砖国家框架投资协定、北美自贸区投资协定等。随着"一带一路"倡议的实施和自由贸易区的发展,区域投资协定也实现了蓬勃发展。第二,专门的农业投资协议已经出台。随着农业的大规模投资,由投资行为引起的一系列敏感问题引起了国际社会的高度重视。首先,大规模投资会严重损害东道国的自然资源和环境。其次,由于许多发展中国家的农业投资法律不完善,政府无法有效地监控海外投资。[③] 因此,改革后的世界粮食安全委员会开始了专门性农业投资协定的谈判进程,旨在为海外投资者的权益保障以及东道国的粮食安全提供一套多边层面的法律保障体系。第三,国际投资规则的碎片化。国际投资规则体系覆盖全球200多个经济体,不同经济体之间的协定相互交织,形成了双边、区域、多边投资规则的载体。[④] 再加上针对特定领域的投资协定,表现出来规则的交叉复杂,进而影响到规则的利用率。并且,海外农业投资涉及复杂的主体的利益,例如海外投资者、东道国政府,投资者母国,各方主体对引用规则的表现不一,加剧海外投资的混乱现状。因此,需要站在整体的战略高度,理顺各个规则之间的适用关系,进而制定海外农业投资法律保障体系。第四,国际投资协定的内涵不断扩展。随着"一带一路"倡议的实施,区域经济一体化进程加快,中国与"一带一路"沿线国家建立自由贸易区以促进经济融合与发展,各种形态的区域性投资

---

① 李新:《一带一路助中国开辟欧亚共同经济空间》,《中国社会科学报》2017年第12期。

② 刘苇:《中国海外投资发展战略法律构建研究》,博士学位论文,西南政法大学,2015年。

③ 赵立军:《农业国际投资规则演进及中国的应对策略研究》,博士学位论文,中国农业大学,2016年。

④ 刘斌、刘颖:《国际投资规则体系现状分析及建议》,《中国国情国力》2017年第10期。

条约，特别是包含有投资章节的自由贸易协定在数量上迅速增长。新的区域投资协定不仅关注传统投资条约所规定的国民待遇和最惠国待遇、资本自由汇兑和转移、征收国有化规则等，而且开始关注准入自由化、投资与环保、劳工权益等利益的兼顾、争端解决仲裁程序的改革等问题。同时，功能方面也从过去强调投资保护逐渐转向投资保护与投资自由化并重，从单纯保护投资者利益向兼顾投资者与东道国利益权衡转变。受全球价值链的影响，投资与贸易的议题联系更加紧密。

二 现有国际法规范对于农业海外投资规制的不足

虽然目前已经形成了全球性、区域性、双边性、专门性以及软法与硬法相结合的农业海外投资法律保障制度，但是，逆全球化的影响导致全球性的投资协定难以谈判，区域投资的蓬勃发展造成规则的重复与碎片化，碎片化的规则进而引发法律适用的困境。简而言之，现行的农业海外投资国际法规范仍然存在以下问题。

（一）全球性的多边投资条约进展缓慢且利用率低

从多边投资投资条约的进程来看，作为WTO的前身的关税与贸易总协定（GATT）诞生于1948年，其中投资条款是其重要组成部分。1994年，世贸组织通过了具有历史意义的TRIMS协定，这是世贸组织唯一的多边投资协定，也是第一个具有全球约束力的投资协定。世界银行通过的《华盛顿公约》提供了一套解决缔约国与另一缔约国国民之间的争端解决机制，但因其缺乏监督机制导致裁决不一致也被投资者拒之门外。MIGA作为承保机制，因其承保条件的严格也很少被利用。全球性的多边贸易投资规则主要在乌拉圭回合谈判项下进行，目前乌拉圭回合谈判也趋向僵局。关于ICSID改革和海外投资保险机制的建立的呼声高涨，现有的全球性多边投资机制已经不能适应现阶段海外农业投资的需要。

目前，全球性的多边投资条约主要以WTO框架下的TRIMS协定、ICSID争端解决机制、MIGA保险机制为主体，这些机制由于成立年代久远，不能适应新形势发展需要。同时，机制自身存在缺陷，比如：WTO面临根本性改革、ICSID机制因缺乏监督机制导致裁决不一致、MIGA严格的承保条件限制等。这些原因导致全球性的多边投资机制的利用率低，再加上投资者对机制和东道国法律环境的不了解，造成全球性多边投资机制陷入制度困境，对于中国农业海外投资的保护微乎其微。

（二）区域性的多边投资协定过于原则化且执行力弱

近年来，全球经济治理结构由多边转向区域主导。随着世界贸易组织谈判的日益艰难和谈判进程的缓慢，一些国家开始转向制定各种区域自由贸易协定。TPP、TTIP、RCEP、欧盟、北美自贸协定、中国—东盟自由贸易区等特大型自由贸易协定逐渐出现，呈现复杂的"意大利面碗"[①]效应。[②]从其规则的制定内容来看，都是原则导向型的框架性制定，具体执行较为困难。并且涉农领域的投资协定，比如《土地权属自愿准则》和《负责任农业投资原则》都属于国际性文件，并不具有法律的强制约束力。看似庞大的多边区域协定，如果需真正发挥作用，需要以现有的投资规则为基础，结合海外投资的现实需要，作出具体化规定。

（三）分散化、碎片化的区域投资规则造成法律适用困境

规制海外农业投资的国际法规则涉及全球、区域、双边和专门的农业相关协议。目前，世界上有 3000 多个国际投资协定，其中一些协议过于陈旧，远远不能满足快速流动的各种形式的全球投资的需要。其中一些是矛盾的，标准不统一，分别反映了东道国和投资国的不同关切和要求，分散的、碎片化的区域投资规则给法律适用带来了诸多困难，需要建立完备的海外投资保障体系。[③] 中国可推动建立一个统一的、符合各方利益的投资规则体系。

三 海外农业投资国际法规范的完善路径

随着区域全面经济伙伴关系（RCEP）15 个成员方完成所有文本谈判，东亚自由贸易区建设取得重大突破，这是世界上人口最多、成员结构最多样化、发展潜力最大的自由贸易区。未来，"一带一路"背景下海外农业投资国际法规范的完善可以从实体和程序两个层面予以思考。

（一）实体层面：以 RCEP 为核心推动区域投资协定逐步升级完善

在逆全球化背景下，美国单边主义与贸易保护主义盛行，区域贸易协

[①] "意大利面碗"现象一词源于美国经济学家巴格沃蒂 1995 年出版的《美国贸易政策》一书，指在双边自由贸易协定（FTA）和区域贸易协定（RTA），统称特惠贸易协议下，各个协议的不同的优惠待遇和原产地规则就像碗里的意大利面条，一根根地绞在一起，剪不断，理还乱。

[②] 朱易、宾建成、牛晴晴：《国际投资新规则：趋势、影响与应对》，《经济论坛》2018 年第 3 期。

[③] 梅冠群：《积极构建"一带一路"国际规则体系》，《宏观经济管理》2018 年第 9 期。

定的谈判才是推动经济一体化的理性选择。在当前 WTO 多边谈判功能陷于停滞的背景下，不妨着眼于当下以 RCEP 为核心的区域贸易协定谈判，坚持以"共同发展"为导向，使国际投资协定多边谈判具有发展性、包容性和灵活性。① 第一，多边投资协定谈判应考虑发达国家和发展中国家的不同利益，通过设定过渡期，逐步推进发展中国家投资准入负面清单管理。第二，推动落实《G20 全球投资指导原则》，引导国际投资体系改革朝着新的方向发展。推动建立全球投资领域的长效工作机制，提高投资政策透明度，在框架原则基础上探索具体实施办法，为全球投资规则改革积累实践经验。第三，抓住战略机遇期，充分发挥"中国元素、中国智慧、中国经验"在全球投资治理中的重要作用。亚太地区包括发达国家、发展中国家和新兴市场国家在内的经济多样性和包容性，将有助于中国发挥自身优势。② 需要在协调各国不同利益和需求方面进行有益的探索，为全球投资规则提供有价值的新样本。

（二）程序层面：构建"一带一路"沿线国家的投资争端解决机制

"一带一路"的有序推进，需要一套完备的适应"一带一路"沿线国家的争端解决机制。通过与"一带一路"国家协商，构建"一带一路"沿线国家投资争端解决机制。"一带一路"投资争端解决机制的构建应当遵循共商共建共享的原则，"一带一路"争端解决机制的构建并不是对 WTO 机制、ICSID 机制的排除，而是 WTO 机制、ICSID 机制的成员国之间仍然可以选择适用现有的机制，突出强调争端解决的灵活性、多元性，并在现有机制的基础上加以创新。需要重点关注以下几个方面：首先，需要增强政治意识，培养人类命运共同体意识；其次，全球价值链视角下推动互联网在创新投资争端解决机制的技术支撑，可通过互联网的公开、公正、透明原则，利用开放共享的大数据平台，为投资争端解决机制的平等协商构建提供交流平台与技术支撑；复次，充分发挥协商等替代性争端解决方式的作用，友好协商可以避免高昂诉讼费，并且有利于经济合作，相比于诉讼的强制性与约束力，协商更可以增进互信，减少纠纷；再次，发挥调解在投资争端解决中的重要性，在方式灵活、节省人力财力的情况

---

① 陈伟光、王燕：《全球投资治理下的国际投资协定多边谈判与中国对策》，《天津社会科学》2017 年第 3 期。

② 霍建国、庞超然：《国际投资规则的发展与启示》，《国际经贸探索》2017 年第 8 期。

下,也使双方维持较好的合作关系;最后,"一带一路"投资争端解决机制的构建要发挥现有机制的优势,程序可包括协商、调解、专家组审议、上诉机构、裁决执行机构等内容。在争端解决机制的构建中,重点考量上诉机构的构建,保障裁决的一致性和准确性。尤其在 WTO 的上诉机构瘫痪、ICSID 仲裁裁决不一致的大背景下,上诉机构的设置显得非常重要。完善的争端解决机制,可以化解风险,为投资者提供最后一道防线。

第三章

中国农业海外投资企业权益法律保障的现状与困境

当今世界正在发生着深刻而复杂的变化，逆全球化趋势明显，以恶意贸易摩擦为标志的贸易保护主义有所抬头，国际投资贸易风险加大，气候变化对粮食主产区的影响不断加深，环境污染和资源浪费日益严重。[①] 随着"一带一路"倡议的实施，中国农业企业纷纷实施"走出去"发展战略，加大海外投资的力度和步伐，取得了显著成绩。然而，中国农业海外投资的企业权益保障困难重重，已成为国家当前面临的重要问题。应全面依法治国和构建人类命运共同体，推动国际法治与国内法治的互动。[②] 因此，在"一带一路"倡议的时代背景下，中国农业海外投资的企业权益法律保障既应重视国内法，也不应忽视国际法。

第一节 中国对农业海外投资的企业权益国际法治的推动

为了从国际层面保障中国农业海外投资的企业权益，中国采取了一系列措施，例如积极参加国际会议与论坛，发布联合声明，签署谅解备忘

[①] 刘乃郗、韩一军、刘邦凡：《逆全球化背景下中国农业海外投资风险与对策》，《哈尔滨工业大学学报》（社会科学版）2018年第1期。

[②] 肖永平：《全面依法治国的新阶段：统筹推进国内法治与国际法治建设》，《武大国际法评论》2018年第1期。

录，缔结和修订国际条约。

一 国际会议与论坛

"一带一路"倡议实施以来，中国积极与"一带一路"沿线国家开展农业领域的双多边投资合作，定期举行农业相关会议。其中，既有农业综合性会议，如中国与柬埔寨、韩国、日本、马来西亚、菲律宾、西班牙、芬兰、荷兰、西班牙、俄罗斯、爱沙尼亚、苏丹、以色列等农业大国成立农业合作工作组会议；也有关于渔业合作的会议，如中国与毛里塔尼亚、桑给巴尔、莫桑比克、伊朗、塞拉利昂等渔业大国成立渔业合作会议；此外，还有关于粮食安全合作的会议，例如东盟与中日韩粮食安全合作战略圆桌会议等。该会议旨在在区域合作机制中，探索与粮食安全相关议题，其中涉及农业投资及项目合作中的鼓励投资和企业权益保护问题。除了上述农业专门性会议，也有一些涉农的综合性会议，并取得一系列成果。由于"一带一路"沿线国家和地区的农药产品质量标准不一，分歧较大，极大地影响了各国农药产品的对外贸易。为提高贸易便利化水平，在第二届"一带一路"国际合作高峰论坛上，中国农业农村部与孟加拉国等国的农业部联合发布《促进"一带一路"合作共同推动建立农药产品质量标准的合作意向声明》。该声明旨在建立统一的区域性农药产品质量标准，提高"一带一路"沿线国家和地区的农药产品的贸易便利化水平。中国与英国等国的主要金融机构共同签署《"一带一路"绿色投资原则》。该原则主要涉及公司治理、战略制定、项目管理、对外沟通、绿色金融工具运用等内容。综上所述，政府层面的农业合作会议不仅有利于国际法治的推动，而且对于"一带一路"倡议下中国农业海外投资企业权益法律保障具有重要意义。为推动中国农业海外投资的企业权益法律保障，中国成立了一系列农业法学会，例如中国农业经济法研究会、河南省法学会农业农村法治研究会、湖北省法学会农业法学研究会等。以上研究会主要协助政府部门起草和修订相关法律，定期召开农业学术会议与论坛，举办农业法律讲座等。

除此之外，中国积极举办农业海外投资企业权益法律保障的相关会议。针对企业海外投资问题，中国国际法治论坛（2019）倡议：首先，企业积极参与和服务"一带一路"建设，企业海外投资过程中应遵守相关的国际条约、双边协定以及东道国法律，秉承诚信原则，公平的参与国际市场竞争，自觉承担国际责任和社会责任，保护东道国的生态环境，坚持低碳环保可持续发展的理念。其次，加强企业自身法律意识，增强企业的社会责任感和国家荣誉感，严格按照国际规则投资与经营，坚决抵制行贿和受贿等非法行为，重视企业管理人员队伍建设，培养国际视野和创新能力，转变企业对外扩张战略，创新企业海外投资模式和方法，强化风险意识和处理能力。最后，"一带一路"沿线国家和地区的政府应采取一系列措施支持和服务外商投资企业，建立投资风险评估机制，为外商投资企业尽可能地规避风险，出台减免税费等相关政策，在市场准入和负面清单等方面给予一定优惠，尊重企业的自主经营权，若政府侵害企业合法利益，应当及时充分地予以赔偿，建立多元化的纠纷解决机制，给予企业充分的救济手段和途径。

二 联合声明

联合声明常用来指两个以上的国家就某一重大问题举行会谈或会议后发表的相关文件。至于能否构成条约，应从当事方的意思表示和文件的措辞中做出判断。[①] 在"一带一路"倡议下，为了中国农业企业"走出去"、加强农业国际合作和推动国际农业的发展，中国对外发布了一系列联合声明。

就亚洲国家而言，为了提高农业科技水平，增强粮食生产能力，促进农产品贸易发展，维护粮食安全，促进社会稳定和经济发展，保护土地和生物多样性，中国、日本和韩国联合发表《中日韩关于加强农业合作的联合声明》。该声明主要包括以下内容：第一，加强粮食安全等方面的合作，增加粮食储备途径和平台，优化内部管理模式；第二，加强动植物疾病防控强度，及时披露与共享相关资料和信息，增强透明度和公信力；第三，重视自然灾害对农业生产的影响，灾害预防与灾后救治应及时交流与反思，建立自然灾害预警机制；第四，加大农业专业人员培养力度，建立农业政策信息和研究人员交流机制，定期互派访问学者学习与交流；第五，充分依托区域伙伴关系，在积极促进农业投资与贸易的同时，实现农业投资低碳环保可持续发展；第六，加强与粮农组织等国际机构交流与合作，并就目前农业投资的热点和难点问题交换意见。

---

① 王铁崖：《国际法》，法律出版社1995年版，第295页。

就欧洲国家而言，为了加强农业投资和贸易领域的合作，中国和法国签署了《中法关于农业合作的联合声明》。该声明主要涉及以下方面：第一，定期举行农业会议，针对双方合作的领域，妥善解决农业投资过程中的相关问题以及研究农业投资合作情况；第二，针对动植物领域防疫问题，应加强双边合作与交流；第三，检验检疫主管部门重视农产品领域的合作，制定统一的农药残留标准规则，保障农产品安全无公害；第四，充分利用现有双边协定，积极深化和拓展农业领域的合作，不断增加农业投资领域，提高农业投资自由化和便利化水平；第五，改变传统农业投资模式，提高农业投资的科技水平，细化农业投资领域，加大畜牧业和森林等领域的投资力度和规模。

就全球性国际组织而言，为加强与国际农业组织的对接和协调，中国农业农村部与联合国粮农组织、国际农业发展基金、世界粮食计划署联合发布《中国农业农村部与联合国粮农三机构关于中国实施乡村振兴战略助力实现2030年可持续发展议程的联合声明》，该声明主要涵盖以下内容：第一，统筹城乡发展是中国乡村振兴和可持续发展的重要内容，上述三个国际组织则在环境保护、农业机械和产业规划方面为中国提供技术和政策的支持；第二，支持农业发展，增强农业扶贫力度，认真研究和分析农业扶贫中的重点和难点，加强精准扶贫的相关立法和政策出台，实现农业的可持续发展；第三，转变农业发展理念，应当坚持低碳环保可持续的农业发展理念，既要保护生态环境，尽可能减少农业发展过程中的环境污染，又要提高资源利用效率，提高农业质量和水平，积极发展绿色农业、生态农业和现代农业；第四，加强现代农业人才队伍建设，加强农业职业技能培训，树立发展现代农业的理念，提高农业经营能力和水平；第五，定期举行农业发展会议与论坛，吸引各国专家积极参与并分享经验，以期对参会国有所借鉴；第六，中国积极加强与联合国等国际组织的合作，依托中国—联合国粮农组织信托基金等平台推动全球农业投资与合作。

就区域性国际组织而言，为了促进互联互通和打造质量安全命运共同体，中国与东盟签署《中国—东盟质检部长会议联合声明》。该声明主要侧重于以下措施：第一，创造性地提出打造质量安全命运共同体，并设立卫生与植物卫生措施分委会实体机构；第二，提高中国与东盟农业投资与贸易自由化和便利化水平；第三，在动植物检验检疫领域，加强相关政策、法规和技术的交流与合作，增强传染性疾病的防控能力和水平；第四，在食品安全领域，在重申中国与东盟的承诺的基础上，既要不断拓展食品投资的规模及产业链，又要建立质量安全评估体系。

三 谅解备忘录

谅解备忘录一般用于在当事方间处理比较小的或次要的事项。[①] 但有些谅解备忘录不具有法律拘束力，因此不属于国际条约。[②] 谅解备忘录的签订主体既可以是国家与国家，也可以是国家与国际组织。就前者而言，中美农业部续签了《中美农业及相关领域合作谅解备忘录》，该备忘录规定双方在农业投资、农业科技、粮食安全、农产品贸易、人才交流等方面加强合作。中俄农业部签署了《中俄农业合作备忘录》，该备忘录要求双方在农产品贸易、农业企业投资、农业技术交流、农业基础设施、境外农业种植和销售等领域进一步开放市场，营造良好的营商环境。就后者而言，中国与联合国亚洲及太平洋经济社会委员会签署了《中国农业农村部与联合国亚洲及太平洋经济社会委员会合作备忘录》。该备忘录主要从农业机械化合作、农业技术交流、农机数据库建设、农机检测合作等方面进行了规定，这对提升中国农业机械化水平具有重要意义。

事实上，随着"一带一路"倡议的实施与推进，中国与外国签订的农业合作备忘录内容也正在发生深刻变化，即合作领域不断拓展，国际责任不断增强，合作理念不断提升。例如中国、日本和韩国签署的《中日韩关于乡村振兴框架下促进农业合作的备忘录》，该备忘录的内容不仅仅局限于农业领域的投资与合作，而是拓展到全球粮食安全、全球气候变化、动植物疾病防控、消除地区贫困、减少贫富差距、实现绿色发展等方面。这种可持续发展理念不但对农业海外投资的企业权益保障意义重大，而且有利于探索全球治理和国际法治的新模式，进而构建人类命运共同体。

四 国际条约

国际条约是指两个以上国际法主体依据国际法确定其相互间权利和义务的一致意思表示。[③] 事实上，东道国和投资者的利益统一的前提是投资

[①] 王铁崖：《国际法》，法律出版社 1995 年版，第 295 页。
[②] 邵沙平：《国际法》，高等教育出版社 2008 年版，第 180 页。
[③] 王铁崖：《国际法》，法律出版社 1995 年版，第 293 页。

既符合东道国的法律规则，也不违背国际公约。① 在"一带一路"倡议下，国际条约对中国农业海外投资企业权益保障具有重要意义。首先，为中国农业海外投资企业创设了良好的投资环境。"一带一路"沿线国家众多，立法水平有限，国内法律体系不完备。根据约定必须遵守的国际法原则，国际条约对于缔约国均具有约束力。若一方违背义务，则要承担责任。国际条约可以更好地保障中国农业海外投资企业权益。其次，为中国农业海外投资企业争议妥善解决提供了保障。"一带一路"沿线国家众多，法律复杂，争端解决机制尚不完善。国际条约可以规定外国投资者与东道国政府之间的争端解决方式。最后，可以更好地满足中国农业海外投资企业的利益诉求。"一带一路"沿线国家众多，农业发展差距较大，利益诉求不同。国际条约易于在平等互利的基础上顾及各个缔约方的利益，进而达成一致意见，可以最大化地实现中国农业海外投资企业的权利主张和利益诉求。

就国际条约的缔结而言，"一带一路"倡议实施后，为保障中国农业海外投资企业权益，中国与俄罗斯又陆续签订了一些双边条约，例如《中俄关于发展新时代全面战略协作伙伴关系的联合声明》等。该条约分别从宏观和微观角度对中俄农业投资合作予以规定，一方面，该条约主张"一带一路"与欧亚经济联盟对接，积极落实中俄相关协定的生效与实施；另一方面，该条约要求深化中俄农业投资合作，拓展和完善农业合作产业链，进一步放开农业市场准入，加大农产品贸易。

除了上述国际条约的缔结，中国开始修订之前签署的国际条约。国际条约修订是指条约的当事方在缔结条约后但在该条约的有效期内改变条约规定的行为。② 条约的修订必须满足以下两个条件：其一，双方当事人一致同意，如果仅有一方同意，条约便无法进行修订；其二，按照一定的程序和规则，既可以是条约规定的，也可以是双方约定的。"一带一路"倡议下中国农业企业海外投资，如果两个或者两个以上国家都对同一所得征税，这将严重危及跨境经济关系。因此，为了消除双重征税，许多国家缔结双边性的国际税收协定，这些协定被称为避免双重征税协定，以此确定

---

① ［德］鲁道夫·多尔查、［奥］克里斯托弗·朔伊尔：《国际投资法原则》，祁欢、施进译，中国政法大学出版社2014年版，第20页。

② 王铁崖：《国际法》，法律出版社1995年版，第293页。

每个国家征税的范围。① 例如中俄从税种范围、企业居民判定、常设机构时间、股息、利息、特许权使用费等方面对《中俄对所得避免双重征税和防止偷漏税的协定》进行修订。综上，此举保障了中国农业海外投资企业的合法权益，增强了企业投资的信心，极大地促进了中国农业海外投资企业的发展。

第二节　中国农业海外投资企业权益立法与政策的进展

随着"一带一路"倡议的实施与推进，为更好地支持中国农业企业"走出去"，保障中国农业海外投资投资的企业权益，中国出台了一系列相关的法律和政策。事实上，运用国内立法政策保障"一带一路"倡议下中国农业海外投资的企业权益意义重大。首先，是"一带一路"倡议的重要内容。农业是对外开放的重要领域，加强中国农业海外投资企业权益法律保障，是在更大范围、更广领域、更深层次上推进"一带一路"倡议的顺利实施。其次，是乡村振兴战略的必然要求。中国农业发展面临资源环境、技术市场等诸多因素制约，必须转变发展方式和拓展海外市场，而运用法律保障农业海外投资企业权益是突破瓶颈和乡村振兴的重要途径。最后，是贸易保护主义的自卫手段。当前逆全球化趋势明显，以恶意制造贸易摩擦为特征的贸易保护主义有所抬头，中国农业海外投资企业权益的法律保障日益紧迫。

一　中国农业海外投资企业权益法律保障的思路转变

"一带一路"倡议实施以来，中国农业对外投资开始重构战略定位，主动对接和积极整合全球农产品供应链与产业链，提升农业企业国际竞争力。建立国际农产品流通网络，有效利用全球农业资源。推动涉农行业国际产能合作，拓展相关行业发展边界。提升全球粮食安全保障水平，树立

---

① [奥]迈克尔·朗：《避免双重征税协定法导论》，朱炎生译，法律出版社2017年版，第5页。

负责任大国的良好形象。① 转变海外投资立法指导思想,健全企业法律风险管理制度,为"一带一路"倡议保驾护航。② 事实上,中国农业海外投资企业权益法律保障的思路也正在发生转变。

(一) 保障范围:从侧重于传统农业大国转变为"一带一路"沿线国家

"一带一路"倡议实施前,中国农业企业海外投资数量较少,且主要集中于美国、巴西、印度和澳大利亚等农业大国。为了保障农业海外投资的企业权益,中国与其签订一系列双边农业协定。随着"一带一路"倡议的实施,中国对于农业海外投资的企业权益的保障范围转变为"一带一路"沿线国家,例如哈萨克斯坦、俄罗斯、泰国、越南、乌克兰、意大利、德国等。原因在于:第一,中国农业企业海外投资范围从美国、巴西、印度和澳大利亚等传统农业大国转变为"一带一路"沿线国家和地区,而该地区纠纷必然随之增多。第二,"一带一路"沿线国家和地区众多,法律制度不健全,且中国尚未与其签订关于工业投资的双边协定,投资纠纷和的法律适用存在困难。第三,"一带一路"沿线国家和地区农业欠发达,市场前景广阔且潜力巨大,中国可以与该地区实现资源优化和优势互补,该区域将成为中国农业企业长期稳定的投资范围。

(二) 保障对象:从侧重国有企业转变为民营企业和国有企业并重

"一带一路"倡议实施前,中国农业海外投资以国有企业为主,民营企业为辅。无论是《境外投资项目核准暂行管理办法》和《境外投资管理办法》,其规定主要侧重国有企业,对民营企业少之又少。原因在于:第一,农业海外投资项目具有成本高、周期长、风险大的特点,与国有企业相比,民营企业由于抗风险能力弱且融资难度高,因此不适合农业海外投资。第二,维权成本比较高。当民营企业与东道国发生纠纷时,难以有效地维护自身的合法权益。第三,"一带一路"实施前,特别是受全球经济危机影响,中国民营企业纷纷破产,短期难以恢复。③ "一带一路"倡议实施后,民营企业积极调整发展规划,实施"走出去"发展战略,加

---

① 金三林:《我国农业对外投资的战略布局与重点》,《经济纵横》2018 年第 7 期。
② 徐卫东、闫泓汀:《"一带一路"倡议下的海外投资法律风险对策》,《东北亚论坛》2018 年第 4 期。
③ 张炳雷、陈英中:《国有企业海外投资所面临的困境与对策》,《海南大学学报》(人文社会科学版) 2010 年第 4 期。

大海外投资力度和规模。除了《中央企业境外投资监督管理办法》，中国也出台了《民营企业境外投资经营行为规范》。后者从诚信经营、社会责任、环境保护等方面对民营企业予以保障。

（三）保障环节：从仅注重投资管理转变为投资管理的相关环节

"一带一路"倡议实施前，中国对农业海外投资企业权益的法律保障主要集中于投资管理。为制定更为合理的投资管理模式，中国进行了一系列的探索与尝试，经历了从审批制到核准制，再到"备案为主，核准为辅"的演变历程。虽然投资管理模式不断发展和完善，但是中国农业企业海外投资涉及外汇、融资、补贴、保险、引导服务等多个环节，如果仅局限于某一个环节，那么必然难以保障中国农业海外投资的企业权益。随着"一带一路"倡议的实施，一方面，中国不断提高农业海外投资企业权益保障的认识水平，将保障环节从以"备案为主，核准为辅"的投资管理模式延伸和拓展到外汇、融资、补贴、保险、引导服务等与投资管理的相关环节；另一方面，针对投资管理的相关环节，中国陆续出台了《外汇管理条例》等一系列法律法规，力求全方位保障中国农业海外投资的企业权益。

（四）保障方式：从强调监督管理转变为重视引导服务

"一带一路"倡议实施前，中国农业海外投资企业权益法律保障主要表现为监督管理，即政府始终发挥着主导作用，而农业企业处于被动地位。《境外投资项目核准暂行管理办法》和《境外投资管理办法》均用大量条款规定监督管理，前者对引导服务付之阙如，后者仅规定了五个条款。因此，中国对于农业海外投资企业权益保障方式极为有限，这极大地影响了中国农业企业的发展。随着"一带一路"倡议的实施，中国开始改变保障方式，不局限于监督管理，而是重视对中国农业海外投资企业的引导服务。中国通过定期举办国际会议与论坛，签订双边协定，发布联合声明，发布投资指南，成立亚洲基础设施投资银行，设立丝绸之路基金，建立"一带一路"国际商事法庭等一系列举措来加强引导和降低风险。从强调监督管理转变为重视引导服务不但意味着保障方式的成功改变，而且极大提高了中国农业企业海外投资的积极性和主动性。事实上，这不仅有利于完善中国现行相关法律法规，还提升了中国农业海外投资企业的国际竞争力和国际影响力。

（五）保障手段：从侧重国内法转变为国际法与国内法并重

"一带一路"倡议实施前，中国主要通过国内法来保障中国农业海外投资企业权益，例如出台法律法规、政策文件、投资指南等。原因在于：第一，"一带一路"倡议实施前，中国农业企业尚未出现产能过剩，经营范围集中在国内，对外投资较少。第二，"一带一路"倡议实施前，中国对东道国的相关法律、国际条约和国际惯例等了解较少。随着"一带一路"倡议的实施，中国农业企业转变经营战略，加大海外投资力度和规模，实施"走出去"发展战略。与此同时，为保障中国农业海外投资企业权益，中国开始积极参加国际会议与论坛，发布联合声明，签署谅解备忘录，缔结和修订国际条约，换言之，中国开始调整保障手段，从侧重国内法转变为国际法与国内法并重。因为法治作为全球治理的根本方式，包括国际和国内两级治理领域的法治进路。[①] 需要注意的是，坚持国际法与国内法并重包含国际法与国内法的衔接与转化，即既要对标国际规则，推动国内法与国际法的衔接，又要推动国际法与国内法之间的相互转化。这不但是"一带一路"倡议的重要内容，而且是全球治理背景下国际法治与国内法治良性互动的应有之义。

二 中国农业海外投资企业权益法律保障的重点领域

为保障"一带一路"倡议下中国农业海外投资的企业权益，中国出台了一系列法律法规，其中涵盖核准与备案、外汇、融资、补贴、保险、引导服务等重点领域，基本构成了一套较为完整的法律体系。

（一）核准与备案

核准是指政府机关或授权单位，根据法律、法规、行政规章及有关文件，对相对人从事某种行为，申请某种权利或资格等，依法进行确认的行为。备案是指相对人按照法律、法规、行政规章及相关性文件等规定，向主管部门报告制定或完成事项的行为。为保障中国农业海外投资企业的权益，中国出台了《境外投资项目核准和备案管理办法》《境外投资管理办法》等一系列法律法规。

第一，确立"备案为主，核准为辅"的境外投资管理模式。改革开放以来，中国重视海外投资体制改革创新，不断释放制度红利，农业境外投资管理体制经历了一个从审批制到核准制，再到"备案为主，核准为辅"的演变历程。中国大力推进改革开放，加入世界贸易组织后，外汇储

[①] 赵骏：《全球治理视野下的国际法治与国内法治》，《中国社会科学》2014年第10期。

备迅速增长,农业企业海外投资经营的经验随之增加。《关于投资体制改革的决定》标志着中国对外投资管理体制由审批制转变为核准制。"一带一路"倡议要求实现投资自由化和贸易便利化,扩大市场准入和减少负面清单,营造良好的营商环境。[①]《境外投资项目核准和备案管理办法》(2014)和《境外投资管理办法》(2014)标志着中国境外投资管理由"核准为主"转变为"备案为主,核准为辅"。

第二,实行发展改革部门与商务部门的双轨管理体制。中国农业企业海外投资涉及农业境外投资项目和农业境外投资企业设立等内容,前者是指中国农业企业通过投入货币、有价证券、知识产权和技术等取得境外所有权、管理权和其他权益。发展改革部门负责境外投资项目的核准和备案,并出台了《境外投资项目核准和备案管理办法》(2014)等法律法规。后者是指中国农业企业符合一定条件,经主管部门审核后在境外设立新的企业。商务部门则负责境外投资企业设立的核准与备案,并出台了《境外投资管理办法》(2014)等法律法规。发展改革部门和商务部门相互配合,共同致力于中国农业海外投资的企业权益保障。

第三,明确发展改革部门和商务部门核准和备案的内容。核准和备案的内容为管理范围、程序和时限等。发展改革部门和商务部门在某些方面上大致相同,例如管理范围均为敏感国家、地区和行业的项目,程序均为申请制。然而,在一些方面也存在细微差别,而这些差别需要应当引起中国农业企业对外投资的重视。例如中国农业企业海外投资项目在核准和备案时,可以通过发展改革部门的网络系统进行。中国农业海外投资企业设立的核准时,中央企业和地方企业有所区别,前者为商务部,后者为由所在地省级商务部门申请。

(二)外汇

外汇是指以外币现钞、外币支付凭证或者支付工具、外币有价证券,特别提款权等表示的可以用作国际清偿的支付手段和资产。为保障中国农业海外投资的企业权益,促进农业企业健康发展,中国制定了《外汇管理条例》等外汇法律和政策。

一方面,丰富外汇管理的基本内容。首先,明确了外汇的法律含义。

---

① 谭畅:《"一带一路"倡议下中国企业海外投资风险及对策》,《中国流通经济》2015年第7期。

其次，从经常项目外汇管理、资本项目外汇管理、金融机构外汇业务管理、人民币汇率和外汇市场管理、监督管理等方面丰富和细化了外汇管理的内容。最后，强化了法律责任。包括责令改正、警告、罚款等。若构成犯罪，则追究刑事责任。值得注意的是，缺乏中国农业企业海外投资的专章专节，换言之，外汇法律与政策仅作了基础性和原则性规定，对于农业企业海外投资的针对性不强，指导性有限。另一方面，突出外汇管理的重点领域。随着"一带一路"倡议的实施，中国农业企业加大海外投资力度和规模，因此，资本项目外汇管理成为中国外汇管理的重点。首先，实行登记制度。中国农业企业向境外直接投资时，应当按照国务院外汇管理部门的规定办理登记。其次，统一中央管理。将农业企业外债的统计工作与监管工作统一收归中央，并定期及时公布。最后，实行申请审批制。中国农业企业提供对外担保前，必须向外汇管理机关申请，由后者根据实际情况作出批准与否的决定。

（三）融资

根据《新帕尔格雷夫经济学大辞典》，融资是指为支付超过现金的购贷款而采取的货币交易手段，或为取得资产而集资所采取的货币手段。不同类型的农业企业融资的影响因素不同，就农业上市公司而言，其融资行为受企业成长性、盈利能力、流动性水平、企业规模、企业股价变动率、税盾效应、非负债税盾效应等因素的影响。[1] 与农业上市公司不同，中小农业企业主要面临着贷款难、担保难、上市难、债券发行难、税负重等融资难题。[2] 事实上，为解决中小微企业融资难的问题，中国陆续出台了《中小企业促进法》《商业银行法》等一系列法律和政策。

一方面，增加和完善融资的途径。目前，中国针对农业中小企业的金融产品极少，该领域基本处于空白，金融机构根据中国农业企业海外投资的实际情况，有选择地予以增加和提供。此外，国家完善现有的资本市场体系，拓宽融资渠道和途径，细化和丰富中小企业的担保融资制度，适当调整融资评估标准，以增强国际竞争力。另一方面，强调政府部门之间的配合协作。中国人民银行、国务院银行业监督管理机构等部

---

[1] 葛永波、姜旭朝：《企业融资行为及其影响因素——基于农业上市公司的实证研究》，《金融研究》2008年第5期。

[2] 杨林瑞、尹良培：《中小企业融资问题的法律研究》，《中国法学》2003年第3期。

门积极配合协作，共同致力于改善中国农业海外投资企业的融资环境。中国人民银行积极利用利率政策、汇率政策、存款准备金等货币政策工具控制中国农业海外投资企业的货币供应，降低其融资难度。在现有监管制度框架下，国务院银行业监督管理机构充分考虑中国农业海外投资企业的特殊性，在完善现有的监管政策的同时，出台了一些支持中国农业海外投资企业融资的新政策。

（四）补贴

农业补贴通常指国家为了实现特定的农业产业政策目的而将财政收入依法定标准和方式转移给特定的农业生产经营者的国家行为。[①] 各国政府为实现种种政策目标而利用提供补贴的制度，只给国内生产者提供补贴将违反规定国内产品和进口产品非歧视待遇的国民待遇原则，但是《关税与贸易总协定》第3条第8款规定，作为例外制度允许给国内生产者提供补贴。作为保护国内产业的方法，相对于进口限制措施来讲，补贴的贸易扭曲效果较小，从经济政策的角度来考虑补贴更容易让人接受。许多国家都制定了农产品补贴计划。中国没有农业海外投资企业补贴专门的法律法规，主要散见于《农业法》等法律法规之中。

第一，规定专项资金直接补助的内容。为了防止对外经济技术合作过程中发生专项资金补助不合法的问题，中国明确和细化了专项资金直接补助的情况。其中，既包括为获得项目而产生的咨询费、翻译费、编制费和资料费等，也包括平台研发和项目运营过程中的产生相关费用。第二，确立申请项目应具备的基本条件。遵守严格的法定程序，经母国和东道国有关部门批准、登记和备案。规定最低投资额，以境外投资项目为例，中方投资额不低于100万美元。第三，明确申请专项资金的材料和程序。就申请材料而言，其包括申请报告、国家审批文件、企业年度审计报告、驻外使领馆的经商处的书面意见等；就申报程序而言，中央企业报送财政部和商务部，而地方企业由地方省级财政和商务部门逐级上报。

（五）保险

海外投资保险制度是指资本输出国政府对本国海外投资者在国外可能遇到的政治风险，提供保证或保险，投资者向本国投资保险机构申请保险后，若承保的政治风险发生，致投资者遭受损失，则由国内保险机构补偿

[①] 黄河：《论我国农业补贴法律制度的构建》，《法律科学》2007年第1期。

其损失的制度。① 目前，中国海外投资法律制度既没有国内法的支持，也没有国际法的强力保障。② 没有关于农业企业海外投资保险的专门法律法规，通常由中国出口信用保险公司依据《投保指南》予以保障，《投保指南》从投保主体、承保范围、赔偿及争端解决等方面对中国企业海外投资进行了规定。

首先，确立中国出口信用保险公司为保险人。中国农业企业海外投资的承保机构是中国出口信用保险公司。该公司按商业化方式运作，独立核算，保本经营，宗旨是"为对外贸易以及对外投资合作提供各种保险服务，从而全方位地促进中国对外经济的发展"。中国出口信用保险公司以《投保指南》作为主要的工作业务操作规范和海外投资政治风险的评估依据。其次，明确承保政治风险的范围。中国出口信用保险公司主要承保的政治风险包括汇兑限制险、征收险、战争险、政府违约险。汇兑限制险既包括货币不能自由兑换，也包括不能自由汇出。征收险既包括直接征收，也包括间接征收，但是不包括政府违约。此外，在中国承保的战争险中，表述问题投资所在国家发生的战争、内乱、恐怖行为等所造成的企业的直接损失和间接损失。最后，规定保险索赔争端解决的事项。在履行合同过程中，若发生保险事故，承保人依国内保险合同的规定向投保人支付保险金，承保人取得代位求偿权向投资所在东道国索赔。中国农业企业海外投资争端索赔依据《保险法》的相关规定。

（六）引导服务

随着"一带一路"倡议的实施，部分民营企业境外投资经营活动存在诸多问题，例如不履行国内外审核手续，违规在境外开展投资；不了解东道国法律政策，盲目决策和投资；恶性竞争，破坏东道国市场经济秩序；环保意识淡薄，破坏当地生态环境；忽视劳工权利，侵害劳工合法利益。③ 为加强"一带一路"倡议下中国农业企业海外投资的引导服务，中国出台了《民营企业境外投资经营行为规范》和《中央企业境外投资管理办法》等法律法规和规范性文件。

---

① 余劲松：《国际投资法》，法律出版社2000年版，第176页。

② 刘晓晨：《中国海外投资保险法律制度研究——基于"一带一路"倡议和全球治理理论视角》，《财经问题研究》2018年第4期。

③ 金虹：《中国企业海外投资的环境评估与区域选择》，《改革》2003年第1期。

第一，完善经营管理体系。健全境外投资风险管控制度，密切关注东道国政治形势、社会治安、国际政策等，增强企业的风险意识，建立突发事故应急处理机制。完善境外投资考核与激励办法，注重国际化人才队伍培养，提高业务能力和水平。第二，依法合规诚信经营。严格遵循东道国和母国的法律法规，认真履行合同约定，禁止转移资产和洗钱等非法活动，坚决抵制商业贿赂和虚假宣传，尊重知识产权，保护消费者合法权益，依法积极纳税，不偷税漏税，维护国家主权、利益和安全。切实履行社会责任，依法聘用东道国员工，加强与当地工会组织等沟通与交流，积极参与当地的教育和医疗等公益活动，及时发布企业的社会责任信息。第三，注重资源环境保护。调整企业经营战略，坚持企业发展与环境保护并重的发展模式，建立环境影响评价制度，加强与当地科研机构的合作，提高企业的环保技术和水平，聘请独立的第三方进行环保评估，提高资源利用效率，做好生态修复和赔偿，积极推动当地绿色贸易和绿色金融，实现农业投资经营的可持续发展。

第三节 中国农业企业海外投资典型案例实证分析

在"一带一路"倡议的时代背景下，中国农业海外投资企业纷纷实施"走出去"发展战略，加大海外投资力度，转变投资模式，取得一系列成果。通过梳理和研究"一带一路"倡议下中国农业企业海外投资典型案例，中粮集团和双汇集团具有代表性和典型性，前者采取对赌协议，后者通过杠杆收购。虽然方式不同，但是均代表着中国农业企业未来海外投资的模式，具有重要参考价值和借鉴意义。

一 中粮集团农业项目的股权投资：对赌协议

随着全球农业市场的逐步开放，全球贸易粮食的80%被美国ADM、美国邦吉、美国嘉吉和法国路易达孚四大粮商控制。美国ADM公司联合新加坡WILMAR集团于2001年共同投资组建益海（中国）集团，主要经营油籽、小麦、稻谷、芝麻、大豆浓缩蛋白等粮油精深加工项目，该集团的贸易公司及办事处覆盖除香港、澳门、台湾和西藏以外的中国各省、自治区、直辖市。美国邦吉公司业务范围覆盖全球 30 多个国家和地区，已形成从农场到终端的产业链。美国嘉吉公司已在中国布局近 30 个独资和合资公司，业务包含饲料、榨油、化肥等领域。法国路易达孚也积极投资经营中国市场。四大粮商纷纷进军中国市场且积极布局，此外，以中粮集团为代表的国内农业企业也受到巨大的外来压力。中粮集团业务涵盖农产品收储物流、农产品和饲料加工等领域，业务范围覆盖全球。为了保障国家粮食安全和企业的可持续发展，中粮集团实施"走出去"发展战略，积极进行国际投资与战略布局。国际投资除了采取跨境设立新企业的方式外，还可以通过兼并或收购东道国现存企业的方式进行。那些具有长期海外经营经验的公司以及为取代本国生产的公司也大多采取跨国并购东道国现存企业的形式进行海外投资。[1] 根据各国法律的规定和国际通行的实践，并购的形式大体上有三种：新设合并、吸收合并和收购。[2] 收购是指由收购公司发出收购邀约，购买某个目标公司的部分或全部股权或资产，以便控制该公司的行为。[3] 中粮集团意图通过收购获取通向全球市场的通道、全球优势农业资源和市场资源、对方的现有资源和技术。[4] 事实上，中粮集团一直在寻找目标企业，经过比较、分析与研究，最终确定了尼德拉公司。尼德拉公司成立于 1920 年，注册地在荷兰鹿特丹，主要业务为农产品育种研发、贸易加工、仓储物流、制种分销等领域，业务范围覆盖亚洲、欧洲、非洲、南美洲等 60 多个国家和地区。值得注意的是，该公司需要融资支持业务的扩展，而公司原有股东无法继续提供资金，该公司决定通过邀请第三方的公司来认购新股。2016 年 8 月 23 日，中粮集团以 3.7 亿美元取得该公司 34.5% 的股份，该公司正式成为中粮集团全资子公司。

（一）主要风险

中粮集团采取对赌协议方式收购尼德拉公司，主要存在商业风险和法律风险。前者包括：第一，投资信息的不对称。被投资企业尼德拉公司急于获得高估值融资，可能会隐瞒公司的不利情况，存在一定程度的虚假陈

---

[1] 王贵国：《发展中的国际投资法律规范》，法律出版社 1988 年版，第 48—49 页。

[2] Amanda Perry, "Effective Legal Systems and Foreign Direct Investment: In Search of the Evidence", (2000) 49 *ICLQ* 779, 786.

[3] 余劲松：《国际投资法》，法律出版社 2018 年版，第 61 页。

[4] 何君：《跨国农业投资风险管理理论与实务》，中国农业出版社 2019 年版，第 51 页。

述,而投资方中粮集团无法及时全面地调查被投资企业的真实资产、经营状态和盈利情况,信息不对称的投资难免会带来商业风险。第二,企业估值的模糊性。被投资企业的价值是投资方进行投资需要考量的关键问题,然而企业价值的评估标准极为复杂,且在某种程度上很难真实反映企业的真实情况,从而致使中粮集团和尼德拉公司很难达成共识。第三,企业经营的懈怠性。被中粮集团收购后的尼德拉公司可能存在某种程度的经营懈怠性,此外,在经营过程中尼德拉公司与中粮集团发生利益分歧时,可能出现尼德拉公司为实现自身利益的最大化而损害中粮集团的利益的情况。而后者包括:第一,合法性风险。关于中粮集团和尼德拉公司的对赌条款,其内容是否违背投融资双方当事国的法律,从而导致对赌条款部分或全部无效。第二,其他法律风险。在对赌协议实施过程中,涉及双重征税、征收征用、外汇管制等法律问题。

(二) 法律保障

所谓对赌协议,是指包含"对赌条款"的协议,详言之,当投资方与融资方在签订融资协议时,由于对未来的业绩无法确定,双方就在融资协议中约定一定的条件,该条件通常为业绩指标,如果约定的条件出现,由投资方行使估值调整权利,以弥补高估企业自身价值的损失;如果约定的条件未出现,则由融资方行使一种权利,以补偿企业价值被低估的损失。[①] 对赌协议主要包括估值调整、业绩补偿与股权回购。为了防范潜在风险和保障自身权益,中粮集团主要采取以下措施:第一,在起草对赌协议前,中粮集团分析东道国关于外商投资和市场准入等法律法规,以确保对赌条款合规有效;第二,关注对赌协议的涉税问题,中粮集团既要避免双重征税,又要防止偷税漏税,积极履行纳税义务;第三,中粮集团在对赌协议中增加征收征用补偿条款,例如补偿标准、补偿程序、补偿时间和争端解决方式等;第四,中粮集团研究东道国关于外汇管制的法律法规,防止汇率扭曲导致价格扭曲,风险增加,不利于投资。

二 双汇集团农业项目投资:杠杆收购

美国史密斯菲尔德公司成立于1936年,主要生产和销售火腿。史密

[①] 谢海霞:《对赌协议的法律性质探析》,《法学杂志》2010年第1期。

斯菲尔德公司积极实施国际化战略，于2000年和2003年分别收购Murphy农场和Farmland食品公司，标志着史密斯菲尔德公司成为世界范围规模最大的生猪养殖以及猪肉制品加工企业。加工的肉类制品除供应美国本土市场外，还向中国、加拿大、日本等海外市场出口。近几年，史密斯菲尔德公司陷入经营困境。原因在于：第一，美国猪肉产品市场趋于饱和，市场需求不断降低；第二，玉米等原材料价格变化，造成生猪养殖饲料成本上升；第三，全球消费者普遍关注食品安全，食品安全生产体系的构建增加了史密斯菲尔德的生产成本；第四，公司股东内部出现分歧。大股东建议将企业业务进行拆分，然而，史密斯菲尔德的管理层不接受此建议，导致公司内部治理出现危机。[①] 作为中国最大的肉类加工基地和农业产业化国家重点龙头企业，双汇已形成多个肉类加工基地和一系列完整的产业链，年产销肉类产品300多万吨，拥有近百万个终售终端，双汇品牌连续20多年居中国肉类行业第一位。与此同时，中国猪肉市场需求呈现不断扩大的趋势，成为全球最大的猪肉产品消费市场。农业环境等因素的限制使得生猪养殖成本远高于美国，这就为中国双汇集团"走出去"和实施国际化战略提供了条件，通过并购美国史密斯菲尔德公司而降低生猪养殖成本和生猪屠宰成本，增加市场份额，增强企业竞争优势。

（一）主要风险

双汇集团通过杠杆收购方式收购史密斯菲尔德公司，其主要存在以下风险：第一，信息风险。史密斯菲尔德公司可能存在高估资产和预期盈利，隐瞒真实负债的情况，以此抬高收购价格。而双汇集团通过目标企业提供的财务报告进行企业价值评估，会做出错误决策，原因在于：首先，财务报表不能及时、充分、全面披露所有重大信息；其次，财务报表受会计准则的约束，在情况发生变化时不能反映真实情况；最后，会计等相关法规要求上市公司信息披露体现的"充分揭示"与"完全揭示"存在显著区别。[②] 双汇集团在信息的不充分的前提下易作出错误的决策。第二，汇率风险。中国资本市场发展不足，杠杆收购下偿还期比较长。如果双汇集团借入的外币在借款期间发生升值，那么借款到期还本付息的实际价值要高于借入时的价值，经营成本急剧增加，风险也随

[①] 何君：《跨国农业投资风险管理理论与实务》，中国农业出版社2019年，第79—80页。

[②] 程淑珍：《我国企业杠杆收购财务风险形式与控制》，《企业经济》2008年第6期。

之增大。

(二) 法律保障

杠杆收购是指收购方以目标公司的资产作为抵押,向银行或投资者融资借款来对目标公司进行收购,待收购成功后再以目标公司的收益或出售其资产来偿本付息。[①] 杠杆收购具有较低的资产要求、产生协同效应、提高运营效率、改进管理水平等优势,例如双汇集团收购以杠杆收购方式收购史密斯菲尔德公司100%的股权,总价约71亿美元。双汇集团将支付对方47亿美元现金,并承担后者约23亿美元债务。[②] 为了防范和应对通过杠杆收购史密斯菲尔德公司的可能带来的风险,双汇集团坚持以下原则:第一,公平互利原则。公平互利原则是国际投资法的一个基本原则,普遍适用于国际投资各主体间的关系。要求投资关系中各主体法律地位平等,兼顾各方利益。双汇集团在收购之前作出承诺,若成功收购史密斯菲尔德公司,则保持运营、管理层、品牌和总部等不变,既不裁减员工,也不关闭工厂,体现双汇集团与史密斯菲尔德公司及其相关方在平等的基础上实现互利。第二,规则导向原则。规则导向要求投资过程中既要遵守东道国和母国的法律法规,又要遵循国际条约和商业惯例。双汇集团在收购史密斯菲尔德公司的过程中,严格遵守美国的相关法律,主动地将收购相关资料提交美国外资审查委员,积极参与美国国会听证。除此之外,双汇集团也采取了一系列措施以防范潜在风险和维护自身权益。一方面,积极关注母国和东道国的相关产业政策。为促进经济发展和产业转型升级,国家在一定时期内既会重点扶持和鼓励一些产业,也会淘汰和抑制某些产业,在明确母国和东道国关于相关产业的规划后,再选择适合的目标产业。另一方面,充分利用国家间经济战略对话平台。国家间的经济战略对话平台不仅是中国企业"走出去"的康庄大道,而且是防范企业风险和维护企业权益的重要保障。充分利用现有的国家间经济战略对话平台对双汇集团通过杠杆收购史密斯菲尔德公司具有重要意义。2013年的中美国家领导人在美国加州安纳伯格庄园会晤,双汇集团以此为契机,实现了对史密斯菲尔德公司的顺利收购。

---

① 贾立:《杠杆收购:并购融资创新路径探讨》,《理论探讨》2006年第3期。
② 汪莹、郝卫平、张海凤:《双汇收购史密斯菲尔德及其借鉴意义》,《国际经济合作》2014年第4期。

第四节 中国农业海外投资企业权益法律保障面临的困境

政治风险和法律风险是中国农业海外投资企业面临的主要风险,法律风险由政治原因引起,法律手段是应对政治风险的有效方式。[①] 中国农业海外投资企业权益法律保障主要由国内法律政策、双边条约和多边公约组成。通过对中国农业海外投资企业权益法律保障相关条款和中国农业企业海外投资典型案例的分析与研究,可以得出"一带一路"倡议下中国农业海外投资企业权益法律保障面临以下困境。

一 农业海外投资企业权益保障的专门法律存在缺失

法律是治国之重器,良法是善治之前提。因此,运用专门法律保障"一带一路"倡议下中国农业海外投资企业权益具有重要意义。其有利于明确中国农业海外投资企业与东道国间的法律关系,预防和解决投资过程中产生的商业纠纷和矛盾,尽可能减少投资方的经济损失,保护投资方的合法权益和利益。然而,令人遗憾的是,中国至今没有专门关于农业海外投资企业权益保障的法律法规,关于农业海外投资企业权益保障的规定散见于《企业境外投资管理办法》和《境外投资管理办法》等部门规章中。由于上述部门规章规范所有中国境外投资企业类型的事宜,因此,其条款具有一般性、抽象性和概括性等特点。虽然这样的立法模式和立法内容可以对中国任何类型的境外投资企业予以指导和规范,但是其对农业企业境外投资权益保障的规定过于概括与笼统,针对性不强,援引和实施效果极为有限。这极大地增加了中国农业企业海外投资的风险,降低了其国际竞争力和影响力。通过分析相关的国际条约、国内法和实践案例,可以得出,之所以"一带一路"倡议下农业海外投资企业权益保障专门法律存在缺失,是因为以下原因:

---

① 李猛:《"一带一路"中我国企业海外投资风险的法律防范及争端解决》,《中国流通经济》2018 年第 8 期。

（一）中国农业企业对外投资比重较低

"一带一路"倡议实施以来，中国农业企业调整经营规划，纷纷实施"走出去"发展战略，不断加大"一带一路"沿线国家和地区以及传统农业国家投资力度和规模，取得了一系列成绩。然而，就中国对外投资的行业而言，中国农业企业对外投资比重较低。主要表现在以下方面：第一，中国农业企业对外投资金额比重较低。与工业等其他行业相比，农业企业数量较少，规模较小，可抵押和担保资产少，国家对于农业海外投资的法律和政策十分有限，且融资门槛高、难度大，致使在对外投资过程中可以利用的资金十分有限。第二，中国农业企业对外投资数量比重较低。随着"一带一路"倡议的实施与推进，中国加快改革开放的步伐，产业结构不断优化和调整，以人工智能、医药保健、大数据等为代表的新兴产业迅速崛起，成为中国目前的朝阳产业和对外投资的主要产业，与此同时以农业为代表的传统产业迅速没落，对外投资的数量急剧减少。第三，中国农业企业对外投资范围比重较低。虽然"一带一路"沿线国家数量众多，需要农业投资的国家却十分有限。原因在于：其一，有的农业国家与中国存在产业冲突，无法形成农业产业的互补；其二，受气候、水源和土地等因素的影响，有的国家不适宜发展农业；其三，有的国家长期依赖粮食进口，没有意识到粮食安全和农业产业的重要性。综上，"一带一路"倡议下中国农业企业对外投资比重较低。

（二）中国农业海外投资企业权益保障立法处于探索阶段

虽然前文从国际法和国内法两个层面分别梳理和论证了中国农业海外投资企业权益保障的相关立法，但是其多为一般性、抽象性和概括性的立法和规定，对"一带一路"倡议下中国农业海外投资企业权益保障针对性不足，援引效果有限。事实上，中国尚未建立一套关于农业海外投资企业权益保障的系统性法律体系，中国农业海外投资企业权益保障立法目前处于探索阶段。[①] 其原因主要在于：第一，"一带一路"实施前，中国农业企业侧重国内发展，立足于解决人民温饱和粮食安全，对外投资数量和规模较少，现行的法律完全可以保障其合法权益。随着农业产能出现过剩和"一带一路"倡议的实施，中国农业企业开始调整经营规划，实施

[①] 胡欣：《"一带一路"倡议下中国国有企业海外投资的风险与保护之策》，《对外经贸实务》2019年第9期。

"走出去"发展战略,加大海外投资力度和规模。然而,现行法律没有现成的立法参考模式,只能根据中国农业企业海外投资过程中出现的问题,采取逐步探索式的调整和应对。第二,"一带一路"倡议下中国农业企业海外投资涉及的法律众多,内容庞杂。除了国内法之外,还涉及国际条约、国家惯例和东道国法律等内容,中国的立法机关对以上法律研究极为有限,例如区域性协定对风险投资监管合作规定不明晰。[①] 因此,短时间难以协调国内法与国际条约、国内法与东道国法律之间的关系,而妥善处理和协调上述关系是保障"一带一路"倡议下中国农业海外投资企业权益的前提和基础,这必然需要一个漫长的探索过程。综上所述,"一带一路"倡议下中国农业海外投资企业权益立法处于探索阶段。

(三) 中国农业海外投资企业权益保护的立法程序仍需完善

万事皆归于一,百度皆准于法。依法治国不仅是中国共产党领导全国各族人民治理国家的基本方略,而且是"一带一路"倡议下中国农业海外投资企业权益法律保障的指导思想,还是全球治理下国际法治与国内法治良性互动的前提。作为依法治国的主要内容,立法程序是立法机关在制定、修改和废止规范性法律时遵守的法定步骤,其对规范社会秩序、提高社会效率和实现公平正义具有重要意义。事实上,中国现行的立法程序遵循"正义优先,兼顾效率和秩序"的价值取向。然而存在以下不足:第一,立法效率过低。"一带一路"倡议实施以来,中国农业海外投资企业权益受到不法侵害的案例逐年增多,虽然当事人通过各种途径予以救济,但是其中存在的诸多问题均未引起立法机关的警醒和重视,专门立法至今缺失。第二,程序正义性不足。程序性正义是立法程序的首要价值和核心价值。在某种程度上而言,针对"一带一路"倡议下中国农业海外投资企业权益保障的立法问题,立法机关既没有认真听取和采纳农业海外投资企业的意见和建议,也没有处理好投资者与东道国、投资者与母国以及母国与东道国之间的利益关系,更没有进行立法与否的信息公开。

二 农业企业海外投资的法律位阶较低

法律位阶理论是处理上位法和下位法之间的关系理论,核心观点在于

---

① 曾文革、王怡:《中国——东盟自由贸易区农业园区风险投资的法律问题分析》,《经济问题探索》2011年第11期。

当不同位阶的法律发生冲突时，高位阶的法律效力优于低位阶的法律效力。① 与低位阶的法律相比，高位阶的法律可以被优先适用，这对于妥善处理发生的纠纷，保护当事人的合法权益和增强司法实践的操作性具有重要意义。在"一带一路"倡议的时代背景下，中国通过《企业境外投资管理办法》和《境外投资管理办法》等部门规章来保障中国农业海外投资的企业权益，由于不是全国人民代表大会及其常务委员会制定的法律，因此，法律位阶相对较低，对于中国农业企业海外投资权益保护极为有限。通过分析国际条约、国内法律和实践案例，之所以"一带一路"倡议下农业企业海外投资的法律位阶较低，是因为以下原因：

（一）中国农业企业对外投资涉及部门较多且难以统筹

中国农业企业对外投资过程中涉及核准与备案、外汇、融资、补贴、保险、引导服务等多个环节，各环节所涉及的立法主体并不相同，例如核准和备案由商务部门和发展改革部门负责，保险是由中国出口信用保险公司负责等。不同立法主体出台法律文件的位阶也存在区别，例如《企业境外投资管理办法》和《境外投资管理办法》等部门规章的法律位阶高于《投保指南》。上述部门各自为政，利益难以协调，无法制定高位阶的统一法。综上，"一带一路"倡议下中国农业企业对外投资涉及部门较多且难以统筹。

（二）低位阶法律具有一定的灵活性和针对性

针对"一带一路"倡议下中国农业海外投资企业面临的新问题，立法机关既可以及时修改现行低位阶法律，也可以及时出台新的低位阶法律。原因在于立法主体决定法律位阶，法律位阶影响立法效率。② 与高位阶法律相比，低位阶法律的立法和修改程序较为简易、效率较高且周期较短，可以及时有效地应对"一带一路"倡议下中国农业海外投资企业面临的新问题和新情况，进而更好地保障其合法权益。除此之外，低位阶法律具有具体性和针对性等特点，对于"一带一路"倡议下中国农业海外投资企业权益法律保障等问题，低位阶法律针对性较强，指导和规范效果

---

① ［美］凯尔森：《法与国家的一般理论》，沈宗灵译，中国大百科全书出版社 1996 年版，第 157 页。

② 胡玉鸿：《试论法律位阶划分的标准——兼及行政法规与地方性法规之间的位阶问题》，《中国法学》2004 年第 3 期。

较好，保障力度较大，不会产生"食之无味，弃之可惜"的困境。言而总之，低位阶法律具有一定的灵活性和针对性。

(三) 中国农业海外投资企业权益法律保障的重要性认识不足

随着"一带一路"倡议的实施，中国农业企业转变经营规划，实施"走出去"发展战略，加大海外投资力度和规模，已经取得一系列成绩。然而，中国农业海外投资企业权益法律保障无法引起重视，忽略了权益保障的重要性和紧迫性。原因在于：第一，由于中国农业企业海外投资具有周期长、收益低和比重小等特点，绝大部分农业企业海外投资在短期内难以看到效果，因此，通过法律手段保障其权益的成效并非立竿见影。第二，中国农业企业海外投资意义认识存在偏差。事实上，除了经济利益外，中国农业企业海外投资不但有助于保障中国的粮食安全，而且可以与"一带一路"沿线国家实现互利共赢，探索逆全球化背景下新型区域合作伙伴关系，构建人类命运共同体。第三，与其他行业相比，农业海外投资具有融资难、风险高、收益低等缺点，特别是受气候变化、自然灾害、土地政策等不确定因素影响较大。因此，应当提高"一带一路"倡议下中国农业海外投资企业权益法律保障的认识。

三 国内法与国际法衔接与转化有待完善

为保障"一带一路"倡议下中国农业海外投资的企业权益，中国从国际法和国内法两个层面采取了一系列举措。前者包括国际会议与论坛、联合声明、谅解备忘录和国际条约等，后者包括核准与备案、外汇、融资、补贴、保险、引导服务。如何处理好国际法治与国内法治的关系是新时期必须要认真对待的重大课题。[①] 双边投资协定使外国投资者受益的同时，会溢出到国内法律中。[②] 国内法与国际法存在着互动关系。目前，中国关于农业海外投资企业权益保障的国内法和国际法各自孤立存在，既无法进行衔接，也不能获得转化。这极大削弱了"一带一路"倡议下中国农业海外投资企业权益法律保障的效果，增加了海外投资的风险，降低了

[①] 曾令良、古祖雪、何志鹏：《法治：中国与世界——国际法治愈中国法治建设》，《中国社会科学》2015 年第 10 期。

[②] Peter Muchlinski, Federico Ortino and Christoph Schreuer, "Preface" in Peter Muchlinski, Federico Ortino and Christoph Schreuer (eds.), *The Oxford Handbook of International Investment Law*, Oxford, Oxford University Press, 2008, p. vi.

农业企业的国际竞争力。因此,完善国内法和国际法的衔接与转化具有紧迫性和必要性。通过研究国际条约、国内法律和实践案例,之所以国内法与国际法衔接与转化有待完善,是因为以下原因:

(一) 国际法治与国内法治的关系认识不清

随着"一带一路"倡议的实施,全球治理与国际法治成为新的时代命题,全球治理视野下国际法治与国内法治的良性互动引发了国际法学者的深刻思考。[①] 良性互动具有两层含义:第一,国内法与国际法的衔接;第二,国际法与国际法的转化。作为中国的根本大法,宪法既未规定中国缔结的国际条约与国内法的效力,也未对国际条约在法律地位和适用方式进行专门规定。学术界和实务界认为国际法和国际法存在不可调和矛盾,冲突难以避免。中国仅认识到国内法和国际法对于保障中国农业海外投资企业权益的重要性,分别通过国际会议与论坛、联合声明、谅解备忘录和国际条约等国际法层面和通过核准与备案、外汇、融资、补贴、保险、引导服务等国内法层面加强"一带一路"倡议下中国农业海外投资企业权益的法律保障。然而,并未认识到国内法和国际法的衔接与转化的互动关系及其意义,致使关于保障中国农业海外投资企业权益的国际法与国内法长期各自孤立存在。

(二) "重国内法,轻国际法"的情况长期存在

投资条约规范体现并促进了众所周知的法治概念的要素。[②] "一带一路"倡议实施前,中国长期存在"重国内法,轻国际法"的情况,对于国内法相关问题,立法机关、司法机关和学术界研究深入,成果丰硕。而对于国际法问题,仍处于探索阶段。随着"一带一路"倡议的实施,中国学术界和实务界开始意识到国际法的重要性,采取了一系列措施来加强对中国农业海外投资企业权益的国际法保障,例如国际会议与论坛、联合声明、谅解备忘录和国际条约等。然而,"重国内法,轻国际法"的情况仍未得到彻底改变,具体表现为:第一,国际法定位为二级学科,与民法、刑法等部门法并列;第二,缺乏国际法专门法律职业资格考试,且在法律职业资格考试中国际法所占比重过小;第三,全国开设法律专业的高

---

① 赵骏:《全球治理视野下的国际法治与国内法治》,《中国社会科学》2014年第10期。

② Kenneth J. Vandevelde, *Bilateral Investment Treaties: History, Policy, and Interpretation*, Oxford, Oxford University Press, 2010, pp. 113-114, 119.

等院校多达 600 余所，而开设国际法的高等院校却极为有限；第四，中国仍是国际规则参与者而非制定者和主导者；第五，"一带一路"倡议下中国农业企业海外投资过程中遇到纠纷时，只能寻求外国律师帮助。"一带一路"倡议并未彻底改变"重国内法，轻国际法"的局面，令人遗憾。

（三）新的时代要求

当前，国际形势正在发生着深刻变化，逆全球化趋势明显，以恶意贸易摩擦为标志的贸易保护主义有所抬头。中国提出"一带一路"倡议，该倡议要求中国依靠与"一带一路"沿线国家现有的双多边机制和合作平台，加强经济的交流与合作，形成利益共同体、命运共同体和责任共同体。① 就中国农业企业海外投资而言，"一带一路"提出新的时代要求：第一，政策沟通。中国农业企业对外投资时应加强与东道国的沟通和交流，寻找国内法、东道国法律和双边协定的契合点，从而实现互利共赢。第二，道路联通。中国农业海外投资企业应加大与"一带一路"沿线国家的基础设施投资力度，支持发展多式联运，提高运输便利化水平。第三，贸易畅通。中国农业海外投资企业积极向有关部门提出建议和意见，例如降低关税，消除贸易背离，提高投资自由化和贸易便利化水平。第四，货币流通。中国农业海外投资企业应致力于母国和东道国金融法律法规的改革，在经常项下和资本项下实现本币兑换和结算，促进货币自由流通。综上，以农业外交践行"一带一路"倡议，② 既符合"一带一路"倡议的时代要求，也有助于保障中国农业海外投资的企业权益。

四 农业企业海外投资的保险亟须立法

立法原则是立法主体据以进行立法活动的重要准绳，是立法的内在精神品格之所在。③ 作为立法原则之一，法治原则要求不同法律之间相互配合与补充，实现法律体系的系统性和完整性。目前，就农业海外投资企业权益法律保障而言，中国侧重于审批和备案、监管、外汇管理、引导服务等方面，并出台了一系列相关部门规章。而作为农业海外投资的企业权益法律保障的重要方面，投资保险的法律法规存在缺失。仅依靠中国出口信

---

① 王明国：《"一带一路"倡议的国际制度基础》，《东北亚论坛》2015 年第 6 期。
② 吕捷、李丹丹：《中国农业海外投资新思考》，《世界农业》2018 年第 11 期。
③ 周旺生：《论我国立法原则的法律化》，《法学论坛》2003 年第 3 期。

用保险公司的内部文件《投保指南》难以保障农业境外投资企业权益,极大地增加了农业企业海外投资的不确定性,提高了融资、信贷和抵押等金融风险,不利于其"走出去"战略的实施,削弱了中国农业海外投资企业的国际竞争力和影响力,影响了"一带一路"倡议进一步实施和推进的速度。通过分析现行国际条约、法律法规和实践案例,之所以"一带一路"倡议下中国农业企业海外投资保险立法付之阙如,是因为以下原因:

(一) 商业纠纷易导致外交争端

在"一带一路"倡议的时代背景下,中国农业企业海外投资的保险立法被赋予双重属性:第一,经济利益的保证。中国农业企业海外投资的保险立法为中国农业企业开拓海外市场,增加国际市场份额以及获取更多的经济利益保驾护航。第二,政治利益的手段。中国农业企业海外投资的保险立法必然体现"一带一路"倡议的人类命运共同体的政治意图。而与其他行业相比,农业企业海外投资涉及土地、环境和主权等敏感因素,这些因素与国家主权关系极为密切,因此,对于中国农业企业海外投资,东道国政府既严格控制市场准入,也重视农业投资纠纷的解决。当中国农业企业海外投资发生纠纷时,东道国法律与中国农业企业海外投资保险立法产生冲突,敏感因素也增加了争端解决的难度,原本简单的商业纠纷导致外交争端。其不但不利于保障中国农业海外投资的企业权益,而且阻碍了"一带一路"倡议的进一步实施。

(二) 政治风险边界模糊且难以界定

"一带一路"倡议下中国农业企业对外投资过程中会遇到政治风险。政治风险是指由于东道国政治环境或东道国与其他国家政治关系变化而导致投资者遭受经济损失。[①] 事实上,政治风险边界模糊且难以界定。原因在于:第一,政治风险的评估标准不一,国际上目前没有权威且统一的政治风险评估标准。为保障中国农业海外投资的企业权益,中国出口信用保险公司每年定期发布《国家分析保险报告》,列明东道国的政治风险,而与东道国的风险评估机构的评估结果差异较大。第二,有些评估条件较为主观且难以量化。除了人均收入、国内生产总值和失业率等可量化指标

[①] 唐礼智、刘玉:《"一带一路"中我国企业海外投资政治风险的邻国效应》,《经济管理》2017年第11期。

外，法律保障和政治制度等评估条件主观性较强，加之政治风险的影响因素众多，指标权重难以精确，通过数学模型得出的评估结果必然不够客观准确。

(三) 代位求偿机制不完善

海外投资保险中的代位求偿是指投资者在对外投资过程中，因政治风险而遭受损失，承保主体向投保人赔偿后再向东道国进行索赔。承保主体向东道国索赔的途径有以下两种：第一，如果承保主体所在国与东道国已签订双边投资保护协定，那么承保主体可以依据双边投资保护协定向东道国索赔。第二，如果承保主体所在国与东道国未签订双边投资保护协定，那么承保主体只能通过外交保护向东道国索赔。"一带一路"倡议下中国农业企业对外投资由中国出口信用保险公司承保，当中国农业海外投资企业因政治风险而遭受损失时，中国进出口保险公司向其赔偿后，是否可以向东道国索赔？据目前而言，代为求偿机制不明确，原因在于：第一，从国内法依据而言，中国的国内法和《投保指南》均未明确中国进出口保险公司可以向东道国代位求偿。第二，从国际法层面而言，中国与"一带一路"沿线某些国家签订的双边投资保护对代位求偿规定付之阙如。外交保护受到"用尽当地救济""卡沃尔主义"和"国籍国继续"等基本原则的限制。① 中国进出口保险公司通过代位求偿权向东道国索赔难度较大。

五 农业海外投资企业融资困难

随着"一带一路"倡议的实施，中国农业企业纷纷实施"走出去"发展战略，虽然中国出台了《中小企业促进法》《商业银行法》等一系列法律法规，但是融资效果十分有限。融资难具体表现为程序多、资金少、风险大等情形，例如海外投资企业过度"杠杆化"运营累积了极高的信用风险。② 这不仅制约了中国农业企业海外投资规模，还影响其开拓"一带一路"国际市场竞争力，进而阻碍"一带一路"倡议的推进与实施。因此，解决"一带一路"倡议下中国农业海外投资企业融资难具有重要意义。通过分析国际条约、国内法律和实践案例，之所以农业海外投资企

---

① 周忠海：《海外投资的外交保护》，《政法论坛》2007年第3期。
② 郭桂霞、赵岳、巫和懋：《我国"走出去"企业的最优融资模式选择——基于信息经济学的视角》，《金融研究》2016年第8期。

业融资困难,是因为以下原因:

(一) 民营和中小农业企业自身的固有缺陷

在"一带一路"倡议下,民营和中小农业企业成为对外投资的重要力量。与国有企业相比,民营和中小企业具有以下固有缺陷:第一,民营和中小农业企业经营能力弱,缺乏完善的财务管理制度,资金管理较为混乱,企业信誉有待提高。第二,民营和中小农业企业流动资产多而固定资产少,可用于抵押的资产有限,融资较为困难。第三,现行的评估机制存在诸多问题,一方面,无法对民营和中小农业企业进行科学合理的价值评估,实践中评估机构往往会低估民营和中小农业企业的价值;另一方面,目前缺乏针对民营和中小农业企业的独立评估机制,评估机构只能借助一般的评估机制,民营和中小农业企业的价值难以得到客观真实的评估。

(二) 农业企业海外投资的局限性

与其他行业相比,农业企业海外投资具有一定局限性,这些局限性增加了"一带一路"倡议下中国农业海外投资企业的融资难度。农业企业海外投资具有以下局限性:一方面,农业企业海外投资具有回报周期较长,回报收益较低和资本需求较大等特点,其增加了融资的难度;另一方面,农业企业海外投资受自然条件、市场波动、国际汇率、东道国政策等因素影响较大,且涉及国家主权等政治因素,普通的商业纠纷极易导致外交争端,风险较大且维权成本较高,降低了其资本的吸引力。需要注意的是,由于农业企业海外投资可能引发母国与东道国之间的外交争端,"一带一路"倡议下中国农业海外投资企业类型发生巨大变化,由国有企业为主转变为国有企业和民营企业并重。与此同时,国家出台了一系列保障民意企业和中小企业的法律政策。

(三) 新兴产业的政策倾斜和资本冲击

与农业产业相比,大数据和人工智能等产业属于新兴产业。为研究人工智能的法律、伦理和政策,世界各国出台一系列政策规范。例如美国发布《为人工智能的未来做准备》和《美国人工智能研究开发战略计划》,欧盟通过《向欧洲委员会提出的关于涉及机器人民事法律规则的提案》并发布《人工智能开发和适用伦理指南》,日本公布《为国际讨论而作的人工智能开发指针方案》。为把握人工智能发展的重大历史机遇,促进中国经济结构的调整以及产业的转型与升级,国务院发布《新一代人工智能发展规划》,这标志着大数据和人工智能等新兴产业上升为国家战略。以人工智能产业为例,其可以被广泛应用到指纹识别、自动驾驶、医疗救助和智慧教育等领域。投资潜力巨大,发展前景良好且国家政策的倾斜等因素增加了以大数据和人工智能为代表的新兴产业的资本吸引力,与此同时,"一带一路"倡议下中国农业企业的融资能力受到巨大影响,融资变得更加困难。

六　国际投资争端解决机制存在不足

当前国际投资争端解决机制存在诸多不足,例如,争端机制存在缺陷,"一带一路"沿线国家对其认可度不高。[①] 这既无法妥善保障中国农业海外投资的企业权益,也阻碍"一带一路"倡议实施与推进的进程,还影响全球治理下国际法治的发展。因此,在"一带一路"倡议的时代背景下,完善国际投资争端解决机制迫在眉睫。通过分析国际条约、国内法律和实践案例,之所以国际投资争端解决机制存在不足,是因为以下原因:

(一) 国际投资争端类型众多且缺乏统一的解决方式

在"一带一路"倡议下,中国农业企业对外投资过程中会产生多种类型的争端,例如中国农业海外投资企业与东道国经营者之间的争端,中国政府与东道国政府之间的争端以及中国农业海外投资企业与东道国政府之间的争端。其中,中国农业海外投资企业与东道路政府之间的争端最为复杂且最难解决,原因在于:第一,该争端解决涉及法律众多,例如东道国的国内法、中国的国内法、中国与东道国签订的双边投资协定、国际公约等,法律的选择与适用是一大难题。第二,与前两种争端相比,该争端解决涉及中国农业海外投资企业与东道国政府的利益,利益的协调和平衡难度更大,如果该争端得不到妥善处理,易上升为中国政府与东道国政府之间的争端。综上,上述三种国际投资争端各不相同,无法构建一种统一且有效的解决机制。

(二) 各种国际投资争端解决机制均存在不同程度的缺陷

目前,国际投资争端解决机制数量众多,性质各异。既有全球性的国际投资争端解决机制,例如 ICSID、WTO 争端解决机制,也有区域性的国际投资争端解决机制,例如中国—东盟自由贸易区投资争端解决机制。尽

---

① 张丽娜:《"一带一路"国际投资争端解决机制完善研究》,《法学杂志》2018 年第 8 期。

管上述国际投资争端解决机制对于"一带一路"倡议下中国农业海外投资企业权益保障具有重要意义，但不能否认的是，上述国际投资争端解决机制均存在不同程度的缺陷。例如 ICSID 对发展中国家农业企业投资者利益保障不足，且裁决撤销制度容易被败诉方滥用。① WTO 争端解决机制缺乏透明度，且目前上诉机构已停摆。中国—东盟自由贸易区投资争端解决机制由于缺乏常设的争端解决机构，致使效率低下，且复核程序的缺失影响裁决的公正性。综上，当中国农业企业对外投资发生纠纷时，以上国际投资争端解决机制均无法妥善保障其合法权益。

（三）国际投资争端解决机制亟须完善

随着"一带一路"倡议的实施，中国逐渐意识到构建国际投资争端解决机制的重要性和紧迫性。事实上，中国为构建国际投资争端解决机制进行了一系列探索，例如设立国际商事法庭，成立国际商事专家委员会等。值得注意的是，国际商事法庭仅管辖具有涉外因素的平等主体之间的民商事纠纷，而投资者母国和东道国之间的投资贸易纠纷以及投资者与东道国之间的投资贸易纠纷被排除在外。虽然深圳国际仲裁院受理东道国政府与他国投资者之间的投资纠纷，且对接《联合国国际贸易法委员会仲裁规则》，但是仲裁院国际影响力、仲裁员的业务能力以及仲裁裁决的公正性仍需进一步提升。除此之外，《新加坡调解公约》的生效进一步健全了国际商事争议解决的调解制度。② 争端解决方式的多元化是需要进一步完善的重点，应当建立涵盖协商、和解、调解、仲裁、诉讼等多元化的国际投资争端解决机制。

---

① Stephan W. Schill, " System Building in Investment Treaty Arbitration and Lawmaking ", (2001) 12 *German Law Journal* 1083, 1085.

② 王彦志：《国际投资争端解决机制改革的多元模式与中国选择》，《中南大学学报》（社会科学版）2019 年第 4 期。

第四章

"一带一路"沿线国家农业投资的法律环境

2013年,习近平总书记提出了"一带一路"构想,明确提出要大力开展农业方面的合作研究,充分利用国内外市场,完善全球范围内农业资源的配置。这一构想的提出大大促进了中国对沿线国家农业的投资合作。因农业海外投资活动受到投资东道国法律的规制,这就要求农业海外投资企业避免运用母国的法律法规考量农业投资活动中遇到的问题,否则,农业海外投资企业的合法权益可能会无法得到有效保护。因此,东道国有效的法律保障是实现中国农业对外投资快速发展所不可缺少的。目前,国内学者已经充分分析了中国对"一带一路"沿线国家进行投资所面临的挑战和应对策略,但很少从法律角度探讨中国对沿线国家进行农业投资所面临的营商环境。在此背景下,研究"一带一路"沿线国家农业投资法律环境对中国农业海外投资具有重要的实践意义。

"一带一路"沿线国家多达60多个,限于研究力量,本研究主要从"一带一路"中选择典型国家或地区。其中,选择国家或地区的依据主要是农业资源丰富、农业在国家中所占地位较重、中国对其农业投资占比高、贸易联系较为紧密。根据这个原则,分别选取俄罗斯、中亚五国、缅甸、印度尼西亚、柬埔寨9个国家作为研究对象,深度分析了这些国家或地区农业投资的法律现状、法律风险与未来重点的投资领域。

第一节 中国对"一带一路"沿线国家农业投资概况

20世纪80年代以前,中国农业海外投资企业对外投资甚少。近些年，中国经济飞速发展，农业海外投资企业实力逐渐增强，中国农业逐渐实现"引进来"与"走出去"相结合，农业对外投资的规模不断扩大。2009—2017 年，中国农业对外投资流量从 3.4 亿美元增长到 25.1 亿美元，增长了 7.4 倍。2009—2017 年，中国农业对外投资存量从 20.2 亿美元增长到 165.6 亿美元，增长了 8.2 倍。据统计数据显示，近些年，中国农业对外直接投资增长速度高于全国对外直接投资增长速度。2009—2017 年，全国对外直接投资流量、存量年均增长为 15.8% 和 33.0%。同期，农业流量、存量年均增长为 33.1% 和 35.0%，分别高于全国对外直接投资增长速度 17.3 个和 2.0 个百分点。截至 2017 年年底，中国共有 600 多家境内投资机构在全球 90 多个国家和地区开展农业投资合作。[①] 中国对外农业累计投资额为 165.6 亿美元，占全国对外直接投资总额的 0.9%。同期，农业对外直接投资流量占全国的 1.6%。

随着"一带一路"倡议的逐步推进，中国农业海外投资企业对沿线国家农业领域的投资规模不断扩大，领域不断拓宽。中国对"一带一路"沿线国家农业投资的领域从渔业拓展到很多行业和领域，包括粮食种植、森林资源开发与木材加工、橡胶产品生产、农畜产品的养殖和加工、水产品生产与加工、农村能源以及设施农业等。总的来看，发展规模较大的行业和产品主要集中在国内需求较为旺盛、生产比较优势不强的行业或产品，包括玉米、大豆、天然橡胶的种植，相关仓储物流设施的建设以及远洋捕捞等。农业对外投资主体开始多元化，逐步形成了国营、民营、混合所有制等全方位发展格局。[②] 中国农业海外投资企业根据"一带一路"沿线国家的特点探索出多种多样的投资模式，有直接新建、国际并购或租用加工厂的，有直接利用当地生产服务体系的，甚至有创新"公司+农户"模式的，等等。

一 俄罗斯：农业海外投资主要目的地

中国和俄罗斯都是世界重要的经济体。在中国"一带一路"倡议的

[①] 翟雪玲等编：《"一带一路"倡议下中国农业对外合作研究》，经济管理出版社 2017 年版。

[②] 杨易、马志刚、王琦等：《中国农业对外投资合作的现状分析》，《世界农业》2012 年第 12 期。

背景下，加强农业合作是中俄双方共同关注的问题。农业海外投资是中俄农业合作的关键领域。近年来，在双方政府的推动下，中国对俄罗斯农业投资迅速发展，投资规模不断增长，投资领域不断拓宽，投资模式日益多样化。

首先，俄罗斯资源丰富，与中国资源禀赋各具特色。俄罗斯人均可耕地面积和人均水资源占有量比中国多；中国农业劳动力较俄罗斯丰富，在农业机械化水平、农业科技贡献方面优势明显。其次，两国农业经贸合作基础深厚。中国与俄罗斯接壤的地缘优势突出，中国农业海外投资企业积累了大量有关俄罗斯气候条件、资源状况、投资政策、摩擦处理等方面的资料和经验，并已在俄罗斯形成稳定的农产品销售网络。最后，贸易投资环境良好。俄罗斯经济发展速度较快。政府大力支持农业发展并鼓励外商直接投资食品加工领域。未来中俄重点合作领域包括农产品种植加工与贸易、农业基础设施建设、农业科技交流等。

近年来，随着生产要素的流动和融合，中国与俄罗斯农业合作形成良好局面。2017年末中国企业对俄直接投资流量为15.5亿美元，比2009年增长4.4倍。其中，对俄农、林、牧、渔业直接投资流量为1.9亿美元，占对俄直接投资流量的12.3%，占中国对外农、林、牧、渔业投资流量的7.6%。目前中国对俄罗斯农业投资涵盖了农产品生产、仓储加工、物流运输、市场销售等农业产业链的各环节。[①] 中国对俄罗斯农业投资主要集中在农业资源开发领域，通过租种土地、建立农业科技园区等方式，将中国的农业机械、生产技术、劳务等优势生产要素与俄罗斯的土地资源优势相结合，发展粮食、豆类、蔬菜种植和农产品加工等。除此之外，随着投资环境的改善，中国农业对外投资主体日益多元化。针对不同的农业合作领域，投资模式多样化，包括成立新企业、入股俄罗斯本土企业等。就境外农业生产而言，对俄罗斯荒地和休耕地的投资主要进行土地开发，"境外租地种植"模式较为多见。这种模式的主要特点是企业以独资或合资形式进入，承包土地，进行种植开发。中国农业海外投资企业在俄罗斯首先投资最多的地区是滨海边疆区。随着中国与俄罗斯农业合作范围不断扩大，投资领域逐渐向俄罗斯内陆延伸。

---

① Ira Lindsay, "A Troubled Path to Private Property: Agricultural Land Law in Russia", 16 *Colum. J. Eur. L.* 261 (2010).

二 中亚五国：农业海外投资聚焦部分国家主要产业

中亚是连接"一带一路"的重要区域，一端是发达的欧洲经济圈，另一端是活跃的东亚经济圈，因此，中亚是中国农业对外合作的重要地区。农业投资则是中国与中亚五国农业合作的重要方面。从经济政治外交环境以及投资政策综合看，哈萨克斯坦农业投资便利程度较高，投资环境相对最好；乌兹别克斯坦允许外商建立独资企业，但外汇管制比较严格，土地和劳工政策也相对严格；塔吉克斯坦农业基础条件相对较弱，但投资环境较为宽松；吉尔吉斯斯坦和土库曼斯坦经济发展水平不高，基础设施和农业资源条件方面相对比较落后，农业投资环境相对最差。

近年来，中国对中亚五国农业投资平稳发展，投资领域不断拓宽，但投资规模总体较小，仍处于起步阶段。根据商务部统计，2012年，中国企业对中亚五国直接投资流量达到顶峰，为33.5亿美元，比2009年增长9.6倍。近几年投资流量不断降低，2017年为22.6亿美元。截至2017年年底，中国对中亚五国直接投资存量为117.7亿美元，比2009年增长4.8倍，占中国对外直接投资存量的0.7%。从投资领域看，中国对中亚五国投资主要集中在农业种养、食品加工、石油天然气开采、基础设施建设等领域。从投资国别看，中国对中亚五国投资主要集中在哈萨克斯坦，2017年中国对哈萨克斯坦直接投资存量占中国对中亚五国直接投资存量的64.2%，中国在哈萨克斯坦注册企业以小型企业为主。

目前中国对中亚五国农业投资主要集中在农产品和食品加工领域，通过直接成立新企业、入股投资国企业等方式，将中国先进的农产品加工和食品生产技术与中亚五国的劳动力结合，充分开拓当地消费市场，发展粮食、番茄等蔬菜水果、畜产品加工、啤酒等食品加工业生产。随着地区交流的深入和投资环境的改善，吉粮集团、黑龙江农垦集团等国内粮农企业开始在中亚五国开展农业开发项目。

三 缅甸：农业海外投资对象国

2011年以后，缅甸政府陆续出台了一系列重要经贸投资及金融措施，包括统一汇率、制定新的《外国投资法》、放宽进出口管制、实施最低工资等，投资环境的改善促使缅甸吸引了大量的外资。

由于经济优势以及地缘位置契合，中国成为缅甸最大的投资来源国。据统计，从 20 世纪 80 年代至今，在缅甸外国直接投资中，中国占据第一，新加坡和泰国紧随其后。2013—2017 年，中国对缅投资流量分别占缅甸外国直接投资流入量的 1.4%、6.4%、35.1%、33.5% 和 32%。

在"一带一路"倡议下，缅甸仍将是中国农业海外投资对象国。首先，缅甸农业发展空间较大。缅甸农业资源较为丰富，但发展相对落后，市场经济处于初始培育阶段，企业赴缅甸开展农业投资，门槛较低。其次，作为东盟自贸区重要成员国，缅甸在低关税以及便利通关方面优势突出。最后，区位优势突出，投资环境趋好。缅甸地处联结东南亚与南亚、中亚的重要通道，是中国联通印度洋的西南大通道。[①] 2014 年缅甸加入亚投行后，中国农业海外投资企业参与缅甸投资开发的融资便利性进一步提高。未来中国与缅甸农业投资合作重点为棉花、木薯等农产品生产、加工以及贸易，农业基础设施建设合作等。但合作中须高度注意缅方基础设施较差、政局不稳定等问题。

四 印度尼西亚：农业投资合作空间与风险并存

根据商务部统计，2016 年年末中国企业对印度尼西亚直接投资流量为 14.6 亿美元，比 2009 年增长 6.3 倍。其中，对印度尼西亚农、林、牧、渔业直接投资流量为 1.7 亿美元，占总直接投资流量的 11.6%，占中国对外农、林、牧、渔业投资流量的 5.2%。截至 2016 年年底，中国对印度尼西亚农业投资存量为 12.2 亿美元，占亚洲农业投资存量的 13.9%，投资领域主要为种植业和渔业。中国农业海外投资企业对印度尼西亚的农业投资规模不断扩大。经过多年农业走出去实践，中国企业对印度尼西亚的农业投资逐渐转向"农业科技+农业价值投资"，行业巨头企业在农业投资中发挥重要作用。投资模式也由单个企业向产业链合作、产业群方向发展，科技示范与农业投资结合得更加紧密。[②]

印度尼西亚的农业有很大的发展潜力，中国对印度尼西亚农业投资合

[①] 原瑞玲、翟雪玲：《"一带一路"背景下中国与缅甸农业投资合作分析》，《中国经贸导刊》2017 年第 16 期。

[②] Made Warka, "Development of Investment Laws in Improving Indonesia CapitalInvestments", 85 *J. L. Pol'y & Globalization* 215（2019）.

作空间较大,但风险也并存。首先,印度尼西亚劳动力资源丰富、成本低廉,与中国劳动力要素现状与发展趋势形成显著互补。[①] 在产业合作方面,印度尼西亚是中国农业投资合作的优选对象之一。另外,印度尼西亚农业发展相对落后,在农业先进技术推广方面发展缓慢。其次,印度尼西亚本国市场需求潜力巨大。印度尼西亚经济处于快速发展阶段,经济和人口增长将带动印度尼西亚对农产品特别是加工制品需求快速增加。最后,目前印度尼西亚对外资限制较多,投资审批、土地和劳工政策法规等方面较为严格,这些会成为中国对印度尼西亚农业投资的主要制约因素。综合考量各种因素,中国和印度尼西亚的农业投资合作将持续扩大。

五 柬埔寨:部分产业投资合作潜力较大

自 2012 年以来,柬埔寨获得的总投资显著增长,从 2012 年的 29.66 亿美元增加到 2016 年的 36.10 亿美元,增幅达 24%。其中,外国投资占 46%,且主要来自亚洲,占 90%。目前,中国是柬埔寨最大的投资来源国。2015 年,中国对柬埔寨的农业投资流量为 1.05 亿美元,投资主要集中在种植业领域,以水稻、玉米、果蔬种植为重点,并逐步向农产品加工拓展。2016 年,中国对柬埔寨投资 5.11 亿美元,其中农业领域投资为 5300 万美元,占比 10.4%。中国云南省与柬埔寨接壤,交通便利,气候条件与柬埔寨相似,利用这两个特点,云南省充分发挥自身在农业技术、机械设备制造及管理方面的优势,与柬埔寨开展农业投资合作。

2010 年,中国与柬埔寨确立全面战略伙伴关系,为双边农业投资合作打开新局面。基于农业资源和投资环境综合考虑,中国和柬埔寨部分产业投资合作潜力较大。首先,中国和柬埔寨资源与产业发展的互补性突出。柬埔寨资源虽丰富,但农作物种类相对单一,粮食、蔬菜、水果等生产能力不足。同时柬埔寨经济发展水平较低,农业生产技术和生产方式较落后,综合生产能力较为低下。而中国在农业技术、产品多样性以及粮食、生鲜农产品综合生产能力上优势突出。其次,柬埔寨农业投资基础相对较弱。柬埔寨国内市场容量相对较小,金融、交通、通信等基础设施和公共服务相对落后。此外,柬埔寨法律修订频繁,给外国投资者带来很大

---

① 张雯丽、翟雪玲:《中印农业合作制约因素及发展方向》,《国际经济合作》2017 年第 10 期。

的不确定性。未来双方农业投资可围绕温室蔬菜产业发展、农业资源生态治理等方面。

第二节 "一带一路"沿线国家农业投资法律环境评估的必要性

投资环境是指投资经营者的客观条件,如地理环境、政治环境、社会文化环境、法律环境、经济环境、对外经贸关系等。对一国投资环境的了解是判断未来投资潜力的基础,而其中对法律环境的尽数掌握显得尤为重要。国家管理企业经济活动和经济关系的手段之一即为法律手段。在市场经济条件下,企业的经济活动要受到法律规制,法律既保护企业的合法活动,又打击企业的非法行为。除此之外,"一带一路"沿线国家农业投资法律环境是中国农业海外投资法律体系重要的一部分。法律环境是指企业发生经济关系时所应遵守的各种法律法规、规章以及其他规范性文件。具体到农业海外投资领域,法律环境主要包括投资准入制度、对外贸易的法规和政策、企业税收规定、外国投资优惠、公司制度、劳工制度、土地政策、环境保护规定、商业贿赂规定、双边投资保护协定等方面。全面了解"一带一路"沿线国家的农业投资法律环境对中国农业海外投资企业权益保障具有重要意义。由于当前境内外专业且系统地研究"一带一路"沿线国家农业海外投资法律制度的成果较少,因此,克服法律信息透明度差、资料查询困难等不利因素,透析"一带一路"沿线国家农业投资法律制度,能对有意开展对外投资的农业海外投资企业提供指引。

一 指引和支持中国农业海外投资企业的投资活动

"一带一路"沿线国家多数发展相对落后,农业在其经济发展中凸显优势地位,因此,开展农业投资合作、促进农业转型升级是沿线国家的共同追求。"一带一路"沿线国家外商投资的相关法律法规和中外双边条约都为中国农业海外投资企业在东道国的投资活动提供了指引和支持。但由于中国和"一带一路"沿线国家政治经济的差异,中国对沿线国家农业投资仍然面临沿线国家法律制度不够完善、法律环境不稳定、税收复杂烦冗以及土地和劳工政策严格要求等法律风险,较高的投资壁垒易使中国农业海外投资企业的权益受损。

除此之外,中国特有文化环境下成长的中国企业,在推进"一带一路"建设,全球化布局域外投资业务中,本身存在国际化经验不足、法律思维和商务理念的明显短板,这些更加放大了中国企业境外投资的风险和不确定性。需要中国企业在境外项目投资决策前,扎实做好国际关系和包括法律环境在内的营商环境调研和论证。为更好地帮助企业了解和熟悉东道国国情,指引中国农业海外投资企业的投资活动,提升"走出去"的能力和海外经营水平,对"一带一路"沿线国家的农业投资法律环境进行评估是非常必要的。

二 预警风险,保障企业权益

法律环境的变化往往是突变的,中国农业海外投资企业必须密切注意"一带一路"沿线国家的每一项政策和立法及其对企业权益所造成的影响,根据法律环境来制定投资活动的战略,维护企业的正当利益。中国农业海外投资企业对外投资合作应当注意投资方面、贸易方面、劳务合作方面存在的风险,中国企业或人员在"一带一路"国家遇到困难如何寻求法律保护等问题。

目前,中国企业在"一带一路"沿线国家开展农业投资合作会面临各种各样的法律问题,比如中国农业海外投资企业对外国商业法律、劳动保障法律、土地法律、外汇政策和财政税收政策等了解或掌握得不够透彻,在合法避税、劳工管理、应对处罚方面十分无助,由此导致农业海外投资企业运营成本较高、业务开展或是解决问题的效率非常低,一旦陷入法律纠纷,没有有效的解决措施,处理这些事项也会花费外资企业大量精力。整体来看,中国与"一带一路"沿线国家的农业投资合作尚处于起步阶段,需要中国投资者更多地了解"一带一路"沿线国家的经济动态和投资政策变化,把握投资机遇。深刻了解"一带一路"沿线国家的农业投资法律环境,中国农业海外投资企业能快速良好地成长,成为促进经济增长的重要推动力量。

与此同时,"一带一路"国家不断完善相关法律法规以改善贸易和投资环境。这要求中资企业在"一带一路"沿线国家开展投资合作业务时既要遵守当地法律法规、尊重社会传统和风俗习惯,也要积极适应变化,积极融入当地社会，履行社会责任。

三 促进国际商事纠纷高效解决

虽然"一带一路"沿线国家在积极提高营商环境，但其司法环境不容乐观，法律对外资的保护力度亟须提高，投资软环境有待改善。"一带一路"沿线多数国家法院诉讼周期长，投资者在沿线国家诉讼会耗费大量的时间和费用。与此同时，"一带一路"沿线国家法律中有许多笼统的规定，法律的可操作性差，法官自由裁量权大，任意解释政策法规。有些国家或地区存在一定的民族保护主义倾向，法官审理案件时有可能歧视外资企业，致使农业海外投资企业的利益受损。

评估"一带一路"沿线国家农业投资司法环境能够很好地服务于拟走出去的中国企业，为"一带一路"背景下中国企业的境外农业投资保驾护航。在哈萨克斯坦若因投资事项发生纠纷，先是合作方谈判协商解决；若解决未果则通过哈萨克斯坦法院运用当地法律裁判解决；对裁判结果不服的，可通过双边投资协议中规定的仲裁法庭解决。中哈两国都是《关于承认和执行外国仲裁裁决的公约》成员国，因此，中哈两国当事人可以选择仲裁方式解决彼此之间的投资和贸易纠纷。按照乌兹别克斯坦相关投资法律规定，在乌兹别克斯坦因投资引起的纠纷解决程序与哈萨克斯坦大致相同。另外，乌兹别克斯坦也规定纠纷双方可依据约定，选择解决投资纠纷的仲裁诉讼国家。外资企业就与在乌兹别克斯坦投资无关的纠纷申请仲裁时，也可依据乌兹别克斯坦法律，但双方已约定采用其他程序或依据国际规范解决的除外。[1]

加强对"一带一路"沿线各国司法制度的深入研究是促进中国和沿线国家投资贸易合作、实现国际商事纠纷高效解决的基本前提。多年的对外投资实践表明，中国企业境外投资安全的首要工作，是深入了解投资地国的法律环境，尤其是司法环境。因为有效解决国际农业投资争端，是中国企业在参与"一带一路"建设中可持续发展的重要条件。

四 提升企业"走出去"的能力和海外经营水平

虽然"一带一路"沿线国家的法律法规及市场管理制度正在不断完

---

[1] 任天舒、乔龙、王国梁：《中亚五国投资环境比较研究》，《对外经贸》2019年第1期。

善，也为外商投资提供了诸多优惠政策，但沿线国家法律及政策的变动性较大且制度不完备、执法随意性较大，使得外商直接投资面临许多不稳定因素。更有些国家法律规则较弱，犯罪和暴力时有发生，缺乏法律、司法对外资的保护。"一带一路"沿线国家税负整体较重，税制十分复杂，征收税种繁多，而且面临税务体系多变和执行力不足问题。当然，由于各国鼓励农业投资合作，与农业投资相关的税收有优惠政策，可能存在减征和免征的情形。"一带一路"沿线国家土地大多属于国家所有，对外资企业使用本国土地存在较大限制。"一带一路"沿线国家对外籍劳工需求有限且规定严格（配额数量、受教育程度、专业水平及工作年限等），获取工作许可和签证困难。这些因素不仅会影响中国企业境外投资安全，而且大大影响了外资企业的盈利能力。

因此，中国农业海外投资企业应提升企业"走出去"的能力和海外经营水平，强化企业法律风险防范意识，优化企业管理模式。在"一带一路"沿线国家开展投资、贸易和劳务合作的过程中，需要委托中国律师牵头的国际法律服务团队，注意事前评估相关投资风险，做好法律论证，事中做好管理以及风险规避工作，力求保障企业利益。在签订农业投资的框架文件之前必须与"一带一路"沿线国家的工商、税务、海关等政府部门保持沟通。加强与"一带一路"沿线国家政府高层的联系和沟通，密切关注并预判"一带一路"沿线国家政策走向。中国农业海外投资企业可提前与当地政府签订投资备忘录，明确法律法规。如有必要，中国农业海外投资企业应向中国领事部门寻求法律援助，以保障自身合法权益。

第三节 典型"一带"国家农业投资的法律环境及评价

中国与"一带"国家经济互补，在农业投资领域存在巨大的合作潜力。"一带"国家外商投资的相关法律法规以及中外双边投资条约的评估可以为中国农业海外投资企业在"一带"国家的农业投资活动提供指引和支持，增强风险防范意识，运用法律保障自身合法权益。

随着"一带一路"倡议的推进，中国对俄罗斯投资数量大，且投资增长快速。目前，中国在"一带一路"沿线国家中最重要的投资合作伙伴就是俄罗斯。研究显示，俄罗斯是中国农业海外投资的重点地区。俄罗斯的外商投资法律体系是以《外商投资法》为中心的，较为系统，注重保护外资企业的合法权益，是中国农业海外投资企业可有效利用的法律保障。与此同时，我们应该注意到，中国和俄罗斯在政治经济方面存在一定差异，因此，中国企业对俄罗斯的农业投资仍面临着俄罗斯法律环境不稳定、税收繁多复杂、土地和劳工政策严格以及环保的高标准要求等法律风险。

中亚地区是中国农业对外投资合作的关键区域。基于中国与中亚五国宏观法律环境、农业资源以及投资合作现状的分析，中亚各国农业资源环境、法律环境及经济发展水平差异较大，农业投资合作优先序次不同。总体而言，中亚五国农业投资法律法规不断完善，投资环境总体上呈现趋好态势。

一 俄罗斯农业投资法律环境及评价

近年来，为推动经济发展，俄罗斯大力推进对外开放。与此同时，与外国投资相关的法律法规陆续出台，包括俄罗斯联邦《外国投资法》《租赁法》《固定资产投资法》及《环境法》等。除此之外，俄罗斯还通过总统令、法规、规章以及规范性法律文件调整外资活动。

（一）俄罗斯农业投资法律环境

俄罗斯与农业海外投资合作相关的法律主要包括：俄罗斯联邦《外国投资法》《税务法典》《劳动法典》《海关法典》《外汇调节监管法》《农用土地流通法》《外国公民法律地位法》等。中国和俄罗斯签订的投资保护协定也为投资者权益保护提供了一般做法。

1. 投资准入政策规范

俄罗斯主管国内外投资的部门有经济发展部、国家资产委员会、联邦政府外国投资咨询委员会和联邦政府外国投资者监管委员会等。俄罗斯鼓励外商投资领域大多是传统产业，涉及农业的是食品加工。除此之外，俄罗斯规定外商投资可直接并购本地企业，但是针对一些战略性企业的并购，外资企业的持股比重受到法律明确限制。出于国家安全考虑，有外国政府背景的外资对除联邦级地下资源之外的战略性公司控股权不得超过25%—50%。[①] 在俄罗斯的外商投资企业只有先向外国投资者监管委员会

[①] 李建民：《俄限制外资进入战略性产业法出台的背景、内容及影响》，《俄罗斯中亚东欧市场》2008年第10期。

提交申请，才有可能在战略性企业项目中取得10%以上的股权。在证券投资方面，外国投资者可以购买俄联邦境内企业的有价证券，购买后必须在财政部或者经授权的其他机构登记。

2. 投资优惠政策较多

投资优惠政策主要包括投资行业、地方政府和经济特区优惠政策。投资行业优惠政策方面，根据俄联邦《外国投资法》规定，外国投资者在生产领域、基础设施建设领域投资，且投资额不少于10亿卢布时，将依据俄联邦《税务法典》的规定对其给予税收优惠。地方政府优惠政策方面，俄罗斯地方政府能够在自身职权限度内运用地方财政性收入或者预算外资金向外资企业提供税收优惠、融资担保以及以其他形式对外资重点投资项目给予支持。在经济特区，农业海外投资企业计算优惠期内的利润税时，科研费用（包括研发失败所花费用）可作为成本扣除。另外，工业生产型企业能够按照不超过法定折旧率2倍的折旧率对固定资产进行加速折旧。税收方面，在俄罗斯经济特区投资的企业，根据特区法规定，特区企业的利润税降至13.5%；10年内免征财产税，5年内免征土地税；产品在特区内部企业之间进行流通所产生的消费税无须缴纳。保险方面，企业保险费率由34%降至14%。除此之外，经济特区为特区企业提供的土地租赁费率均低于市场一般水平。

3. 外汇管理较宽松

根据俄联邦《外汇调节监管法》，外国投资者能够在特定银行开立外汇账户，存入汇进的资金，接受投资收益等。账户内的资金可不受限制地汇出境外，包括投资收益和分红。[①] 2010年，中国和俄罗斯在两国外汇市场启动人民币和卢布挂牌交易，俄罗斯成为中国境外首个有组织的人民币交易市场。

4. 贸易管理严格

俄罗斯对农产品进出口受到配额、许可证以及产地要求管理制度的限制。除此之外，在关税税率方面，俄罗斯对产自中国等一些欠发达国家的商品按照基本税率的75%进行计征。2010年，俄罗斯、白俄罗斯、哈萨克斯坦关税同盟海关法典正式生效，实行统一的关税税率。2012年，俄

---

① Sergei Marinich, Robert Zafft, "Russia's New Foreign Investment Law", 25 *Rev. Cent. & E. Eur. L.* 435 (1999).

罗斯加入世界贸易组织,对进出口关税、关税配额标准做出相应调整。从加入世界贸易组织之日起,俄罗斯绝大部分的税率不低于关税同盟实行的统一关税税率。过渡期后,大约一半的边际税率高于关税同盟统一关税税率。根据 WTO 最新统计数字显示,俄罗斯农产品关税率为 11.1%,非农产品关税率为 7.2%。针对 WTO 成员方,俄罗斯承诺的最惠国税率中农产品关税率高于非农产品关税率,为 12.2%。

5. 税收管理体系复杂

根据俄罗斯联邦《税务法典》的规定,俄罗斯实行联邦税、联邦主体税和地方税三级税收体制,主要税种有增值税、利润税、有价证券发行税、个人所得税等。增值税包括普通商品增值税 18%,食品增值税 10%,以及个别商品增值税 0 三种。俄罗斯现行企业利润税税率为 20%。针对所有农业生产单位,俄罗斯于 2003 年开始征收农业统一税,其税额为生产单位总收益与其总成本之差的 5%。当然,农业生产单位对其是使用原来税制还是缴纳农业统一税拥有选择权。其中选择缴纳农业统一税的农业生产单位可充分享有税收优惠,如免征增值税、财产税、企业所得税等。另外俄罗斯农产品增值税优惠税率为 10%,主要适用对象为牲畜家禽类农业企业、农产品加工企业和农业投入品生产企业等。

6. 土地和劳工政策严格

根据俄罗斯《土地法》规定,由国家调节土地私有化,并准许外国投资者自由交易城乡镇商业和住宅用地。《土地法》规定通过拍卖方式获得土地的使用权和所有权,拍卖所得归国家和地方所有。① 俄罗斯 98% 的农业用地交易受到《农用土地流通法》规范,只有 2% 的土地交易适用《土地法》。在某些特定地区,俄罗斯不允许外国投资者获得土地所有权,禁止外国投资者及俄方股份不超过 50% 的公司拥有俄罗斯农业用地。

俄罗斯劳工政策主要包括国内雇工和外来劳工两个方面。《俄罗斯联邦劳动法》在劳动合同签订、解除、工作报酬以及劳工保障等方面均有明确的规定。社会保障方面,根据俄罗斯《养老金法》,雇主按工资总额的 31.6% 缴纳养老保险,每 3 个月按物价上涨情况对养老金进行调整;② 《俄

---

① 龚兵:《中俄经贸合作中利用俄罗斯土地的法律风险控制》,《北方法学》2018 年第 3 期。
② 许振宝、李哲敏:《"一带一路"战略下中国与俄罗斯农业合作探析》,《世界农业》2016 年第 8 期。

罗斯联邦公民医疗保险法》规定,各企事业单位按工资总额的 3.6% 上缴医疗保险金;《关于居民就业法》规定,雇主将员工工资的 2% 缴纳就业基金。根据俄罗斯劳务移民法规,用工企业每年就下一年度使用外来劳务的数量向当地劳动就业部门及移民局申请,第二年 5 月之前,外来劳务配额许可证发放完毕。根据《外国公民法律地位法》规定,外国公民依据签订的工作合同并取得工作许可证即可在俄罗斯进行劳动活动。为保证本国就业,俄罗斯的外籍劳务人员政策越来越严格,比如对外籍劳务人员实施行业性禁止措施、缩减外籍劳务配额或是提高外籍劳务入俄门槛。2015 年 1 月 1 日起,除俄罗斯联邦政府认可的高等专业技术人才,前往俄罗斯务工的外来人员,在申请劳工签证之前,必须进行"准入"考试,包括俄语、俄罗斯历史及俄罗斯法律基础知识。

7. 复杂的环境保护法律制度

俄罗斯环境保护与管理方面的法律有俄罗斯联邦《环境法》《生态评估法》《生态鉴定法》和《土壤法》等。根据法律规定,对特定项目的投资须先向环保部门申请,获得准许后方可实施该项目,农业海外投资企业要向国家鉴定局提交环评报告进行相应审批才能顺利在俄投资建厂。针对农业海外投资企业的投资活动和生产经营行为,俄罗斯环保部门会进行监督检查,一旦发现违反环保法规,可责令其整改,严重的还可废止其投资许可证。其后,针对农业海外投资企业的违反环保法律的投资或经营行为,俄罗斯环保部门可向法院提起诉讼,要求其承担相应的赔偿责任,甚至刑事责任。俄联邦《环境法》规定了排放环境污染物的限额,投资者若有危害环境的经营行为不仅要依照程序制定环保规划,还要对企业实行排污收费制度。

8. 双边投资协定

中国和俄罗斯签订投资保护协定是为投资者提供纠纷解决和法律保护的一般做法。近年来,随着市场经济的深入发展,中国和俄罗斯在许多领域开展深层次的合作,签订多种协定,如中俄《关于鼓励和相互保护投资协定》(2006)、《关于对所得税避免双重征税和偷漏税的协定》(1994)、《关于共同开发森林资源合作的协定》(2000),在法律层面为中俄农业投资合作提供了有力保障。其中,《关于鼓励和相互保护投资协定》第 4 条严格限定了征收的条件和程序,即出于公共利益的需要,并依据法律程序非歧视性地给予补偿,俄罗斯才可对在其领土内的中国农业海外投资企业的投资采取征收、国有化或类似措施。第 5 条规定若发生不可抗力投资者可获得赔偿。第 6 条保障了投资者的收益可以任意汇出。第 9 条就投资双方如何解决因投资产生的争议作出了可操作性的规定。与此同时，也对缔约双方的其他义务以及协定的适用等方面作出规定。

(二) 俄罗斯农业投资法律环境评价

近年来俄罗斯与农业投资相关的法律法规不断完善，农业投资环境总体良好。俄罗斯的外汇管理宽松，投资优惠政策较多，也有利于中国农业海外投资企业开展农业投资。但不可否认的是，俄罗斯外商投资法律制度仍存在很多亟须解决的问题，如法律制度不够完善、法律体系不够健全等，这些可能损害中国农业海外投资企业的权益。

1. 立法变动频繁

俄罗斯立法变动频繁，新法一般会对旧法的某些规定作出修改。例如，俄罗斯 1998 年颁布《俄联邦税收法》第一部，仅隔一年，又颁布了《俄联邦税收法》第二部。2001 年，俄罗斯议会又随即修改了此部法律，调整了部分税率。俄罗斯的投资政策也不稳定。例如，2009 年，因俄罗斯政府对境外出口木材的态度由鼓励变为禁止，中国企业在当地的投资量下降。

2. 法律冲突较多

俄罗斯实行分权管理制度，各联邦主体可制定法律制度规范外商投资行为，由此可能导致地方和中央的法规之间出现冲突。而且俄罗斯不同政府部门制定的法规也会出现相矛盾的情况，甚至可能会与总统令冲突。

3. 司法环境不容乐观

一方面，俄罗斯法院诉讼周期长，每级法院的裁决都可经上诉、申诉或者启动再审程序被推翻，投资者在俄诉讼会耗费大量的时间和金钱。[1] 另一方面，俄罗斯联邦法律中有许多模糊的规定，法官自由裁量权大，随意解释政策法规。俄罗斯存在保护主义的残余，法官审理案件时有可能歧视外资企业，致使农业海外投资企业的利益受损。除此之外，俄罗斯地方官员执法随意，造成法律的公信力大大降低。

4. 复杂税制和高税负

"一带一路"沿线国家的税收法律制度与中国农业海外投资企业的

---

[1] 殷敏：《"一带一路"倡议下中国对俄投资的法律风险及应对》，《国际商务研究》2018 年第 1 期。

利益密切相关。在俄联邦境内实现普遍征收的是联邦税,其中的增值税、消费税、企业所得税、生态税以及林业税等都与中国农业海外投资企业对俄投资活动紧密相关。除此之外,俄罗斯还规定了在相应地区征收地方税,如土地税等。总而言之,俄罗斯各地税种不一,种类繁多,且税收负担重,有的可达企业经营收入的 2/5。外资企业在俄投资应缴纳的税收总额占企业利润比例可达 3/4 以上,大大影响了俄罗斯外资企业的盈利能力。

总而言之,俄罗斯有关外资的法律法规和中俄双边协定都可以为中国农业海外投资企业在俄罗斯的投资活动提供支持。但因中国和俄罗斯政治经济存在的差异,中国对俄农业投资面临着俄法律环境不稳定、税收负担重、贸易管理限制较多、土地和劳工政策严格以及环境保护的高标准要求等法律风险。因此,完善对外投资法律环境才能为外资企业提供良好的法律保障,有效降低对外投资的法律风险。因此,中国农业海外投资企业要充分利用现行海外投资国内立法,抓住"一带一路"倡议实施所带来的机遇。另外,中国农业海外投资企业还要全面了解俄罗斯现行的外商农业投资法律制度,避免投资风险。与此同时,中国应注重完善中俄投资协定的缔约实践,促进双边投资协定的缔结。

二 中亚五国农业投资法律环境及评价

中亚地区是中国农业对外投资合作的关键区域。目前,中国对中亚五国农业投资占比高。中亚与中国农业资源和产业发展形成一定互补。中亚五国耕地资源丰富,人均可耕地面积多,目前仍有不少可农用地未被利用。中亚五国优势产业突出,尤其是棉花育种和生产,但生产结构单一,需大量进口水果、蔬菜、水产品、粮食制品等。农业科技和机械水平显著低于中国。与此同时,中亚各国农业资源、经济发展水平存在很大差异,由此导致农业投资优先序次不同。

(一)哈萨克斯坦农业投资法律环境

哈萨克斯坦自独立以来,积极吸引外商投资,加强国内立法工作,如《投资法》《吸引外国直接投资的优先经济领域清单》等。这些法律规定了哈萨克斯坦外商投资的管理程序和鼓励措施以及税收优惠政策等内容,对外国资本以直接投资方式进入哈萨克斯坦国内农业领域发挥着引导和促进作用。

1. 投资准入政策

哈萨克斯坦的投资主管部门是投资委员会,下属于"工业与新技术部"。其主要职责是实施有关保护、支持和监督投资活动的政策,比如负责登记投资者要求提供优惠的申请,决定是否给予外资企业投资优惠,并负责与外国投资者签署相关文件,监督有关优惠政策的执行情况等事项。根据哈萨克斯坦颁布的《吸引外国直接投资的优先经济领域清单》及第 633 号决议,哈萨克斯坦鼓励外资投向农业、基础设施建设、食品加工、纺织服装等优先发展领域。投资以上领域的外资企业可享受税收优惠政策,如 10 年内免缴增值税、财产税、企业所得税及土地税等。哈萨克斯坦实行浮动汇率以及外汇业务通报制度。企业缴纳了税费后,即可任意汇出利润。

2. 税收法律制度

哈萨克斯坦税收制度遵循属地原则。针对农业领域的投资而言,哈萨克斯坦税法规定对进行农业生产的外资企业减少 70% 的税收,对从事农产品加工的外资企业的增值税减征 70%。[①] 此外,哈萨克斯坦的农业用地根据土地品质分级纳税。所有拥有地权和土地长期使用权,或初期无偿临时用土地的组织均是土地税的纳税人。[②] 新税法规定土地使用税将依据不同土地进行渐进式征收,税率从 0.1% 到 0.5% 不等,以此实现鼓励使用人有效利用土地的目的。自然人所得税税率为 10%。除个人缴纳个税外,企业还应为其劳动者支付养老、医疗等社会税。哈萨克斯坦的新税法规定社会税统一为 11%,取消税率递减规定。

3. 贸易法律制度

在哈萨克斯坦除武器等限制产品外,其他产品进口不受许可证限制,对出口采取鼓励态度,完全放开贸易。但有时也会依据需要,暂时禁止特定商品的出口,如粮食、白糖等商品。哈萨克斯坦现行农产品平均税率为 11.3%,高于商品平均税率。

4. 劳工法律制度

针对外来劳务人员的问题,哈萨克斯坦实行严苛的工作许可制度。只

[①] 王慧敏、翟雪玲:《中国与中亚五国农业合作的潜力研究》,《经济研究参考》2017 年第 31 期。

[②] Mavluda Sattorova, "International Investment Law in Central Asia", 16 *J. Wor ldInvestment & Trade* 1089 (2015).

有取得劳动部门颁发的工作许可后，外国劳务人员才可在哈萨克斯坦从事有偿工作，否则将可能面临罚款、拘留等处罚，严重的则可能被驱逐出境。哈萨克斯坦劳动和社会保障部负责确定并发放劳动许可配额，配额按州进行发放，最后执行则由劳动与社会保障局负责。针对外来劳工配额数量，哈萨克斯坦法律作出了具体规定，同时也从学历水平、专业能力、工龄等方面设置了较高要求，由此导致签证的获取非常困难。哈萨克斯坦将外国劳务人员分成管理人员、高中级职业技术人员、熟练工人和季节性农民工四类。前两类优先考虑发放劳动许可证，第三类有限控制发放，第四类严格控制劳动许可证的发放。通过上述措施加强外资企业的"哈萨克含量"。"哈萨克含量"系指外资企业应更多地使用哈萨克斯坦国产设备、材料，吸纳哈萨克斯坦本国居民就业。[①] 现在哈萨克斯坦规定外资企业中本地员工和外籍员工的比例不低于7∶3，并依此核发外企的劳动许可证。

5. 土地法律制度

根据哈萨克斯坦《土地法典》和有关外国投资者临时使用土地限额的规定，外国投资者在哈萨克斯坦进行商品性的农业生产时使用土地可采取有偿临时使用土地权的方式。《土地法典》第四章规定土地使用权可分为临时使用权、长期使用权、无偿临时使用权、有偿临时使用权。短期为10年以内，长期为49年以内。根据第37条第5款规定，在哈萨克斯坦，外国法人进行商品性农业生产时可拥有短期和长期的有偿临时使用权。

6. 公司法律制度

哈萨克斯坦现行的调节企业活动的法规包括《有限和补充责任合伙公司法》《股份公司法》《农业合伙公司及其协会法》等。根据哈萨克斯坦相关法律规定外资企业注册形式主要有设立分支机构和设立子公司两种形式。外国企业在哈萨克斯坦设立的分支机构只是以外国公司法人代表的名义，从事职能范围内的活动，违约责任由法人承担，分支机构须遵照当地法律和公司章程从事活动。在哈萨克斯坦，子公司的法律形式主要为股份公司和有限责任公司。2010年1月1日起，股份公司最低注册资本为5万个月核算基数（约48万美元）。因有限责任公司具有较少注册资本、广泛经营范围、简化的股权出让程序以及保护公司合法权益的实效性更强等

---

① 李敏：《"一带一路"战略下我国对哈萨克斯坦的农业投资风险与应对策略》，《农业经济》2017年第1期。

优势，哈萨克斯坦公司数量最多的是有限责任公司，并且外资企业也普遍采用此种形式。

7. 环境保护法律制度

哈萨克斯坦负责保护环境、制定自然资源利用、渔业及水资源管理政策的主管部门是环境和水资源保护部。哈保护环境的法律主要包括《关于保护乌拉尔—里海流域鱼类孵化场的法规》《森林法》《水法》《2007—2024可持续发展过渡方案》《生态保护法》等。根据哈萨克斯坦《森林法》规定，哈萨克斯坦对森林资源的开采利用实行鼓励政策，但采伐权必须经过程序严谨的招标和申领许可证获得。同时对违法者予以严惩，如需要恢复林区的植被覆盖等。

8. 中哈双边投资协定

自1992年以来，中国和哈萨克斯坦政府间签订的投资协定主要包括：中国和哈萨克斯坦《关于鼓励和相互保护投资协定》《关于对所得避免双重征税和防止偷漏税的协定》《在反不正当竞争与反垄断领域合作的协定》《关于成立中哈合作委员会的协定》等。关于缔约国之间的争端解决，中国和哈萨克斯坦签订的投资保护协定约定：缔约国之间争议首先应通过外交协商解决，如六个月内仍未得到解决，双方均可要求将争议提交专设仲裁庭进行仲裁。此外，仲裁庭人员的组成方式为缔约双方各自任命一名，第三名由两国共同选定与双方均有外交关系的第三国国民担任。仲裁庭裁决是终局裁决。关于一国投资者与另一缔约国之间的投资争端解决，哈萨克斯坦与中国签订的双边投资保护协定约定先通过友好协商的办法解决，协商不成则提交仲裁庭进行仲裁。

(二) 乌兹别克斯坦农业投资法律环境

乌兹别克斯坦与外商投资有关的法律主要有乌兹别克斯坦《外国投资法》《关于保护外国投资者权益条款及措施法》《保证企业经营自由法》《投资活动法》《关于促进吸引外国直接投资补充措施》等。

1. 投资准入政策

乌兹别克斯坦主管外商投资的机构主要为经济部、外经贸部和财政部。其主要职责如下：经济部与出资国进行合作，吸引其参与实施对本国具有重大意义的投资项目；外经贸部负责外资企业的登记工作；财政部对外资企业在乌境内的投资活动进行税务和金融调节，力求通过改善金融环境来吸引外资。引进的大型外资项目不仅需经经济部、外经贸部和财政部的审核，还需报乌兹别克斯坦内阁批准。而一般性外资项目则仅需乌兹别克斯坦外经贸部进行办理。乌兹别克斯坦的法律没有对禁止、限制外商投资的行业进行规定。乌兹别克斯坦鼓励外资对食品工业、禽肉生产、渔产品加工及丝绸制品等行业进行投资并给予免除法人利润税、财产税、社会基础设施营建税及小微企业统税等优惠政策。乌兹别克斯坦《投资法》规定外商可成立独资企业，并享有与外资企业投资额成正比的税收优惠，同时外商可独立和自由支配所获收入。

2. 外汇管理制度

乌兹别克斯坦的外汇管制比较严格，在外汇购入和汇出方面存在困难。农业海外投资企业利润汇出时必须缴纳10%的所得税，且实行强行结汇制度，仅允许提现已入账外汇的50%。2017年9月，乌兹别克斯坦总统签署《货币政策自由化首要实施细则》总统令，取消外汇兑换管制，但未来的政策走向及其效果还需要时间观察。

3. 投资管理制度

在投资方式方面，根据乌兹别克斯坦法律规定，外国投资者可设立100%外资企业、合资企业，获取私有企业全部或部分股份。企业参与者为外国法人、注册资本超过或等于30万美元或等价物且外资份额高于或等于注册资本的15%的外资企业可视为再投资。乌兹别克斯坦《企业登记及办理许可文件程序条例》规定，外资企业可在乌兹别克斯坦注册为有限责任公司、无限公司、股份公司、私营企业、农场、法人形式的农户等各种商业单位。

4. 税收法律制度

乌兹别克斯坦实行属地税制。乌兹别克斯坦增值税为20%、法人利润税为7.5%，对食品工业、渔产品加工、禽肉生产以及丝绸制品等行业免除法人利润税等。乌兹别克斯坦对农业海外投资企业实行优惠政策，如从事农产品（葡萄酒、果酒及其烈性饮料除外）、日用品、轻工产品、食品生产和加工的外资企业，自注册之日起2年内免缴利润税。在生产型合资企业中若外资占比不低于50%的，2年内免缴利润税；2年后，法定资本不低于100万美元的合资企业，缴纳16%的利润税。此外，被列入乌兹别克斯坦国家投资计划的外资项目，前7年免缴利润税，7年后缴纳的利润税享受减半的优惠。

5. 劳动法律制度

乌兹别克斯坦《劳动法》规定劳动关系由集体合同和个人劳动合同

确定；劳动合同期限不定，可签订少于 5 年的定期合同；劳动者除以偷盗、酗酒或"不道德"的状态工作外受合同保护；企业可在劳动者违反纪律并对其行使了不少于 3 次纪律处罚的情形下进行解雇；企业需为劳动者缴纳社保基金费（工资额的 40%）。根据乌兹别克斯坦法律规定，用工企业应首先就聘用外国劳务问题获得乌兹别克斯坦劳动部门的批准，然后为外籍劳动者办理有效期不超过一年的个人劳动许可。在为外籍劳动者办理劳动许可时，乌兹别克斯坦劳动部门对生产型企业的员工可办理一年有效期的劳动许可，而对非生产型企业的员工比较严格，有效期通常只办理半年。办理劳动许可手续繁杂、时间长，且全国只有首都塔什干可办理。① 综合考量本国公民就业、经济发展等因素，乌兹别克斯坦规定外资企业中乌兹别克斯坦劳动者与外籍劳动者的比例为 7∶1。劳动部门依据外资企业经营范围、被邀请人员赴乌兹别克斯坦目的、专业能力等作出是否给予劳动许可的决定，一般具有高级职称的劳动者比较容易取得签证，普通劳动者相对困难。

6. 土地法律制度

根据乌兹别克斯坦颁布的 649 号总统令，国内法人和外国投资者使用乌兹别克斯坦土地均需办理土地使用许可证。依据乌兹别克斯坦政府颁布的 282 号内阁令，由乌兹别克斯坦地质部门组成委员会对土地使用许可进行审查，最后由乌兹别克斯坦内阁批准。企业取得土地使用许可后，除了须与土地所有者签订合同外，还必须得到当地政府就费用数额问题以决议方式作出的批准，然后双方签署相应文件，再付费即可。依据乌兹别克斯坦政府颁布的 736 号内阁令，合同签署后，企业仍需到乌兹别克斯坦地质部门就土地使用问题办理注册手续。乌兹别克斯坦的征地方式以征地时间的长短为考量标准，可分为永久征地（3—10 年）和临时征地（最长 3 年）。在征地实践中，临时征地时间实质仅为 1 年，1 年后可向有关部门申请办理延期。另外，永久征地方式最长为 10 年，10 年后仍需用地的必须办理延期手续，具体方法与临时征地相同。在办理征地过程中，若征用的土地位于城市，可能会出现一些问题，例如无法达成一致，此时须签订相应的补偿合同，取得政府审批等。农业海外投资企业在乌兹别克斯坦要

---

① 余冠军、黄瑾、颜玉川：《我国油企与乌兹别克油气市场的合作策略选择》，《西南石油大学学报》（社会科学版）2015 年第 1 期。

想获取土地使用权可通过订立合同的方式。当然，农业海外投资企业在用地时应依据签订的合同向土地所有者付费。与此同时，农业海外投资企业也应注意到乌兹别克斯坦禁止外资取得农业耕地、林地所有权以及承包经营权。

7. 海关管理规章制度

乌兹别克斯坦《关税法》规定乌兹别克斯坦海关关税税种分为四种：进口、出口、季节和特别。乌兹别克斯坦海关关税共有3种税率：从量关税、从价关税以及组合关税。粮食、肉类及糖料等禁止出口。2015年，乌兹别克斯坦总统卡里莫夫签署的《关于进一步采取措施调整乌兹别克斯坦对外经济活动的命令》规定，乌兹别克斯坦执行新的进口关税和消费税税率。由此可见，乌兹别克斯坦实行有计划的贸易自由化政策。乌兹别克斯坦《关税法》第3章和1998年乌兹别克斯坦政府颁布的《关于对外贸易自由化的补充措施》对免征关税商品做了列举，如出资占股3%或3%以上的外资企业注册2年内运入乌兹别克斯坦用于生产所需的财产；向乌兹别克斯坦经济领域实施投资超过5000万美元的外资企业运入自主生产的商品；等等。

8. 双边投资协定

1992年以来，中国和乌兹别克斯坦签订的主要经贸文件有《关于建立政府间经贸合作委员会的协定》（1992年）、《关于鼓励和相互保护投资协定》（1992年签订、2011年修订）、《关于避免双重征税和防止偷漏税的协定》（1996年签订、2011年修订）等。2011年中乌签订的双边投资保护协定明确了投资具有投入资本或其他资源、期待收益和承担风险的特征。同时协议还约定投资不包含：不具有投资性质的金钱请求权，如继承；缔约一方投资者在另一方国家销售产品或提供服务而产生的金钱请求权等情形。由此可见，2011年中乌签订的双边投资保护协定较1992年版内容更加丰富具体，有利于促进两国友好合作。中乌2011年签订的《关于促进和保护投资的协定》更具体地解释了"投资者"的定义。协议用"国民"替代了原有的"自然人"，还进一步解释了何为"国民"与"企业"。

2011年的《关于促进和保护投资的协定》约定了国民待遇，并释明了什么是公平公正待遇，排除了超国民待遇的可能。此外，中乌新旧投资保护协定均约定：东道国应在其境内为另一国投资者的投资和与该投资有关的活动受到公平的待遇提供充分保障。在征收方面，中乌签订的双边投资保护协定增加了"间接征收"的概念。该协定将"效果等同于国有化或征收的措施"单独定义为"间接征收"。①

在争端解决方面，中乌签订的投资保护协定约定：一国投资者与另一缔约国间，就促进和保护投资等方面产生的纠纷，可先协商，如六个月内协商不成，则投资者可将该纠纷提交至另一方有管辖权的法院，或依据《联合国贸易法委员会仲裁规则》设立的专设仲裁庭，或经双方同意的其他仲裁机构或仲裁庭进行解决。由此可知，中乌 2011 年的《关于促进和保护投资的协定》关于投资争端解决的内容规定更能体现意思自治原则。

（三）吉尔吉斯斯坦农业投资法律环境

吉尔吉斯斯坦颁布的与农业投资相关的法律包括《投资法》《自由经济区法》《关于开办和注册外资企业、合资企业、国际联合体及组织的办法条例》《土地法》《税法》《公司法》《劳动法》等。其中，关于外资的大部分规定都体现在《投资法》中，通过为投资企业提供公正平等的法律制度，保护其对吉尔吉斯斯坦农业的投资，吸引外国投资。

1. 投资准入政策

吉尔吉斯斯坦经济部是对外经贸主管部门，也是实行投资政策的授权机构。吉尔吉斯斯坦《投资法》规定，外国投资者可任意支配自己的合法所得，不仅对外国投资者的投资行业不设限制，而且在特定区域进行投资的外国投资者可享受相应优惠。其中，吉尔吉斯斯坦根据经济发展状况，将农业投资规定为吸引外资的优先领域。简言之，外国投资者在吉尔吉斯斯坦进行投资享受国民待遇。在吉尔吉斯斯坦设立企业应在司法部、国家统计委员会及国家税务监察局 3 个国家机关注册。

2. 外商投资保护政策

根据《投资法》规定，对投资人和投资的保护如下：外国投资人在经济领域享受国民待遇，有权在吉尔吉斯斯坦境内自由往来，不得受到歧视；可以任何形式向吉尔吉斯斯坦法律不禁止的项目投资；投资人有权自由支配其投资、投资收益和利润；防止投资人投资被没收和保障投资人因

---

① 闫恩宠：《中亚五国外国投资法律制度比较研究》，硕士学位论文，吉林大学，2017 年，第 25 页。

被没收而损失的赔偿；实行浮动汇率制度，投资人有权自由办理货币业务，可将吉国货币与他国货币自由兑换，且法律对外币的汇入和汇出的限制不适用于外国投资人，但外国投资人进行洗钱交易的除外；对于投资性进口商品免征关税，如外资企业生产中使用的机器设备；投资人享有取得土地租赁权、知识产权，可组建协会和其他团体，参与国有和公有财产的私有化，购买有价证券等。国家职能部门为了支持和保护投资人进行投资，依照有关规定行使以下职能：国家机关与投资人保持紧密联系；为投资人开展业务审批程序提供必要的帮助；协助投资人解决困难，也向遇到国家机关违法行为的投资人提供保护；起草有关改善吉尔吉斯斯坦投资环境的建议等。

3. 贸易法律制度

吉尔吉斯斯坦实行高度自由的贸易政策，接近一半的进口商品为零关税，平均进口关税仅为5%。此外，吉尔吉斯斯坦给予许多国家最惠国待遇，如与吉尔吉斯斯坦达成有关双边协议的国家或是WTO成员方。出口方面，活牲畜、植物类的制药原料等实行出口许可证管理。

4. 公司法律制度

根据吉尔吉斯斯坦《公司法》规定，公司类型可分为两合公司、有限责任公司和股份公司。在公司治理上，创办大会（类似股东会）是公司最高权力机关。创办大会设立执行机构，执行机构领导当前经营活动，并对创办大会负责，执行机构类型包括董事会（经理委员会）、监督机构和其他由创办大会设立的机构。此外创办大会有权组建检查委员会监督执行机构的业务。

5. 税收法律制度

2009年1月1日开始实施的吉尔吉斯斯坦《税法》通过取消和合并的方式对税种进行了调整，避免原税法条款的相互矛盾和重复征税，建立健全现代化管理体制，堵塞纳税漏洞。新税法的税种有国税和地税两种，包括7项国税和2项地税。外资企业在吉尔吉斯斯坦应缴纳的主要税种包括：增值税（12%）、企业所得税（10%）、消费税、个人所得税、社会保险基金、土地税和进出口关税。此外，根据中吉签订的避免双重征税协议规定，在吉尔吉斯斯坦进行农业领域投资的中国农业海外投资企业可凭中国社保部门的证明（需经公证）免缴中方雇员的养老保险。

6. 土地法律制度

吉尔吉斯斯坦《土地法》的根基为土地私有制度。根据1998年《不动产权国家登记注册法》，任何土地交易，如租赁、买卖等，必须进行登记注册后才被赋予法律效力。1999年《抵押法》也承认了土地可作为抵押品。[①] 考虑到农业用地的特殊属性及其对国家的重大战略意义，《农业用地管理法》规定禁止向外国人及其中一方是外国公民的吉尔吉斯斯坦法人、合资企业提供和转让土地。且只有银行和农业金融专门机构才能充当抵押农业用地的抵押权，限制了外国投资方对吉尔吉斯斯坦本国农业的投资。《外商租赁企业经营法》规定吉尔吉斯斯坦政府可向外商出租财产及土地，并由外商进行经营。租赁合同的有效期为5—50年，可续期、变更或废除。外商承租方可根据吉国法律开设代办处、分支机构并可成立财团，独立分配所获得的产品和利润，包括无许可证出口自己生产的产品。[②] 当然，外商承租方需严格按照吉尔吉斯斯坦的法律和合同进行经营活动，自合同期满或提前解除之日起6个月内向出租方转交租赁使用的财产。吉尔吉斯斯坦对外商承租方提供税收优惠，承租方为开展经营活动而进口的设备和原材料免缴进口关税，为满足承租企业人员需要进口的用品，须缴纳基本进口税和关税，但可申请减免。

7. 劳动法律制度

根据吉尔吉斯斯坦《劳动法》的相关规定，除法律另有规定外，普通劳动者的试用期不超过3个月，企业领导人及其副职、企业分公司、办事处和其他分支部门的领导人试用期不得超过6个月；不定期劳动合同和定期劳动合同均可根据双方书面协议在任何时间解除；解除劳动合同时需支付遣散费；集体劳动纠纷应由协调委员会受理，若调解过程中没有解决集体劳动纠纷，或用人单位逃避协调纠纷，不履行在集体劳动纠纷中达成的协议，则劳动者或其代表有权组织罢工。吉尔吉斯斯坦是农业国，居民就业困难，并不鼓励外籍劳务进入，甚至出台一些限制外国劳务的措施，如在吉尔吉斯斯坦工作的外国人必须持有工作许可证。

[①] 郭静利、李思经主编：《"一带一路"六国农村土地制度概论》，中国农业科学技术出版社2017年版，第40页。

[②] 中华人民共和国商务部：《对外投资合作国别（地区）指南》，http://fec.mofcom.gov.cn/article/gbdqzn/index.shtml。

8. 争端解决机制

《投资法》为投资争议的解决提供了三种路径。一是协商解决，分为有预先商定的争议解决协议和无事先商定争议解决程序两种。二是司法途径解决。若国家职能部门和投资人开始书面协商后 3 个月内未达成和解，只要有一方不同意通过国际仲裁或国内仲裁解决争议，则双方投资争议将由吉尔吉斯斯坦司法部门解决。如果两国投资人未能就纠纷解决的适用程序达成合意，则双方的投资纠纷由吉尔吉斯斯坦司法部门处理。对于不同主体司法途径的差别适用体现了吉尔吉斯斯坦尽量希望促成国家与投资人之间的争议私下协商解决。三是仲裁途径解决。如果投资双方事先约定或事后协商将投资争议移交给联合国仲裁机构或临时国际仲裁院或国际投资争议调解中心仲裁，则该投资争议解决排除适用司法途径和行政途径。此外，投资双方也可约定由吉尔吉斯斯坦境外的仲裁法庭进行裁决。2003 年起，吉尔吉斯斯坦成立了本国商联下属的国际仲裁法庭。

9. 中吉双边主要经贸协议

中国和吉尔吉斯斯坦签署了《中吉政府经济贸易协定》（1992 年）、《中吉政府关于鼓励和相互保护投资协定》（1992 年）、《中吉政府关于避免双重征税协定》（2002 年）、《吉尔吉斯共和国政府和中华人民共和国政府关于双边经济技术援助项目合作框架协定》（2015 年）等。中吉投资保护协定约定，投资指根据投资缔约一方的法律在其境内投资的各种财产，主要包括动产与不动产所有权，购买当地企业的股份，金钱和债务请求权等合同约定的从事经济活动的权利。在知识产权方面，双方只简单地约定了包括著作权和工业产权。在促进和保护投资方面，《中吉政府关于鼓励和相互保护投资协定》规定，缔约方应鼓励另一方国家的投资者在其境内进行法律允许的投资，并予以保护且提供便利和帮助。

（四）塔吉克斯坦农业投资法律环境

塔吉克斯坦有关投资方面的法律主要包括《外国投资法》《对外经济活动法》《股份公司法》《国家私有化法》等。整体来看，塔吉克斯坦目前对外商投资持鼓励态度，但法律规范并不完备，也使得投资过程中容易产生法律风险。

1. 投资准入政策

塔吉克斯坦经济发展和贸易部负责协调、组织和管理塔吉克斯坦所有对外经济贸易活动。国有资产管理和投资委员会及经贸部下的外资管理局主管塔吉克斯坦的投资活动，外资管理局主要负责检查和管理外资方面的协调工作，国有资产管理和投资委员会主要负责监管投资活动，并对本国重大引资项目拥有最终决定权。根据塔吉克斯坦《外国投资法》规定，外资企业可依法购买塔国国有资产，同时享有相应税收优惠。另外，农业领域为外资企业在塔国的重点投资领域。

2. 外商投资保护政策

塔吉克斯坦《外国投资法》规范外国投资者的外来投资活动以及塔吉克斯坦公民、法人与外商共同进行的投资活动。该法对投资和投资者权益保障的内容如下：若投资法进行修订，投资者可在修订版公布之日起5年内选择更利己的条款；除投资者与国家授权机构对修订合同达成合意外，塔吉克斯坦保障双方已签合同的效力；投资者有权支配所得收入和其他资金，有权将合法投资和经营所得汇出境外；保障投资者财产被国有化与征用时获得补偿的权利等。塔吉克斯坦允许投资者在塔吉克斯坦开立外币账户，并且完税后可将本币任意兑换成外币，同样可认购其他外币用于支付塔境外业务。

3. 投资管理制度

外国投资企业可以合资、外商独资或不违反塔国法律禁止的其他任何形式设立。此外，外资企业可按规定在塔吉克斯坦境内也可在国外建立子公司、分支机构等。外资企业可以合并组建公司、集团或其他联合体等。[①] 但是合并活动不能违反塔吉克斯坦反垄断法的规定。《商品市场竞争及限制垄断行为法》规定了外国投资者在进行企业收并购的相关内容，其第15条规定，若企业收并购资产总额超过400万索莫尼，则需要取得塔吉克斯坦政府反垄断局的同意；企业收并购行为若被认定为将造成限制竞争等损害，相关企业需采取措施恢复竞争；企业获得反垄断局同意后，塔吉克斯坦登记部门才可对收并购企业登记注册，否则登记无效。

4. 税收法律制度

塔吉克斯坦全国实行属地税制，税收体系可划分为国税和地方税。国税分为16大类，主要有自然人所得税（8%和13%），法人盈利税（15%）、增值税（18%）、社会税（25%）、农产品统一税、关税、企业

---

① 刘二虎、陈瑛：《丝绸之路经济带背景下中亚五国投资环境比较研究》，《世界地理研究》2018年第4期。

收入最低税、加工品税等。地方税主要有零售税、交通工具税、不动产税（土地税和其他不动产税）和其他地方强制税 4 种。不动产税根据用途和面积征收，税率为 3%—15%。企业或个人报税应到企业注册登记的区税务部门。

5. 土地和劳工政策

根据塔吉克斯坦法律规定外资企业可在一定期限内（最长 50 年）使用土地。当然，外国投资者在塔国使用土地是有一定限制的，如无法使用受到特别保护的地区。在劳工政策方面，塔吉克斯坦规定外籍劳动者需取得工作许可证和签证双证才可从事有偿劳动。

6. 中塔双边经济条约

1993 年，中国和塔吉克斯坦签署了《关于鼓励和相互保护投资协定》。2008 年，中塔双方签署了《关于进一步发展两国睦邻友好合作关系的联合声明》《中塔对所得和财产避免双重征税和防止偷漏税的协定》等。中国与塔吉克斯坦双边投资保护协定约定，投资指依照缔约方的法律在其境内投资的各种财产。在知识产权方面，中塔双边投资保护协定则只简单地约定了包括著作权和工业产权。在促进投资方面，塔吉克斯坦同中国签订的双边投资保护协定约定：缔约一方应鼓励另一方国家的投资者在其境内进行法律允许的投资，并予以保护。在损害与损失的补偿方面，中塔投资保护协定只约定了损害与损失的赔偿"不低于给予其他第三国投资者的待遇"。在塔吉克斯坦投资合作如发生商务纠纷，可依据双边投资条约、企业间合同和塔吉克斯坦相关法律，通过司法途径或外交途径解决争议。《投资法》第 22 条规定，投资纠纷须依据投资者之间签订的合同进行解决。若没签合同，投资纠纷由双方协商解决。若签订的合同无法解决纠纷，则将纠纷提交塔吉克斯坦法庭（双方需达成合意），以及国际仲裁法庭并依据塔国法律和国际法规定进行仲裁。

（五）土库曼斯坦农业投资法律环境

土库曼斯坦与投资合作及商业公司相关的主要法律是《对外经济活动法》《外国投资法》《企业经营活动法》《股份公司法》和《外国租赁法》等。

1. 投资准入政策

根据《外国投资法》规定，土库曼斯坦政府内阁和其授权机关经济和发展部共同负责协调管理外商对土库曼斯坦的投资活动。土库曼斯坦内阁负责制订国际投资合作政策，确定优先引资领域，并且监督投资政策的具体落实情况等。经济和发展部职责包括协调外资领域的活动，组织对外商投资项目进行鉴定和注册，为外商投资者提供市场信息服务等。根据土库曼斯坦《外国投资法》规定，外资企业享受国民待遇，优惠措施主要体现在税收、进出口管理、海关等方面。渔业、食品生产和销售、涉外劳务等业务实行许可证管理制度。对纺织行业、旅游业、基础设施建设以及矿产资源加工行业等行业采取鼓励态度。

2. 投资法律制度

土库曼斯坦《外国投资法》规定，外商投资有如下方式：与土库曼斯坦本国投资者合资设立企业；外商独资设立企业、分支机构或取得现有企业的所有权；取得动产和不动产；提供外国借贷等。根据土库曼斯坦法律规定，外资企业如违反土库曼斯坦《外国投资法》的责任时，应依照法律的规定承担责任。

3. 贸易管理限制

土库曼斯坦贸易政策自由度有限，其出口产品将统一投放至商品交易所进行竞卖，并实行计划配额制度。土库曼斯坦商品的出口税率为5%，进口税率为2%，免征进口关税的商品有小麦、大米、植物油以及生肉。

4. 税收法律制度

土库曼斯坦全国实行属人税制，统一征税。土库曼斯坦现行税收体系是以增值税、所得税为核心的。土库曼斯坦主要有增值税、消费税、财产税、矿产使用税、个人所得税、企业利润税和地方收费7个税种。其中增值税15%，企业利润税中，本国企业为8%，外国企业为20%，股息、红利税统为15%。对农产品出口、从事国际客货运输等免征增值税。在土库曼斯坦开展经营活动的企业应定期自行到所在地税务机关报税。[①] 税务机关会进行不定期检查。在第一批投资期内，若投资企业的投资额（自由兑换货币）超过注册资本的30%，免征利润税；外资企业的注册免征注册手续费；外资企业运抵本国的材料和设备免征认证服务费等。

5. 劳动法律制度

《外国公民赴土库曼斯坦临时工作条例》规定，企业须为外籍劳动者

---

① 聂凤英、张莉主编：《"一带一路"国家农业发展与合作——中亚五国》，中国农业科学技术出版社2018年版，第89页。

办理劳动许可，许可证一年内有效，若延期，企业须在到期前1个月内重新申请。土库曼斯坦移民局颁发劳动许可有两项基本标准：本国公民优先补缺，外籍劳动者数量不超过雇员总数的20%。在劳动关系中，外国公民与本国公民享有同等权利，承担同等义务。土库曼斯坦移民局负责发放管理赴土库曼斯坦工作许可证，对外国人劳务许可管理十分严格。根据土库曼斯坦法律规定，外国公民在本国停留超过1个月，均须办理劳务许可。否则将不予发放签证。此外，土库曼斯坦自2017年1月1日起实施新政，规定外籍公民和本国公民在企业就业比例不得高于1∶9。下列情况下移民局可能会拒绝发放劳动许可：外籍劳动者从事的工作无须拥有专门知识或是高级专业技能；企业使用外籍劳动者从事章程规定以外的工作；外国雇工数量超额；企业或外籍劳动者违反本国法律。

6. 土地和所有权法律制度

土库曼斯坦《土地法》规定，外国投资者在本国只能租赁土地，且须经总统批准，禁止外资取得耕地、林地所有权或承包经营权；只有土库曼斯坦内阁或其授权机关可作为出租人向外国投资者提供土地；[①] 向外国投资者出租土地只能用于建筑、开设临时的商业服务站点及仓库等设施；土库曼斯坦土地资源管理机关负责办理承租土地划界和租赁合同的注册工作。

7. 环境保护法律制度

土库曼斯坦环境保护领域现行法律法规主要有《自然保护法》《森林法》《植物保护法》《大气保护法》《土地法》《水法》等。土库曼斯坦政府环境保护部负责拟定国家环保方针、政策和法规，监督对生态有影响的资源开发活动，组织实施环境管理制度等。土地使用者应合理利用土地资源，防止土地荒漠化或是污染土地。若实施的项目可能对土壤造成损害，则事前必须报国家环保部门等机构进行审批；若投资项目或技术未通过国家生态鉴定，则不得实施或推广。为鼓励使用者注重水土保持工作，土库曼斯坦将依据具体情况实行包括免缴土地使用税，给予经济补偿，提供优惠贷款等在内的经济政策。国家土地资源主管机关负责土地利用和保护的管理与监督工作。禁止破坏森林；进行工程建设时，应不占或少占林地，

---

① 刘英杰等编：《"一带一路"农业合作国别指南》，中国农业出版社2019年版，第126页。

必须占用时，应报自然保护部、地方行政主管机关等相关部门审批，还须通过国家生态鉴定，未经审查或者审查结果是不予批准的项目不得实施。外国投资者若违反规定造成森林受到破坏的，须进行赔偿，情节严重者还涉及刑事责任。

8. 双边投资协定

从 1992 年开始，中国和土库曼斯坦先后签署了《关于鼓励和相互保护投资协定》《对所得避免双重征税和防止偷漏税的协定》《经济贸易合作协定》等双边贸易投资合作协定。在知识产权方面，中国和土库曼斯坦签订的《关于鼓励和相互保护投资协定》中除了约定投资包括著作权和工业产权外还约定了包括商标权。中土两国签订的投资保护协定关于"投资"的定义加入了"有偿服务"。中亚五国独立初期，与中国签订的投资保护协定未加入国民待遇，主要是最惠国待遇。

(六) 中亚五国农业投资法律环境评价

中亚五国农业投资法律法规不断完善，投资环境总体上呈现趋好态势，五国差异较大。因中亚五国处于市场经济改革期，在引进外资方面存在很大瓶颈，主要包括法律环境不稳定，监督管理和仲裁机制缺乏等。

1. 投资政策法规日益完善

中亚五国先后出台了有关外商投资的外汇、税收、贸易等方面的法律，并制定促进外商投资的优惠政策。其中，《哈萨克斯坦投资法》鼓励外商向农业、林业、渔业及食品等行业投资。《乌兹别克斯坦投资法》规定外商可成立独资企业，并享有与其投资额成正比的税收优惠，同时外商可随意支配所获收入。《吉尔吉斯斯坦投资法》规定，外国投资者可任意支配自己的合法所得，不仅对外国投资者的投资行业不设限制，而且在特定区域进行投资的外国投资者可享受相应优惠。根据《塔吉克斯坦投资法》规定，外资企业可依法购买塔吉克斯坦国有资产，同时享有相应税收优惠。另外，农业领域为外资企业在塔吉克斯坦的重点投资领域。《土库曼斯坦投资法》规定，外资企业享受国民待遇，优惠措施主要体现在税收、进出口管理、海关等方面。

2. 农业优惠政策多

2015 年，哈萨克斯坦政府对农业发展领域的相关法律进行修改和补充，出台了一系列外资优惠政策。自 2017 年起，哈萨克斯坦农业部取消了粮食补贴，专项支持高产、高效和技术含量高的农作物，从而提高土地使用的合理性，促进农业多样化发展。吉尔吉斯斯坦针对外国的投资行为和外国投资者的优惠政策为双方营造了良好的投资环境。这些优惠政策也是农业投资环境的有利条件，对增强投资吸引力大有裨益，如外国投资者投资所得具有自由支配权；外资企业拥有自主经营权；外国投资者可以根据自身利益的需求，在投资法、税法和关系到国家安全、环境保护、公众健康等法规进行修改和补充生效10年内自由选择原有法规和修改后的法规等。塔吉克斯坦出台了与投资相关的政策法规，制订了很多吸引外资的优惠措施，从各个方面保证投资者的权益。近年来，土库曼斯坦进行改革开放，外资立法得到完善，政府针对外资制定了许多优惠政策，包括税费减免、海关优惠等。

3. 外汇管理整体较为严格

哈萨克斯坦实行浮动汇率以及外汇业务通报制度。企业缴纳了税费后，即可任意汇出利润。乌兹别克斯坦的外汇管制比较严格。外资企业利润汇出时需缴纳10%的所得税，且实行"强行结汇"制度。[①] 吉尔吉斯斯坦实行浮动汇率制度，且可自由携带货币出入境。塔吉克斯坦允许投资者在本国开立外币账户，并且完税后可将本币任意兑换成外币，同样可认购其他外币用于支付塔境外业务。土库曼斯坦政府完全操控汇率市场，外资企业可在土库曼斯坦银行开设外汇账户，但不允许提取大额现金。由此可见，哈萨克斯坦和吉尔吉斯斯坦外汇管理比较宽松，其他三国有较大限制。

4. 贸易便利化程度逐渐改善

乌兹别克斯坦和土库曼斯坦贸易便利化程度较低，其他三国贸易便利化程度较高。乌兹别克斯坦贸易便利化程度较低，粮食、糖料及肉类等禁止出口。乌兹别克斯坦有3种关税税率，即从价、从量以及组合关税，平均税率约14.8%。土库曼斯坦贸易政策自由度有限，其出口产品将统一投放至商品交易所进行竞卖，并实行计划配额制度。土库曼斯坦出口税率为5%，进口税率为2%，免征进口关税的商品有小麦、大米、植物油以及生肉。在哈萨克斯坦除武器等限制产品外，其他产品进口不受许可证限制，

[①] 聂凤英、张莉主编：《"一带一路"国家农业发展与合作——中亚五国》，中国农业科学技术出版社2018年版，第65页。

对出口采取鼓励态度，完全放开贸易。哈萨克斯坦农产品平均税率为 15.6%，加入世界贸易组织后降至 11.3%。塔吉克斯坦的贸易政策较为宽松，除个别特殊商品外均放开经营。塔吉克斯坦特殊商品的贸易需受许可证、配额的限制，如小麦、棉花、农业经济作物等。吉尔吉斯斯坦贸易制度高度自由化，平均进口关税为 5%，对与吉尔吉斯斯坦达成有关协议的国家以及 WTO 所有成员国给予最惠国待遇。

5. 税负整体较重

乌兹别克斯坦实行属地税制。其中，增值税 20%，法人利润税 7.5%，对食品工业、渔产品加工、禽肉生产及丝绸制品等行业免除法人利润税等。吉尔吉斯斯坦新税法包括 7 项国税和 2 项地税。外资企业在吉应缴纳的税种主要包括增值税（12%）、企业所得税（10%）、土地税和进出口关税等。塔吉克斯坦全国实行属地税制，企业目前涉及国税 8 项、地税 2 项，如增值税、消费税及法人利润税（15%）等。土库曼斯坦全国实行属人税制，主要税种共 7 个，其中增值税 15%，企业利润税中，本国企业为 8%，外国企业为 20%，股息、红利税统为 15%。哈萨克斯坦税收制度遵循属地原则，其农业用地根据土地品质分级纳税。

6. 土地和劳工政策严格

中亚五国土地大多是国家所有，对外资企业使用土地有诸多限制。哈萨克斯坦规定外国投资者可租用土地，但期限在 10 年以内。乌兹别克斯坦禁止外资取得农业耕地、林地所有权以及承包经营权。吉尔吉斯斯坦规定外国投资者可取得土地使用权，但不允许获得农业用地所有权。塔吉克斯坦规定外资企业依法可在一定期限内（最长 50 年）使用土地。土库曼斯坦规定外国投资者只能租赁土地，且须经总统批准，禁止外资取得农业耕地所有权和承包经营权。中亚五国劳动力资源丰富，对外籍劳工需求有限且规定严格。针对外来劳工配额数量，哈萨克斯坦法律作出了具体规定，同时也从学历水平、专业能力、工龄等方面设置了高要求，由此导致签证的获取非常困难。综合考量本国公民就业、经济发展等因素，乌兹别克斯坦规定外资企业中本国劳动者与外籍劳动者的比例为 7∶1。吉尔吉斯斯坦本国居民就业存在困难，并不欢迎外籍劳动者进入，甚至出台了一些限制外国劳务的措施。塔吉克斯坦规定外籍劳动者需取得工作许可证和签证双证才可从事有偿劳动。土库曼斯坦规定外籍公民和本国公民在企业就业比例不得高于 1∶9，外籍劳务岗位主要是技术类工种。

7. 通关程序复杂

中国与中亚五国的生产资料和农产品贸易或运输主要经过陆上口岸，现在在检验方面存在技术壁垒、通关便利度低、耗时长等问题，降低了产品竞争力。中国与中亚五国技术标准相互认可度很低。[1] 通关时，中亚地区要求的检验单证多且重复率高。除此之外，中国与中亚五国海关之间的合作机制没有达到国际贸易标准要求，不能为双方的贸易争端问题提供相适应的解决途径。

8. 法律政策环境不稳定

中亚五国法律政策不稳定，法制环境不容乐观。中亚五国正进行经济改革，法律不够完善，并且政府在执法过程中有极大的随意性。哈萨克斯坦总体法治水平不高，法律稳定性较差。乌兹别克斯坦实行对外开放的经济政策，在经济上重视吸引外资，逐步建立起一套投资和经商的法律体系。然而由于法律制度建设起步较晚，政策法规多变，法制还存在不健全、执行力不足等问题。吉尔吉斯斯坦法律法规及市场管理制度正在不断完善，但吉尔吉斯斯坦的法律及政策的变动性较大且制度不完备，执法随意性较大，整体法律环境有待提高。塔吉克斯坦制定了针对外资的法律，并提供相应的优惠政策。但这些政策经常变动，使得外商投资面临很多不稳定因素。土库曼斯坦处于向市场经济过渡的转型期，法律变化较大，商务运作规则与国际惯例存在一定差距，市场环境比较特殊，存在较大的法律制度风险。

综上所述，从农业投资法律环境分析，哈萨克斯坦、乌兹别克斯坦农业合作潜力较大，可优先考虑合作；其他三国为次要合作对象，合作中要特别注重考察当地农业投资法律环境、基础设施等问题。由于向中亚五国投资时会面临着各种各样的法律风险，因此，建议中国农业海外投资企业在签订农业投资的框架文件之前必须与中亚五国海关、税务、工商等部门保持沟通，密切关注五国政策走向。中国农业海外投资企业可提前与政府签订投资备忘录，明确法律法规。如有需要，应向中国领事部门寻求法律援助，以保证自身合法权益。

---

[1] 高子程等编：《"一带一路"沿线六十五个国家中国企业海外投资法律环境分析报告汇编》（上册），北京市律师协会出版社2017年版，第545页。

第四节 典型"一路"国家法律环境及评价

中国是"一路"国家重要的贸易伙伴和投资来源国。随着"一带一路"倡议的提出，中国和"一路"国家农业合作面临重要机遇期。"一路"农业投资法律环境的分析，对于促进区域农业发展和有效利用国内外市场具有重要意义。中国是缅甸最大的投资来源国。在"一带一路"倡议下，缅甸仍将是中国农业投资和贸易对象国。缅甸新政府上台后，出台了一系列法律制度，整体法律体系有待完善，且执法成本高。但缅甸农业发展空间较大，贸易互补性、便利性优势突出，区位优势突出，农业投资法律环境趋好。印度尼西亚的经济状况有所改善，农业发展潜力巨大。中国对印度尼西亚农业贸易投资合作空间较大，但风险也并存。印度尼西亚总体属于大陆法系，但因受伊斯兰教以及荷兰及英国殖民影响，法律体系门类虽比较健全，但相对比较复杂。外国投资者仅被允许设立有限责任公司，注册手续繁多；对投资领域有负面清单；土地私有制，但外国投资者不能拥有土地。

柬埔寨法律受法国大陆法系、越南法律体系影响，商事法律制定吸收了英美法的特点，但整体法律缺失系统性，缺少必要的部门法；很多法规为原则性规定，导致操作层面弹性很大。柬埔寨政府基本给予内外资同等待遇，所有投资者在法律面前一律平等；国有化政策不得损害投资者财产；柬埔寨政府不对已获批项目的产品或服务价格进行管制；不实行外汇管制。基于投资环境综合考虑，中柬部分产业投资合作空间较大。

一 缅甸农业投资法律环境及评价

2011年以来，缅甸新政府推行对外开放政策，经济迅速发展，为外商投资提供了有利的发展环境，法律法规不断完善。

（一）缅甸农业投资法律环境

缅甸与投资合作相关的主要法律包括《投资法》《外国投资法》《外国投资法实施细则》《缅甸联邦贸易部关于国内外合资企业的规定》等。2016年新修订的这个新法律就叫《投资法》，其大幅提高优惠政策和放宽外国投资限制，努力改善农业投资环境，保障企业投资权益。

1. 投资准入政策

缅甸投资委员会是缅甸的投资主管部门,由相关经济部门领导组成。缅甸投资委依法对国内外投资项目的资信状况、项目核算、推广技术等进行审批并颁发许可证,在投资项目实施中提供适当指导和监督等。根据《投资法》规定,经联邦政府批准,缅甸投资委员会于2017年发布通告,将限制投资行业分为仅能国营、不允许外商经营、外商只能与本地企业合资经营和须通过有关部门批准才可经营四类行业。仅能国营的行业包括自然林管理、按照政府指令从事的安全及国防相关产品制造业等9项。不允许外商投资的行业包括淡水渔业及相关服务、动物产品进出口检验检疫、林产品加工制造等12项。外商只能与本地企业合资经营的行业包括农业种植及销售、食品(牛奶及奶制品除外)加工及销售、渔业市场建设、谷物加工及国内销售、麦芽酒生产及国内销售等22项。须通过相关部门批准的行业包括需通过农业畜牧与灌溉部批准的海洋捕捞、畜牧养殖等18个行业。

2. 外商投资优惠政策

《外国投资法》从法人主体地位、投资者权益保护以及投资优惠政策方面的规定看表现为对外国投资者友好型。关于法人主体地位,规定外国投资者依法设立的外资企业享有缅甸法人的地位。关于投资者权益保护,规定投资者可以自由支配税后利润,并通过银行按汇率汇往国外。关于外商投资优惠政策,规定鼓励外资向除限制或禁止的项目投资。2016年颁布的新《投资法》提供了很多激励和担保措施。此法合并了《外国投资法》(2012年)与《公民投资法》(2013年)两部法律,同时参照国际投资准则和缅甸与他国签订的投资协定对原法律进行了补充修订。新投资法中,将外国投资法优惠政策的适用范围扩展为"投资者",即包括在缅甸投资的缅甸公民、外籍人士、依法注册的企业实体等。

3. 外汇管理制度

缅甸持续推进对外开放,外汇管制虽未完全解除,但外汇进出自由度增加,外资企业可经特定银行把美金汇入缅甸,中国工商银行也可协助企业将投资资本金汇进。目前,外国人携带不超过1万美元或相当价值外币进入缅甸,不必向海关申报。[①]

---

① 张芸、崔计顺、杨光:《缅甸农业发展现状及中缅农业合作战略思考》,《世界农业》2015年第1期。

4. 税收法律制度

新《投资法》规定投资委可依据项目特性，决定是否给予投资项目免税期。新法中将国内的投资发展区划分为发展较好地区、经济发展较平稳的地区、欠发达地区，可分别给予 3 年、5 年、7 年的所得税免税期；若投资项目获得的利润在 1 年内投资在同一或同类项目中，可享受所得税减免政策；外籍人士与缅甸公民征收所得税待遇一致；出口产品可退还其原材料或半成品进口时已缴税额；出口商品不再免除营业税。缅甸与外商投资相关的税收法律共有六部，即《税收法》《外国投资法》《所得税法》《商业税法》《外国税法》《仰光市政发展法》，这六部法律对外资进入缅甸作了相应规定。缅甸纳税实行属地税制。缅甸财政税收结构由 15 种不同的税费构成，分为 4 大类，第一类为"国内生产和公共消费所征税"，主要包含进口产品许可税、商业税和销售流程印花税等；第二类为"所得和所有权所征税"，即所得税；第三类为"关税"；第四类为"国有资产使用税"，主要包含土地税、水税、堤税、森林产品、矿产、橡胶和渔业开采税。以上税收绝大部分由缅甸国家税务局管理。

5. 环境保护法律制度

缅甸环保部门现为资源与环境保护部，其具体职责由缅甸《环境保护法》规定。此外，涉及保护环境的相关政府部门还有农业、畜牧与灌溉部、农业服务局等。环保法律法规主要有《植物检验检疫法》《肥料法》《森林法》和《环境保护法》等。《环境保护法》规定，涉及自然资源开发、工业等领域的投资项目需事前办理许可手续。《森林法》规定，林产品的产量应通过政府批准。目前，农业海外投资企业在缅甸开展项目，应先向环保部门提交环评报告和拆迁移民安置方案，然后再报投资委员会。缅甸对环评的有关内容、环评时间及费用均无明确规定，但一般环评周期较长。2016 年 1 月，当时的缅甸环境保护与林业部颁布了适用于当地项目的新环境影响评估程序规定及排放规定。

6. 劳工法律制度

缅甸现行劳工法律包括《劳动组织法》《劳工赔偿法》《劳工纠纷解决法》《社会保障法》《最低工资法》《就业和劳动技能促进法》等。因本国劳动力水平低，缅甸鼓励外资企业引进专业的技术和管理人才，指导本国劳动者提高技术水平，与此同时，也要求外资企业尽量地雇用本国劳动者。新《投资法》规定，外资企业应优先录用缅甸工人，若需聘请技术人才，运营的前两年录用缅甸工人占比应不低于1/4，第三年和第四年应不低于1/2，随后的两年应不低于3/4。关于劳工待遇，新《投资法》作了如下规定：若投资人要停止经营活动，须依法对劳动者作出相应赔偿；投资人在暂停经营期间，须向劳动者支付薪资；若劳动者因工作原因造成工伤、疾病或死亡等情形，投资人须依法给予赔偿。

7. 投资法律制度

《外国投资法》规定，投资者可根据项目投资的实况选择适当的投资方式，投资者依法组建公司，内外资本的比例由双方商定，既可设立合资企业，也可以设立独资企业。根据《公司法》的规定，公司可以分为股份有限公司、担保有限公司及无限公司三类。外国公司的设立须获得投资和公司指导局的许可，无论其是外商独资、合资、分公司或是代表处的形式。投资和公司指导局的许可通常每5年经投资委员会批准延期一次。①

8. 缅甸土地法律制度

根据缅甸土地法规定，外国投资者可租赁土地用于投资活动，但不能拥有土地。根据《外国投资法》规定，外资企业可向农业部申请租用（期限一般为50年，可协商延长）闲置土地投资种植农作物或开发利用项目。缅甸《外国投资法》对投资者的经营年限进行了限定，经营年限为30—50年。外资投资商在获得投资许可后，前期可获得50年的经营权，还可获得土地或房屋租赁权。期满后可延期2次，每次10年。

9. 双边投资条约

中国和缅甸未签署避免双重征税协定，但已签署的双边投资条约有中缅《投资促进和保护协定》《关于农业合作的协定》《农业合作谅解备忘录》《渔业合作协定》等。2001年，中缅签署的《关于鼓励促进和保护投资协定》，投资协议第9条规定缔约双方因投资纠纷未能协商友好解决的，可通过专设仲裁庭来解决纠纷。在制定仲裁庭程序时，可参照国际投资争端解决中心（ICSID）的仲裁规则。此裁决具有拘束力和终局性。

(二) 缅甸农业投资法律环境评价

缅甸积极参与"一带一路"战略和"孟中印缅经济走廊"规划的深入推广，并通过减免税收等优惠政策吸引外商投资。缅甸对外资进入本国农业领域提供优惠政策，其农业发展的潜力巨大。缅甸通过颁布实施《外

---

① 薛紫臣、谢闻歌：《缅甸国际直接投资环境分析》，《现代国际关系》2015年第6期。

国投资法》和加入《承认及执行外国仲裁决公约》大幅度增强了对外国投资者的优惠力度，不仅批准外资企业享有5年免税期，并保证不会对合法企业和项目实施国有化或搁置，还允许外商在合同期满后用投资币种提取收益。缅甸调整了需成立合资企业才可从事的经济活动清单，放开了农业领域的外资准入，如种子和橡胶。缅甸还允许外资企业长期租赁闲置土地进行农业开发经营，租用年限一般为50年，还可根据项目实施的实际情况协商延长。2014年，中缅两国签署了《中华人民共和国农业部与缅甸联邦共和国农业与灌溉部关于加强农业合作的谅解备忘录》，决定成立中缅农业合作委员会，为两国农业合作构建了国家层面的协调机制。同年，缅甸加入了亚投行，这为中国农业海外投资企业参与缅甸投资带来很大的融资便利。因此，中缅农业投资合作具有很大潜力。

缅甸新政府出台了一系列法律制度，整体法律体系有待完善，且执法成本高。尽管缅甸投资环境有所改善，对外资的吸引力增强，外国对缅投资呈现出良好发展态势，但缅甸改革开放处于起始阶段，经济发展和法律环境比较落后，政策稳定性不足，因此整体投资环境较差。例如，投资批准程序复杂且成本高。缅甸投资委员会权限较大，投资项目是否合法，税收是否可减免，投资是否可扩大，均由该委员会决定。缅甸政府推出的改革政策和优惠措施朝令夕改，政策之间存在交叉管理。[①] 根据《2014年公司特别条例》，缅甸投资与公司局宣布在缅甸注册的公司，无论是否期满，若打算继续经营，均需重新注册。除缅甸投资法外，外资企业在缅甸有些领域投资还需遵守《公司法》，与国企合资要遵守《特殊公司法》。同时也存在政府效率低下等情况。

总体而言，缅甸在东南亚国家中营商环境相对薄弱，主要表现在政府行政效率、政策稳定性和金融体系等方面较为落后。近年来，缅甸也着力通过减少审批手续、加强土地供应和改善信贷融资等方式积极提高对外资的吸引力。

二 印度尼西亚农业投资法律环境及评价

近些年，从营商环境看，印度尼西亚完善了许多中央法规，撤销了更多阻碍发展的地方规章，放松了诸多行业的外资限制，这提升了印度尼西

---

① 马俊：《缅甸最新投资法律对投资者的影响研究》，《商业经济研究》2018年第17期。

亚的竞争力，增强了外商投资的意愿。印度尼西亚政府重视粮食安全问题，通过优惠政策大力吸引外资，为农业科技合作和产业合作带来机遇，尽管营商环境仍需要改善，但印度尼西亚仍然是东南亚地区最具农业投资潜力的国家之一。

(一) 印度尼西亚农业投资法律环境

印度尼西亚与投资合作相关的法律主要包括《投资法》《有关所规定的企业或所规定的地区之投资方面所得税优惠的第1号政府条例》《所得税法》《劳工法》《强制使用印尼盾法》《环境保护法》《根除洗钱法》等。中国与印度尼西亚签署双边投资保护协定也为农业海外投资企业的权益提供了法律保护。

1. 投资准入政策

印度尼西亚与农业投资有关的主管部门是投资协调委员会。印度尼西亚投资协调委员会下属于印尼总统并直接对总统负责。投资协调委员会的职能是协助总统制定投资政策，办理国内外投资批准许可，监督实施投资项目。根据《公司法》第40号令和《投资法》第25号令规定，外国投资者须先成立一个有限责任公司并取得营业执照，才可在印度尼西亚开展业务。除开放清单中对外商投资者禁止开放和有条件开放的行业外，印度尼西亚的诸多行业都对外资公司开放。但几乎每个行业对外资所有权都有一定限制。外国投资者如要并购印度尼西亚企业，须首先获得投资协调委员会的审批。根据《投资法》及相关规定，外商投资总共有3种方式：合资企业、独资企业和外资兼并。外国投资者设立独资公司须属于没有被《禁止类、限制类投资产业目录》禁止或限制外资持股比例的行业。外国投资者可通过公开市场操作，购买上市公司的股票，但受到投资法律对外资开放行业规定的限制。

2. 外国投资优惠政策

1999年，印度尼西亚政府第7号总统令，为吸引投资恢复了免税期政策。此政策是指对印度尼西亚22个特定行业的新设企业免征3—5年的所得税，如纺织、机床及化工等行业。根据印度尼西亚颁布的投资特定企业或地区所得税优惠的第1号政府条例，有限公司和合作社形式的投资享受所得税优惠。2013年，印度尼西亚简化企业获得税收优惠的手续，并降低获得免税期的标准。根据经济特区法律，在经济特区开展业务的公司，可享受税收、土地等方面的优惠政策，如可享受5—10年不等的免税期等。此外，印尼第六期经济措施配套，对经济特区提供优惠政策，主要包括所得税、增值税和奢侈品销售税、海关方面的优惠，劳动力方面的优惠，移民方面的优惠，土地方面的优惠，许可证方面的优惠。

3. 税收法律制度

印度尼西亚是由中央和地方两级课税。现行的主要税种有增值税、个人所得税、公司所得税、土地建筑物税、外国人税和发展税等。印度尼西亚行使税收管辖权的依据是属人原则和属地原则。印度尼西亚《所得税法》规定个人所得税最高税率为30%，分为2%、5%、15%和30%四档，企业所得税率为25%。印度尼西亚中、小、微型业减免50%的所得税。2013年，印度尼西亚税务总署向中小企业推行1%税率，即按销售额的1%征税，以此来减轻企业的税务负担。

4. 劳工法律制度

印度尼西亚《劳工法》向劳动者提供了完善的保护，但因某些规定太偏向于劳动者，大大提高了企业的用工成本。例如，离职金为9个月的薪水；劳动者因反对公司政策而罢工，只要依相关规定进行，公司仍需支付罢工劳动者工资等。为保护本国劳动力，解决就业问题，印度尼西亚仅允许引进外籍专业人员。对于印度尼西亚经济发展需要的外籍专业人员，在保证优先雇用本国专业人员的前提下，允许外籍专业人员依法进入印度尼西亚工作。受聘的外籍专业人员可向有关部门申请办理居留签证和工作许可证。受聘的外籍专业人员若为印度尼西亚公司所聘，则向印度尼西亚政府主管技术部门提出申请；若其为外国合资公司所聘，则应向印度尼西亚投资协调委员会提出申请。

5. 环境保护的制度

印度尼西亚环境国务部主管环保事项，依据印度尼西亚《环境保护法》履行保护环境的义务，制定环保政策，处罚破坏生态环境的行为。印度尼西亚《环境保护法》对环境保护的重大问题作出原则规定，其他环境单项法律法规不得与该法相冲突和抵触。印度尼西亚《生物保护法》和《森林法》是涉及生物保护的主要法律。这两部法律虽结构完善，但具体条款的解释存在模糊，并且许多详细事项并未明确规定，当前法律禁止的破坏生物多样性和森林砍伐行为仍存在。印度尼西亚环境相关法律要求必须对投资项目进行环评，企业也须获得环境国务部颁发的环境许可证，并详细规定了对于那些造成环境破坏的行为的处罚，包括对主要负责人 1—3 年监禁和 10 亿—30 亿印尼盾罚款。

6. 土地法律制度

印度尼西亚土地属私有，但外国投资者在印度尼西亚不能拥有土地。外资企业可拥有 3 种受限权利：允许为多种目的开发土地，如农业、渔业和畜牧业等，使用期最长为 60 年；建筑权，允许在土地上建筑并拥有该建筑物 30 年，并可再延期 20 年使用权；允许为特定目的使用土地，最长为 45 年。

7. 投资管理法律制度

印度尼西亚不允许单一公司在本国持有超过一半的国内市场份额，或是两三家公司共同持有超过 3/4 的国内市场份额。这里所说的市场份额由销售价值而非数量来确定。[①] 法律也禁止任何横向和纵向竞争限制；除小型企业、合作社和国有企业外，违反该法律的企业会受到罚款和对其高管六个月的监禁。近年来，印度尼西亚通过设立机构、颁布法律等措施积极打击腐败和商业贿赂。例如，印度尼西亚颁布了《关于建立根除腐败委员会法》《根除洗钱法》《根除贪污犯罪法》等重要反腐法案。

8. 外汇管制法律制度

印度尼西亚的外汇管制机构为印度尼西亚央行。根据《强制使用印尼盾法》规定，任何在印度尼西亚境内进行的交易都必须使用印尼盾。但与政府预算有关的交易、接受海外赠予、国际贸易交易等交易除外。对于跨境投资、资本注入及本息汇入没有法律限制，不需要取得行政审批。外国投资者可自由收取其投资印度尼西亚的本息及分红。

9. 公司法律制度

根据《投资法》的规定，有限责任公司是外国投资者在印度尼西亚被唯一准许的公司形式。并且，在印度尼西亚建立有境外股本参与的公司须获得印度尼西亚投资协调委员会颁发的许可证。根据不同行业，有境外股本参与的公司的许可证有效期一般为 1—3 年，投资者须在有效期内设立公司。2013 年颁布的印尼投资协调委员会监管条例第 5 号令规定，有限责任公司的总投资至少为 100 亿印尼盾，这包括除不动产外公司一年的营运资金、设备等，并且公司须至少有 30 万美金或 25% 的实收资本。

---

① Made Warka, "Development of Investment Laws in Improving Indonesia CapitalInvestments", 85 *J. L. Pol'y & Globalization* 215 (2019).

10. 双边投资条约

中国与印度尼西亚签署的投资保护协定主要包括：1994年《关于促进和保护投资协定》、2011年《关于扩大和深化双边经济贸易合作的协定》、2015年《关于对所得避免双重征税和防止偷漏税的协定》。其中，《关于促进和保护投资协定》第4条规定了最惠国条款，缔约方投资者进行的投资和产生的收益的待遇以及与投资有关的任何活动的待遇不应低于其给予第三国投资者进行投资和产生的收益的待遇。此外，上述待遇不适用于缔约方因参加共同市场、自由贸易区、国际协定，或因其与第三国缔结的避免双重征税协定等情形而给予第三国投资者的任何特权。第6条规定因公共目的，并给予补偿，缔约方投资者的投资可被采取国有化、征收或类似措施，严格限定了征收的条件和程序。第7条规定，缔约双方应依法就对方投资者的投资准许其在完成纳税义务后，转移资本和用于维持及扩大投资的追加资本款等相关款项，并不得无故迟延，保障了投资者的收益可以自由汇出。此外，协定规定了投资双方因投资产生争议的解决途径，缔约双方的其他义务，协定的适用、生效和终止等。

（二）印度尼西亚农业投资法律环境评价

根据2018年营商环境报告，印度尼西亚营商环境世界排名第七十二，尽管处于中等水平，但营商环境已经改善。印度尼西亚政府将改善商业和投资环境作为中长期改革的重要举措，提振了国内外投资者在印度尼西亚创办企业的信心。[①] 印度尼西亚政府重点关注投资事项，随着改革势头的上升，其投资环境可能会有所改善，外资可能增加。

总的看来，印度尼西亚新政府执政以来推动一系列政治经济改革，尤其是2015年以来持续推行的刺激经济发展的一揽子的政策，包括税收激励，解除管制，扩大投资机会，提高农村投入，为食品消费市场带来了广阔的空间。政府重视粮食安全问题，通过优惠政策大力吸引外资，为农业科技合作和产业合作带来机遇。尽管营商环境仍需要改善，但印度尼西亚仍然是东南亚地区最具农业投资潜力的国家之一。

印度尼西亚的法律体系比较完整，但法律的稳定性不够，很多法律规定不够细致明确，不同法律之间也存在矛盾和冲突。法律监管还存在很多需要完善的地方。例如，2014年10月印度尼西亚和中国签署渔业协议，

---

① 刘娜：《东南亚国家投资环境分析》，《对外经贸》2014年第7期。

允许中国公司以合资方式在印尼海域捕鱼,但 2016 年 8 月颁布新法令严禁外资进入渔业捕捞行业。

印度尼西亚政府机构官僚化严重。虽然修订了《投资法》《公司法》,简化审批服务流程,以吸引外资,但执行效果不理想。印度尼西亚政府制定了一些鼓励投资的政策,但力度不大,实际落实也存在问题。外资企业要调整对优惠政策期望值,印度尼西亚并不会给予外资超国民待遇。

印度尼西亚税费繁多复杂,税务体系多变。印度尼西亚行使税收管辖权的依据是属人和属地原则。印度尼西亚不仅税费种类多,而且有些税种还存在不同的纳税等级。此外,印度尼西亚政府根据需要不断改变税收优惠,企业很难准确且及时把握。因印度尼西亚税收依赖抵扣税种的现象比较严重,政府征收税务时也面临着极大困难。

因此,在印度尼西亚开展投资、贸易和劳务合作的过程中,需要委托中国律师牵头的国际法律服务团队,注意事前调查、分析相关投资风险,切实做好法律论证,事中做好风险规避工作,保障自身利益。

三 柬埔寨农业投资法律环境及评价

目前,柬埔寨政府致力于不断改善本国投资环境,先后出台鼓励外商投资的政策法规,给外资与国内企业同等的待遇。为吸引更多外资促进本国农业发展,柬埔寨政府对达到一定规模的农业开发项目给支持和优惠待遇。但柬埔寨法律受法国大陆法系、越南法律体系影响,商事法律制定吸收了英美法的特点,整体法律缺失系统性,缺少必要的部门法;很多法规为原则性规定,导致操作层面弹性很大。

(一)柬埔寨农业投资法律环境

柬埔寨没有出台专门的外商投资法,其外资政策主要体现在《投资法》及其三次修正案、修正法实施细则中,基本给予外资与内资相等待遇。税收方面,柬埔寨采取全国统一税的属地税制。

1. 投资准入政策

柬埔寨发展理事会是柬埔寨投资主管部门,负责为王国政府重建、发展及投资项目的审议和决策提供参谋,并为投资商提供一站式服务。根据柬埔寨《投资法》规定,鼓励投资的重点领域主要包括创新和高科技产业、农工业及加工业、基础设施、各省及农村发展等领域。投资的优惠政策主要体现为免征部分甚至是全部关税和税赋。除禁止或限制外国人介入的领域外，外国投资人实施投资项目，需先取得相关营业许可。若是打算享受投资优惠的项目，需获得发展理事会颁发的注册证书后才可实施。获得许可的合格投资项目可以合资企业形式设立。股东国籍或持股比例不受限制，但合资企业拥有或拟用有柬埔寨王国土地或土地权益的除外。[1]

2. 税收法律制度

柬埔寨采取属地税制，全国统一税收。柬埔寨税收制度的法律依据来源于《税法》及其修正案。现行税务体系主要税种有增值税、利润税、土地闲置税、财产转移税、预扣税、专利税、最低税及进出口税等。柬埔寨对投资企业需征收的主要税种是增值税10%、利润税9%、营业税2%。最低税是采用实际税制的纳税人（合格投资项目除外）应缴纳的独立税种，税率为年营业额的1%，包含除增值税外的全部赋税，应于年度利润清算时缴纳。

3. 公司法律制度

外国投资通常设立公司开展业务，也叫设立办事处或者代表处，但其法律责任由总公司承担。商事企业法把公司分作私人有限公司和公众有限公司。柬埔寨法律对有限责任公司的设立规定特别灵活，在公司治理方面的要求较为宽松，最低注册资本1000美元。柬埔寨自然人或公司持有51%以上股份的公司被称为柬埔寨公司，否则属于外资公司。外资公司有经商资格，但不能拥有土地的所有权。

4. 劳工法律制度

柬埔寨《劳工法》规定比较严格，执行中更强调保护劳工权益。该法规反映出柬埔寨政府积极实施技术人才本地化战略，解决其国内劳动力大量过剩问题。柬埔寨严格管控外籍劳动者进入，仅有柬埔寨缺乏的技术或管理人才，才能获得批准在柬埔寨工作。柬埔寨于2002年颁布了有关雇用外国人就业的申请办法，任何企业雇用外籍劳动者均须向劳动与职业培训部申请，并遵守如下规定：企业雇用的外籍劳动者不超过职工总数的10%；雇用外籍劳动者必须申请年度用工指标；雇主须提前取得在柬埔寨工作的就业证；必须有足够的适应企业需要的技能等。

---

[1] Vicheka Lay, "China's Investment in Cambodia", 6 *J. E. Asia & Int'l L.* 591 (2013).

5. 土地法律制度

柬埔寨《土地法》不允许外籍企业拥有土地，但合资企业可拥有土地，其中外方持股比例不得超过49%。《投资法》规定了用于投资活动的土地的所有权和使用权问题。第一，用于投资的土地的所有权必须由柬埔寨籍自然人，或柬埔寨籍自然人或法人直接持有51%以上股份的法人所有；第二，投资人可以特许、长期租赁或短期租赁等方式使用土地。投资人可拥有地上不动产和私人财产。柬埔寨的土地特许分为社会特许、经济特许及适用开发特许三类。土地特许期限不超过99年。社会特许受益人可开垦国有土地谋生。经济特许受益人可利用土地进行工农业开发。使用、开发或开采特许包括港口特许、工业开发特许、渔业特许等，不受2001年《土地法》管辖。[①] 柬埔寨土地租赁分为无限期租赁和固定期限租赁两种。

6. 投资优惠政策

柬埔寨政府给予内外资基本同等的待遇，《投资法》及其《修正法》为外资提供了相对优惠的税收和土地租赁政策，此外，外资同样可享受美欧等28个国家（地区）给予柬埔寨的普惠制待遇。经柬埔寨发展理事会批准的合格投资项目可取得投资优惠。具体优惠措施包括：免征投资生产企业的生产设备、原材料和零配件等的进口关税；企业投资后可享受3—8年的免税期，免税期满后依法交纳利润税；产品出口，免征出口税等。柬埔寨政府为吸引外商投资本国农业，依据《投资法》对某些农业投资项目给予优惠待遇。例如，开发种植1000公顷以上的稻谷、500公顷以上的经济作物、50公顷以上的蔬菜种植项目，项目实施后，若盈利则从第一年盈利算起可免征盈利税的时间，最长为8年，若连续亏损，则免征税。外国投资者分配投资盈利，不论是在柬埔寨国内分配，还是转移到国外，均不征税。

7. 争端解决机制

在柬埔寨，争议解决的方式主要有和解、仲裁和诉讼三种。柬埔寨于1960年加入《纽约公约》，外国仲裁裁决可经柬埔寨上诉法院承认与执行。但是外国仲裁裁决能否，或是多大程度上能获得承认与执行，仍存在

[①] 郭静利、李思经主编：《"一带一路"六国农村土地制度概论》，中国农业科学技术出版社2017年版，第91页。

很大的不确定性。中国和柬埔寨《关于促进和保护投资协定》中有关仲裁的条款规定：双方投资争议六个月内未通过协商解决，任何一方可将争端提交专设仲裁庭。若缔约一方收到另一方要求仲裁的书面通知，缔约双方两个月内应达成合意，推举一名与双方均有外交关系的第三国的国民为第三名仲裁员，并由缔约双方任命为首席仲裁员。

8. 双边投资条约

1996年，中国与柬埔寨签署《关于促进和保护投资协定》。2010年，中国—东盟自贸区全面建成，为中柬经贸合作开辟了宽广的渠道。2016年，中国与柬埔寨签署《避免双重征税协定》。中国与柬埔寨还签订了《关于成立经济贸易合作委员会协定》《关于双边合作的联合声明》《农业合作谅解备忘录》《经济及技术合作协定》等。2009年，中国和柬埔寨依据中国—东盟自贸区协议正式启动降税程序。2010年，中国率先对柬埔寨绝大部分产品实现零关税。2011年，柬埔寨进行降税，随后于2013年和2015年更进一步实施降税安排。2015年，柬埔寨对中国90%以上产品实现零关税。中柬《关于促进和保护投资协定》第4条规定，为公共利益的需要，且满足依法律程序、非歧视性、给予补偿3个条件，柬埔寨才可对在其领土内的中国农业海外投资企业的投资采取征收、国有化或类似措施。第5条规定若发生不可抗力投资者可以获得赔偿。第6条保障了投资者的收益可以任意汇出。第7条规定若缔约一方就其投资者在另一方境内的任何投资作了担保，并向投资者作了支付，缔约一方可对此权利或请求权行使代位权。协定也规定了投资争议的解决途径，缔约双方的其他义务，协定的适用、生效和终止等问题。

(二) 柬埔寨农业投资法律环境评价

柬埔寨政府不断加大农业投入，加强先进农业技术的研发与推广，并谋求通过国际农业合作促进农业发展。柬埔寨通过《投资法》和《经济土地特许权法令》吸引外国投资。将农业、加工业、基础设施建设和人才培养作为优先发展的重点领域，推动行政、金融、司法和军队等改革，提升政府工作效率，不断完善本国投资环境，通过引进外资支持本国农业发展。

目前来看，在柬埔寨进行农业投资的主要优势包括经济活动高度自由化，政府致力于不断改善本国投资环境，先后出台鼓励外商投资的政策法规，给外资与国内企业同等的待遇。为吸引更多外资促进本国农业发展，柬埔寨政府对达到一定规模的农业开发项目给支持和优惠待遇,稻谷种植100公顷以上、经济作物种植500公顷以上、蔬菜种植50公顷以上等均可享受优惠待遇,具体鼓励措施主要体现在税收方面。此外,外国投资者可以把100%的股权投资到柬埔寨,不需要与当地的投资方进行合作。

柬埔寨法律规则较弱,无经济法庭,犯罪和暴力时有发生,缺乏法律、司法对外资的保护。此外,投资开发受到政府监督,同时还会受到非政府组织及舆论的监督。为鼓励对大型种植园和农场的投资,柬埔寨政府还通过了一项"经济土地特许经营权"计划,同意国内外的民间企业最长使用土地99年。但是,在特许经营权的土地上,居民们受到了各种伤害,或者被强制搬离或者被限制进入农地和放牧地。柬埔寨农业部承认在59件被批准的94.31万公顷特许经营土地中,有36件掌握在外国企业和手握政治及经济大权的人手中。[①] 对这一事态甚为担忧的柬埔寨非政府组织要求政府重新审视已经实施的特许经营权,暂停审批新的特许经营权。林业部也提出警告,若政府继续根据经济土地经营权转让土地,森林面积将急剧减少。未来,农业合作经营中的土地获取可能会面临政策改变的风险。总体上,虽然柬埔寨在积极改善营商环境,但其投资软环境仍有待改善。主要体现在政府部门工作效率较低,办事周期较长,工会组织的罢工、示威活动时有发生;市场、经营秩序有待改善,法律对外资的保护力度亟须提高。

综上所述,"一带一路"沿线国家都在积极提高营商环境,与农业有关的政策法规日益完善,农业投资优惠政策多。但是,由于中国和"一带一路"沿线国家政治经济的差异,中国对沿线国家农业投资仍然面临沿线国家法律制度不够完善、法律环境不稳定、司法环境风险大、税收复杂烦冗以及土地和劳工政策要求严格等法律风险。

"一带一路"沿线国家法律及政策的变动性较大且制度不完备、执法随意性较大,使得外商直接投资面临许多不稳定因素。更有些国家法律规则较弱,犯罪和暴力时有发生,缺乏法律、司法对外资的保护。除此之外,"一带一路"沿线国家司法环境不容乐观,法律对外资的保护力度亟须提高。"一带一路"沿线多数国家法院诉讼周期长,投资者在沿线国家

---

① 高子程等编:《"一带一路"沿线六十五个国家中国企业海外投资法律环境分析报告汇编》(上册),北京市律师协会出版社2017年版,第68页。

诉讼会耗费大量的时间和费用。与此同时，沿线国家法律中有许多笼统的规定，法律的可操作性差，法官自由裁量权大，任意解释政策法规。有些国家存在一定的民族保护主义倾向，法官审理案件时可能会歧视外资企业，损害外国投资者的合法利益。税收方面，"一带一路"沿线国家税负整体较重，税制十分复杂，征收税种繁多，而且面临税务体系多变和执行力不足问题。当然，由于各国鼓励农业投资合作，与农业投资相关的税收有优惠政策，可能存在减征和免征的情形。土地和劳工政策方面，"一带一路"沿线国家土地大多为国家所有，对外资企业使用本国土地有较多限制。"一带一路"沿线国家对外籍劳工需求有限且规定严格，获取工作许可和签证困难。这些因素不仅会影响中国企业境外投资安全，而且大大影响了外资企业的盈利能力。因此，"一带一路"沿线国家农业投资法律环境仍有待改善，同时中国农业海外投资企业也应提升企业"走出去"的能力和海外经营水平，力求"一带一路"沿线农业投资迅速发展。

第五章

中国农业海外投资企业的内部性权益法律保障

随着经济科技的飞速发展,世界发展一体化的大趋势已不可逆转,各个国家和地区都将加入到经济全球化的发展之中。2013年秋,习近平总书记提出共建"一带一路"倡议,这也成为中国参与全球开放合作、改善全球经济治理体系、促进全球共同发展繁荣、推动构建人类命运共同体的中国方案。"一带一路"倡议自提出以来,便始终保持着国内外媒体和网民的高度关注度,并在过去几年中,取得了很高的国际影响力。截至2018年年底,中国已经累计同122个国家、29个国际组织签署了170份政府间合作文件,"一带一路"朋友圈遍布亚洲、非洲、欧洲、大洋洲、拉丁美洲。[①] 在"一带一路"经济区开放后,越来越多的中国企业走出了国门、走向了世界,这既是对国家级顶层合作倡议的积极响应,更是企业未来发展的必经之路。中国作为一个农业大国,农业的海外投资发展必将在对外投资中占据更重要的地位,这就要求,我们的农业企业要做好更充分的准备,以备在大量机会出现时,能更好地应对随之而来的风险与挑战,从而把握机会,赢得主动权,获取可观的收益。

第一节 农业海外投资企业内部性权益法律保障的基本内容

企业的内部性权益法律保障制度与企业的外部性风险法律保障制度是

[①] 中国一带一路网:《"一带一路"倡议六年成绩单》,2019年9月9日,"中国一带一路网"(https://www.yidaiyilu.gov.cn/xwzx/gnxw/102792.htm)。

一个企业最基础也是最重要的两个制度,二者的良好结合为企业的持续发展注入源源不断的生命力。企业的内部性权益法律保障制度与外部性风险法律保障制度相辅相成,虽看似界限模糊,但却有明确的分工。内部性权益法律保障体系建设是企业内部治理最关键的环节。

一 内部性权益法律保障的定义及范围

企业的内部性权益法律保障制度是企业内部性的治理防控体系的建设,是企业自己制定"软法"使各项业务活动互相联系、互相制约的措施、方法和规程,保证经营活动的经济性、效率性和效果性而在单位内部采取的自我调整、约束、规划、评价和控制的一系列方法、手段与制度的集合。企业内部性权益法律保障制度建设的主要内容包括"内部环境""风险评估""控制活动""信息与沟通""内部监督"等几个方面,主要通过对这几个要素的调节与把控,寻求企业稳定平衡的持续性发展,保障企业的权利与效益。

与企业的外部性风险法律保障制度相比较,内部性权益法律保障制度的主要目的是维护整个企业内部的有序运行,致力于企业内部的财务、人事、信息、管理制度等内部性事务的处理,更多地涉及管理学、经济学与法学的相结合,是企业的内部治理和内部控制。而企业的外部性风险法律保障制度则是侧重于企业在运营过程中,面对外部可能遭受到的风险或是受到外部的权益侵犯时,企业利用法律的武器来维护自身的合法权益,保护企业的正当利益。企业的内部性权益保障制度和外部性风险法律保障制度将分为两章进行阐述,本章着重介绍企业的内部性权益法律保障制度。

二 企业内部性权益保障与法律保障、风险防范的关系

在法律保障与企业内部性权益保障的关系中,企业的内部性权益保障制度是企业获得法律保障的前提与基础。首先,法律对企业保障的主体是合法成立的企业,企业想要获得法律的保障,必须保证自身的合法性。其次,法律是对企业的最低限度的保障,企业不能因为有法律的存在,就完全依赖法律对企业进行全方位的保护,企业必须自身做好防微杜渐的自我保障工作,只有当出现自身无法解决的问题、受到严重侵害时,才拿起法律的武器维护自己的权益,而不是一味地追求从始至终的法律保护。最后,企业的内部性权益保障制度是在法律法规的指引下完成的内部性管理

制度，虽然没有普遍强制效力，但是对于企业来说仍然行之有效，企业的内部性权益保障制度能够充分发挥自治功能，解决法律没有涉及的内容和细节，将一些可能发生的法律风险防患于未然，这样，当发生需要由法律来保障的问题时，既能有效地节约司法资源，又能准确及时地适用法律解决问题。因此，虽然法律保障与企业的内部性权益保障制度之间看似没有直接的关联，但实则有着极强的层次性，企业的内部性权益保障制度是法律保障的先行者。

在中国农业海外投资企业的整个生产经营活动中，企业所面临的风险始终是对企业整体权益的最大威胁。在面对可能发生的风险时，若企业不能有效地避免和防范，降低风险发生时给企业造成的损害，那么企业可能会付出惨痛的代价，此时所造成的伤害，可能并不仅仅是经济效益上的损失，更是对企业内部体系的冲击。例如，一个企业在生产经营过程中，由于风险防控意识不足，遭受了本可避免的风险打击，造成了巨大的经济损失，企业为了盘活后期的发展，被迫进行企业裁员，改变企业的经营战略和管理制度，让企业的部分员工遭受损失。因此，风险与权益的关系就是因与果的关系，正是因为存在风险，所以才要建立制度，防范风险，保障权益。

三 内部性权益法律保障的重要性

目前，从农业部公布的统计数据来看，中国对外农业投资已覆盖了除南极洲以外的六大洲，主要集中在亚洲、欧洲、澳大利亚等地方，自"一带一路"倡议提出以来，在双边合作方面，中国已经与56个"一带一路"国家签署了双边林业合作协议，并加强了与各国的林业政策对话和务实合作。根据统计数据来看，中国农业对外投资的国家，与"一带一路"经济区参与的国家有着极高的重合度，并随着国家积极推动和鼓励中国农业海外投资企业走出国门，加强国际海外投资，这必使农业国际化合作进一步深化。

作为以海外农业项目为主的对外投资企业，在面对前所未有的发展机遇时，应当如何把握住机会，成为这些企业需要解决的问题。农业项目作为一项极其特殊的产业，本身就具有先天性的难度及风险：其一，农业项目的周期性较长，前期资金投入比例较大，但资金回笼较为缓慢；其二，农业项目需要面对的风险远远大于其他项目，因为农业产业本身对自然气候、环境因素等有着强烈的依赖性，这些最为主要的依赖因素都是不可控制的和难以预测的,任意一项因素的突变都会给农业产业带来毁灭性的打击。农业作为国民经济中的一个重要产业部门,也是最基础的部门,不仅仅关系到经济问题,还涉及一国的民生问题。如果在农业生产项目中,出现了巨大的波动,这将会给生产者、投资者和当地政府带来难以解决的社会问题和严重的负面影响。因此,作为准备实施海外农业投资项目的企业,必须在项目实施之前做好风险防控的准备,在项目实施过程中做好企业的内部管理与治理,在项目实施结束后做好善后工作以及对企业权益的保障。这一系列的发展与变化是一个相互关联的、具有延续性的过程,企业如何从容地应对这些错综复杂的实际情况?这时,就需要一套合理且健全的内部性管理体系来保障企业的发展与利益。一套完善的内部管理体系能够联系企业内部各相关利益主体(也是控制主体)的正式和非正式关系的制度安排和结构关系网络,其根本目的在于通过这种契约制度安排,达到各相关利益控制主体之间的权力、责任和利益的相互制衡,并通过建立明确的控制机制防范投机行为、提升合作能力、降低风险,从而使得预期目标的实现变得更加可以预测。① 因此,企业的内部性权益保障制度的构建至关重要,直接影响和决定着一个企业的发展前景和命运,所有企业务必给予高度的重视。

四 企业内部性权益法律保障的相关法律法规及规章制度

中国农业海外投资企业进行内部性权益法律保障建设必须在国家法律法规及其政策的指引下进行,在此我们对中国相关的法律法规及规章制度进行简短的整理。《对外贸易法》(2016)——由全国人大常委会于2016年11月7日发布施行,分为总则、对外贸易经营者、货物进出口与技术进出口、国际服务贸易、与对外贸易有关的知识产权保护、对外贸易秩序、对外贸易调查、对外贸易救济、对外贸易促进、法律责任、附则11章共69条,是中国对外贸易经营者进行外贸活动的主要法律依据,对中国对外贸易进行了总体性的规定;《对外劳务合作管理条例》——由国务院于2012年6月4日发布,并于2012年8月1日起施行,分为总则、从事对外劳务合作的企业与劳务人员、与对外劳务合作有关的合同、政府的

---

① 徐虹、林钟高:《信任水平、组织结构与企业内部控制制度设计研究》,《会计研究》2011年第10期。

服务和管理、法律责任、附则6章共53条，其主要内容为保障劳务人员在对外劳务中的合法权益；《境外投资管理办法》——根据《国务院关于投资体制改革的决定》《国务院对确需保留的行政审批项目设定行政许可的决定》及相关法律规定而制定，由商务部于2014年9月6日发布，并于2014年10月6日正式实施，分为总则、备案和核准、规范和服务、法律责任、附则5章共39条，主要规定了企业境外投资核准、备案等程序性问题及企业境外的行为规范等；《企业境外投资管理办法》——由国家发展改革委于2017年12月26日发布，并于2018年3月1日正式施行，分为总则、境外投资指导和服务、境外投资项目核准和备案、境外投资监管、法律责任、附则6章共66条，相对于商务部的《境外投资管理办法》更加细致；《境内机构境外直接投资外汇管理规定》——由国家外汇管理局于2009年7月13日发布，并于2009年8月1日施行，分为总则、境外直接投资外汇登记和资金汇出、境外直接投资前期费用汇出、境外直接投资项下资金汇入及结汇、附则5章共26条；《境外中资企业机构和人员安全管理规定》——由商务部、外交部、国家发展改革委、公安部、国资委、安全监管总局、全国工商联于2010年8月13日共同印发，分为总则、境外安全教育和培训、境外安全风险防范、境外安全突发事件应急处置、高风险国家和地区的管理、安全责任、附则7章共30条；《对外投资合作环境保护指南》——由商务部、环境保护部于2013年2月18日共同发布施行，全文共22条；《对外投资合作境外安全事件应急响应和处置规定》——由商务部、外交部、住房城乡建设部、卫生计生委、国资委、安全监管总局于2013年7月1日发布施行，分为总则、处置责任、应急响应、处置程序、工作要求、附则6章共30条；《对外投资合作境外安全风险预警和信息通报制度》——由商务部于2010年8月26日印发，分为境外安全风险种类、境外安全风险预警、境外安全风险信息通报、境外安全风险预警和信息通报形式、工作要求、保密责任6个部分；《境外经贸合作区服务指南范本》——由商务部于2015年8月4日印发，分为信息咨询服务、运营管理服务、物业管理服务、突发事件应急服务4个部分；《关于加强对外经济合作领域信用体系建设的指导意见》——由国家发展改革委、商务部、外交部等28个部门于2017年10月31日共同印发，一共分为6个部分，旨在规范对外经济合作秩序，营造良好的对外经济合作环境。这些法律法规及规章制度既是国家对企业的规范要求，更是企业进行自我管理、自我保护的法律依据。中国农业海外投资企业要加强有关法律法规及其部门规章的学习研究，遵守相关规定，合理运用规则，在企业内部性权益保障制度的构建中充满法治精神。

第二节 中国农业海外投资企业所面临的内部风险与挑战

目前，制约中国农业海外投资企业走出国门的重要因素之一就是企业的内部风险问题。美国是世界上最发达的现代化农业强国，也是目前世界上最大的农产品出口国，美国的农业海外投资企业有着非常强劲的对外投资实力和成熟的对外投资模式。据资料统计显示，美国农业海外投资企业在进行对外投资活动时，非常注重信息的收集，美国有着强大的信息收集系统，他们的企业掌握着很多领先的信息资源，在投资之前就已经占据了信息优势。而中国农业海外投资企业在目前的对外投资过程中，之所以面临的信息风险是非常巨大的，其主要原因是企业获得信息的渠道狭窄，且很多企业不太重视一手信息的获得，大部分企业存在"跟风"的现象。由于中国农业海外投资企业以民营中小企业居多，企业的绝对实力较弱，且大多数企业都是第一次走向国际化市场，因此在决策、管理、经营等方面与发达国家成熟的农业对外投资企业相比较，存在很大的劣势。中国农业海外投资企业所面临的内部风险与挑战是一个重大的隐患，这些问题并不是通过资金、技术等外部因素可以完全解决的，想要在复杂的国际贸易市场稳健地发展，必须高度重视企业所面临的内部风险。

一 信息风险

随着科学技术的不断进步，互联网的全面覆盖和深入，跨国电子商务在近年突飞猛进，整个世界经济形成了一张无形的网，未来的经济更是走向了电子商务一体化的时代。[①] 现代社会已经成为一个典型的信息社会，信息将成为一个重要的因素，推动生产的发展和经济的增长，信息收集的

[①] 武拉平、于爱芝：《对外农业投资政策法规教程（亚洲和美洲篇）》，中国农业出版社2019年版，第15页。

广泛性、信息来源的准确性、信息传达的迅速性等将对企业的投资、生产产生极大的影响。目前，中国农业对外投资企业在信息技术方面比较落后，在信息来源方面，掌握信息资源不够，获取信息渠道较为狭窄，难以在第一时间获得相关资源的一手信息，在信息传递过程中，又存在沟通方式老化、传达机制不畅通等因素，导致企业的信息滞后、难以快速有效地整合。企业信息技术上的缺失，不仅让企业丧失了很多商业机会，也会给企业造成沟通不畅、效率下降等不良影响，让企业不能在第一时间对可能面临的风险或遭受的问题作出有效的判断并制定解决措施，致使企业蒙受损失。

中国农业海外投资企业在"一带一路"沿线国家所获得的政策信息、投资信息来源主要集中在"中国一带一路网"上，该网站上有大量丰富的政策信息、投资信息提供企业参考。除此之外，中国农业海外投资企业面对"一带一路"沿线国家获取商业信息的机制相对欠缺，主要还是企业自身的信息渠道不畅通所导致的，与农业强国的农业海外投资企业相比处于弱势地位。

二　决策风险

"一带一路"倡议提出以来，"一带一路"经济区的经济发展取得了显著的进步，中国企业对外投资呈现爆发式的增长，导致许多中国农业对外企业为追求利润，盲目跟风，进行对外投资。由于中国农业对外投资企业大多以中小企业为主，在投资决策方面，缺乏专业的投资决策机制和相关方面的人才，导致投资的决策实际上就是公司的主要领导者的个人决定，因此，投资决策的好坏实际上取决于领导者的个人能力。然而，个人的力量是无法与专业团队相抗衡的，中国农业对外投资企业本身对海外农业投资缺乏经验，而且中国农业对外投资企业首先在信息机制上就有所缺失，获得的信息不及时、不完整，而在做决策之前，也很少有企业作出完整科学的可行性研究报告，对于可能发展的项目仅凭市场信息、互联网信息统计平台的数据作为决策的基础，对于可能存在的风险和损失不能合理、完整地预见，盲目相信感知到的巨大利润。在海外很多成功的大型对外投资企业都有专业的信息采集团队、可行性研究团队、投资决策意见专家小组等专业化的团队，经过多轮反复的实地考察、模拟风险、讨论研究才能作出对外投资决策，而中国农业对外投资企业与西方发达国家的大型农业对外投资企业对比起来,在投资决策机制上的缺陷就完全暴露了。这也是为什么中国农业企业在海外投资生产过程中,遇到的困难与风险要比其他国际农业投资企业要多而收益却更少的一个原因。

中国农业海外投资企业针对"一带一路"沿线国家的投资决策正在逐步优化,在前期的投资过程中,因为互相缺乏了解,且部分国家政局不稳定,政治风险较大,政治信用低,双边条约稳定性欠缺,[1]部分投资决策的实际情况可能与主观上存在偏差,随着"一带一路"的快速发展,中国与沿线国家的合作不断加深,国家之间更加了解,战略合作不断深化,将会大大提升中国农业海外投资企业在"一带一路"沿线国家的投资决策的合理性、科学性。

三 管理风险

管理风险是对外投资企业在海外生产经营过程中面对来自企业内部最繁杂、最普遍的一种风险,涉及企业内部的多个方面,主要来自人力资源管理、财务管理和制度设计等多个方面。目前,中国农业对外投资企业在管理方面所体现出来的共同问题就是由于中国农业企业走出国门、走进国际化市场的时间过短,绝大部分企业在国际化商业模式中体现出来的管理经验单一薄弱、缺乏风险管理意识,企业在内部化建设过程中显示出底气不足、杂乱无章的感觉。

第一,人力资源管理的风险。在"一带一路"沿线国家中,很多国家都处于发展中的状态,工业基础较为薄弱,农业产业大多数还是以人力劳动为主,因此人力资源是中国农业对外投资企业中一个重要的因素。中国农业海外投资企业对外投资正处于起步阶段,企业内部对人力资源的管理主要还是借鉴国内的管理经验,在对外投资过程中,因为地域和文化因素的限制,使得国内人力资源管理经验并不能适应于海外劳动人员,加之中国农业企业在国际化专业人才培养上的缺失,在沟通交流上会出现偏差,致使中国农业企业营业成本的增加或直接面临经济损失。人员的管理风险存在着复杂性、多变性的特点,其主要来源于人员规划、人员招聘、员工培训、业绩考核、薪酬管理、人才引入等各个环节。其中,最为突出

---

[1] Glnsburg, Robert, "Political Risk Insurance and Bilateral Investment Treaties: Making the Connection", *Journal of World Investment & Trade*, Vol. 14, 2013.

的就是劳动用工的招聘和国际化专业人才的缺失,在劳动用工方面,中国农业对外投资企业需要大量的劳动人员在海外市场进行农业生产活动,若全部劳动人员从国内输出,将会给企业带来巨大的生产成本,若使用东道国本国劳动力,则会面临文化习俗不同、价值观冲突的风险,在工作方式、工作时间上会发生分歧,且东道国劳动力对于中国农业生产方法的技术不了解,对于农业生产核心技术的传授与保留,对于农业投资企业来说更是需要深思熟虑的问题,不传授相关技术经验可能会导致农业生产质量、产量不达标,传授相关技术经验可能会面临东道国劳动力学习到核心技术经验后,另辟蹊径发展本国企业,对农业投资企业造成冲击。在国际化专业人才缺失方面,中国农业对外投资企业本身没有传统深厚的对外投资底蕴,对于相关专业的综合人才不够重视,目前企业即使有国际化工作人员,相对来说往往也是比较单一化的,只擅长于一个领域,像那种既懂国际法律又懂金融还懂农业生产技术的综合性人才少之又少,绝大多数的对外投资企业没有时间更没有资金去支持培养这种复合型人才,导致中国农业对外投资企业海外市场的高级管理人员大量缺失,一个职位的缺失需要用多个相关人员的组合来弥补,从而影响了企业的效率,增加经营成本。

第二,财务管理的风险。中国农业海外投资企业可能会因为基础投资需求、贸易融资需求、企业投资需求引致金融风险,[①]且中国农业对外投资企业普遍存在资金短缺的现象,因此企业财务的运作与管理直接关系到投资企业的命脉。在财务管理方面,中国对外投资企业主要存在两方面的风险:其一,中国会计制度与"一带一路"沿线国家的会计体制不完全吻合,企业账务等会计相关工作与国内存在差异,如果企业没有精通两国会计知识的人员,则需要在投资国和国内分别聘请会计进行账务处理,然后再合并汇总,由于沟通和体制的问题,容易发生风险。其二,中国农业对外投资企业大多在企业财务管理体制上不完善,对于公司可分配资金没有长期、合理的规划,对于财务申报、资金流向等问题没有严格地把控与有效的监督,没有形成成熟高效的对账机制,往往企业的详细对账只有在年末或项目结束才进行,致使领导层对财务状况了解不够精确,在大量而

---

① 曲丽丽、韩雪:《"一带一路"建设中金融风险识别及监管研究》,《学习与探索》2016年第8期。

庞杂的生产经营活动中极容易出现资金不足、周转不开的局面。此外，企业财务管理制度的不完善也会使得企业在进行贷款、融资等方面活动中受到阻碍，影响企业的效益和发展。

第三，制度设计的风险。企业的制度设计关系着企业的整个全局，也直接决定着企业的运作模式、运作效率和发展方向，对于企业而言，一个良好稳健的制度设计意味着企业的蓬勃发展，但是由于中国农业对外投资企业进入国际市场的时间短，对国际市场的环境不熟悉、制度了解不够透彻，导致中国农业对外投资企业在制度设计中缺乏科学性、高效性和稳定性，使用的管理方法简单落后，使用的管理工具单一无力，从而让企业在制度管理上存在风险。在中国农业企业的内部制度设计中，最大的问题就是大多数企业照搬"外国模式"，盲目引进国外先进企业的管理制度和模式，而不考虑自己的自身情况，只是把相同企业的制度运用到自己的企业中，用相似的模式处理相似的项目，没有做到为自己量身打造一套符合企业实际情况的制度。照搬模式下的企业内部制度设计使得企业不能及时准确发现制度设计带给企业的阻碍和其中的不足，在出现新的突发问题时，由于没有借鉴模式而可能使企业"内忧外患"，无法正确妥善地应对。同理，在照搬模式下，中国农业对外投资企业很难发现企业自身的优势，无法准确定位企业的位置，对企业的发展也很有可能采取跟随发达企业脚步的策略，这样不仅不能引领中国农业对外投资企业走出一条自己的特色化道路，而且还会使企业丧失创新能力。制度设计是企业最基础也是最容易忽视的一个部分，制度设计缺失带来的损失完全不亚于企业在生产经营过程中遭遇的任何风险，因此中国农业对外投资企业应该高度重视。

中国农业海外投资企业在"一带一路"沿线国家进行投资的过程中，企业管理制度暴露出来的主要问题是企业内部的管理体系比较杂乱，管理制度构建不够完善，大部分企业的管理分工是模糊混乱的，没有一套清晰透明的管理流程。此外，在跨国经营的管理中，面对企业内部员工、文化的多元化，管理经验不足。

四 操作风险

操作风险时常发生在企业的对外投资生产经营过程之中，风险的后果主要是破坏企业的资金流动与常规运作，操作风险虽然受部分外力因素的影响，但更主要的还是由内部控制决定。中国农业对外投资企业操作风险的主要类型包括企业本地化风险、合同风险和经营监督风险等。

第一,企业本地化风险。农业作为与民生息息相关的产业,在东道国的发展情况会受到当地政府或者大型国有企业的密切关注,若中国农业对外投资企业在东道国的农业项目发展得很好,给当地民生和经济带来了显著的提升,或中国农业对外投资企业展现出了良好的发展势头和巨大的潜力,则当地政府及其他大型企业会尝试将中国农业对外投资企业本国化,吸收中国农业对外投资企业的资本和技术,从而降低本国利益的流失。在发生这种情况的时候,东道国政府往往会使用政治手段和经济政策来限制中国农业对外投资企业的运营发展,迫使中国农业对外投资企业达成妥协,很多企业因此进退两难、举步维艰。但如果企业拥有良好的操作模式,对企业的核心商业秘密与技术能够很好地隐藏和保留,即使东道国将中国农业对外投资企业本地化后,也不能使原有企业正常经营运作,不仅不能实现中方操作管理时产生的效益,而且还损失了大量的税收费用以及造成就业岗位流失,那么他们是否还愿意将这些优秀的企业本地化呢?

第二,经营监督风险。在跨国农业海外投资生产经营过程中,所涉及的地点、内容往往较为复杂,企业对员工的监督管理不能有效进行,极易造成企业员工职权的滥用和资源的浪费。主要体现在:首先,中国对外农业投资企业在企业员工授权、财务报账审批及其项目资金流动去向追踪等机制方面混乱,各个部门之间只顾自身利益和发展,在项目发展过程中缺少相互的沟通与配合,在遇到问题或需要资金的时候不能与相关同级部门畅通交流,而是跨越式申请,从而使得企业内部存在严重的越权行为,这样既不能达到同级制约监督的效果,还会扰乱企业的管理秩序。其次,企业的项目资金、项目实施等监督不严格,很多企业都没有项目资金使用情况的详细记录,也没有对申请拨款资金的跟踪与复查,在很多项目中,企业的资金并没有完全按计划落实实施,存在挪用资金、滥用资金等情况。企业资金不合理的运用将会给企业的生产经营戴上沉重的枷锁,不能有效地监督控制企业资金的动向会使企业内部腐败滋生、破坏企业的生产经营氛围。

第三,合同风险。[①] 在农业跨国投资贸易中,合同是企业与东道国、企业之间最基本也是最可靠的投资贸易基础,在对外投资贸易中对双方都

---

① 何君等:《跨国农业投资风险管理理论与实务》,中国农业出版社2019年版,第23页。

具有约束和保护的作用。国际大型农业跨国公司会经常采用例如并购等模式进行对外直接投资，合同是不可或缺的一部分。[①] 合同的风险主要来自合同的内容，合同内容的全面性、严谨性和准确性影响着整个生产贸易的发展。此外，中国农业对外投资企业还面临着另外一个问题：由于中国和"一带一路"沿线国家在农业贸易投资方面所签订的条约、协定并不是很充分，因此在中国农业对外投资企业与东道国、他国农业国际贸易企业签订合同时，很可能使用当地的合同条款或者是国际通用的合同条款，合同签订的文字也以当地文字或英文为主，这样中国农业对外投资企业在合同签订上就处于弱势地位，再加上中国农业对外投资企业相关方面的人才储备不足，精通型专业人才较少，在合同发生争议时，在对合同条款的理解、语言文字的解释等方面就会处于不利局面，甚至中国农业对外投资企业可能面对东道国、他国农业国际贸易企业在投资贸易过程中的违约、毁约情况而束手无策，只能蒙受损失。

第三节 中国农业海外投资企业内部性权益法律保障的实施

在经济全球化飞速发展的今天，面对错综复杂的国际贸易环境，对于对外投资企业来说做好企业内部治理是非常重要和关键的，中国有句老话，"千里之堤，毁于蚁穴"，这也适用于现今所有的对外投资企业，在外部强大的发展动力帮助下，企业拥有大量的发展机会和空间，若此时在企业内部出现了漏洞和矛盾，则可能会让企业错失良机，置于落后的位置。因此针对上述中国农业海外投资企业可能面临的风险，根据美国、日本等发达国家的农业对外投资企业发展过程中的制度经验，再结合中国农业海外投资企业的实际情况，我们对中国农业海外投资企业的内部性权益保障制度建设提出以下建议和对策，以增强中国农业对外投资企业在劳动用工及其管理、物资采购、产品销售、资金筹措使用、外汇收入使用以及企业经营发展等方面的抗风险能力。

[①] Philippe Gugler, "UNCTAD World Investment Report 2009: Transnational Corporations 2009 Agricultural Production and Development Geneva", *International Business Review*, Vol. 15, 2010.

一 内部信息安全

现代社会随着电子设备和互联网的飞速发展,已经成为一个典型的信息化社会,大数据和互联网正推动着生产和流通方式的变革,信息将成为经济全球化发展的宝贵资源。在对外投资贸易中,企业交易频繁、状况多发,获利或是亏损往往就在一瞬之间,能够给企业带来帮助的就是准确、及时和可靠的信息支撑,信息也因此决定着企业的发展动态和方向。目前中国农业海外投资企业在信息获取的渠道上相对狭窄,在企业内部的信息机制建设上比较落后,这让中国农业海外投资企业在起跑线上已经处于落后位置,信息的重要性不言而喻,因此需要大力加强企业信息化建设。

(一) 充分利用中国政府制定的各类农业海外投资优惠政策,积极履行法律法规赋予的权利与义务

自"一带一路"倡议提出以来,中国对外贸易开放的大门越开越大,与"一带一路"经济区沿线国合作贸易进一步深化,中国也因此出台了很多优惠政策,鼓励中国农业海外投资企业外对投资。国家也加大了在法律法规方面对农业海外投资企业的照顾与保护。比如,在2013年2月18日商务部、环境保护部印发了《对外投资合作环境保护指南》,其主要目的就是指导中国企业在对外投资合作过程中提高环境保护意识,了解并遵守东道国环境保护政策法规,引导企业积极履行环境保护社会责任,推动对外投资合作可持续发展,实现互利共赢。《对外投资合作环境保护指南》不仅仅是对企业发展的方向提出要求,更是对企业在对外投资过程中的一种保护,让企业在环境保护方面少走弯路。在2015年2月13日,国家外汇管理局发布了关于进一步简化和改进直接投资外汇管理政策的通知,[①] 该通知的主要内容为:(1) 取消境内直接投资项下外汇登记核准和境外直接投资项下外汇登记核准两项行政审批事项;(2) 简化部分直接投资外汇业务办理手续;(3) 银行应提高办理直接投资外汇登记的合规意识;(4) 外汇局应强化对银行的培训指导和事后监管。其主要目的也是进一步深化资本项目外汇管理改革,促进和便利企业跨境投资资金运作,规范直接投资外汇管理业务,提升管理效率,给对外投资企业创造更

---

① 国家外汇管理局:《国家外汇管理局关于进一步简化和改进直接投资外汇管理政策的通知》,2015年2月28日,国家外汇管理局(http://www.safe.gov.cn/safe/2015/0228/5548.html)。

加良好的环境。2019年3月15日第十三届全国人民代表大会第二次会议通过了《外商投资法》，该部法律的实施展现了新时代中国积极的对外开放姿态，也体现了推动新一轮高水平对外开放、营造国际一流营商环境的要求，它在照顾外商投资的同时，也对中国企业的对外投资产生了良好的国际影响。中国在对外农业投资的支持与照顾体现在金融、财税、管理等政策优惠之上，国家更是开通了"中国一带一路网"来引导各国企业特别是中国企业的投资贸易发展，"中国一带一路网"完整地记载了各种多边文件、计划规划、政策法规，并有详细的解读，"一带一路"经济区的发展情况、各国各地区甚至各个地方的实时动态都实时更新，基础数据应有尽有，对中国农业对外投资企业来说是非常好的借鉴与指引。

（二）加强与东道国、有关国际组织以及国内主管部门的沟通与交流

中国农业海外投资企业在融入东道国的过程中，首先应当主动与东道国的主管部门及相关组织、企业建立良好的沟通交流机制，努力将双方的关注点聚焦于如何让投资实现"双赢"。[①] 在国际上，有很多与农业产业相关的组织，比如联合国粮食及农业组织、国际农业研究磋商组织、国际有机农业联盟等，它们致力于国际农业的整体发展、提高农产品质量、改善人类的生活水平和标准，在国际农业产业发展中地位举足轻重，是国际农业行业发展的风向标，因此也掌握着农业发展最前沿的信息，加强与这些组织的联系与沟通，能使中国农业对外投资企业得到大量国际化的一手信息与资料，有利于中国农业对外投资企业在对外农业投资发展中抢占先机。与国内相关主管部门的沟通与交流，有利于中国农业对外投资企业掌握国家对农业对外投资相关政策的一手信息，能及时根据政策的变动来调整企业的内部战略，也能优先享受国家的优惠政策等。此外，中国农业对外投资企业也应当与他国农业海外投资企业建立良好的关系，加深信息交流的程度，很多发达国家的农业海外投资企业有着中国农业对外投资企业不能达到的国际地位，它们的信息资源、信息渠道远远多于中国企业，与这些企业建立良好的伙伴关系，能够使中国企业丰富信息来源渠道，因为很多有效信息往往来自同行甚至竞争者。

（三）完善有效的现代化信息沟通机制

在电子商务迅速发展的信息社会，有效的信息收集、传递在企业发展

---

① David Hallam, *International Investments in Agricultural Production*, Washington D. C.: Woodrow Wilson Center, 2009.

中占据重要的地位，有效的信息沟通成为企业成功的关键，企业的内部信息沟通机制建设对企业来说必不可少，但是中国农业海外投资企业内部沟通存在很多问题，比如信息传递不及时、一个有效的信息要经过两次甚至多次的转送达、信息共享不全面等，企业内部沟通成为表面上的工作，缺乏一套完善的内部信息沟通机制。首先，中国农业海外投资企业可以引进先进的内部信息交流的电子平台，将所有的员工的工作都集中到平台上进行，使用统一的平台能够让生产过程中的信息及时地传递到每一位工作人员手中，可以使需要沟通的员工直接一对一进行沟通，避免信息转述带来的缺失，让信息实现共享。其次，在企业内部建立以兴趣为基础的"非正式组织"，鼓励员工的参加，让企业员工通过平时的兴趣活动增强交流，以达到信息更多的传递。最后，企业应当定期组织召开会议或对员工进行单独的谈话，会议的主要目的以最近的工作任务、新的发现等实时动态信息为主，并鼓励员工在会上积极发言，将传统的会议变成一种畅所欲言的座谈会，与员工的单独谈话也是一种促进交流的方式，能使员工在公共场合不便透露的信息得到传递，也能使员工在信息交流上更加自如和主动。

(四) 建立内控信息披露机制

内控信息披露机制是在企业内部建立一个完整的包含企业所有信息的机制，包括战略目标、商业信息、工作动态、人事调整等，这样可以使企业员工清楚地知道企业的经营状况，让员工对自己在企业内部的工作定位更加明确，有利于提升企业员工的参与性、积极性。企业可以成立一个专门的企业内部信息管理部门，来定期发布企业的最新动态，专门负责信息的传递与沟通，保障企业内部信息良好的流通，虽然可能会导致企业的运营成本有所增加，但"磨刀不误砍柴工"的工作原理是企业应该考虑的。

二 决策保障制度

(一) 强化对外投资决策控制，建立对外投资风险评估机制

企业的对外投资决策是企业发展的指向标，直接决定了企业的发展前途，建立对外投资风险评估机制有助于降低企业的决策风险，优秀的企业通常对企业的投资决策有着严格的规定和制度。目前，中国农业海外投资企业在决策制度的建设上有所欠缺，企业应当制定科学的投资决策制度，以减少和避免企业在投资经营过程中发生的风险，防止损害，增加企业的运营效益。

1. 详细了解东道国的政策体系和法律规定

中国农业对外投资企业在进行海外投资过程中,有很大一部分风险来自东道国内,相对于其他风险来说,东道国的法律、政策相对稳定,带来的风险相对较小,[①] 这些政策和法律是中国农业海外投资企业在东道国投资发展的基础和依靠。在"一带一路"经济区沿线国家中,很多国家已经在农业投资方面与中国达成了更进一步的投资协议,通常都会在"中国一带一路网"上公布显示,这些东道国家为了吸引外资,会制定一些相关的农业投资优惠政策,也会在法律上加大对外资企业的保护。在投资前了解研究东道国的政策体系和法律规定,可以让中国农业海外投资企业对投资环境有大概的认识与定位,对于有政策限制或者不能很好地受到法律保护的投资国家或地区,企业需要慎重考虑或者可以直接否定,因此,了解清楚东道国的政策体系和法律规定对企业来说非常有必要,这将涉及企业在海外的安全保障,尽可能地减少企业受到的损害。

2. 完善法人治理结构,强化投资决策控制

目前,中国对外农业投资贸易中以中小企业为主,这些企业中很多小股东因为时间、精力、成本或是话语权轻等关系,对公司的管理参与很少,且监事会作用有限,甚至形同虚设,严重影响互相监督、制约的体制,企业的决策大权主要掌握在企业的大股东手上。对外投资决策控制就是控制投资行为、投资对象、投资金额以及资产处置,这是对外投资的核心问题,直接关系着企业的发展与运营。完善法人治理结构,是为了让企业所有股东参与到决策中来,以集体的智慧去经营企业的发展,这就要求企业建立符合现代化制度的组织结构,加强董事会的职能及其独立性,尤其要进一步发挥监事会和独立董事的作用,发挥各专业委员会的作用。企业应该制定相关政策鼓励所有股东参加议会,对企业的发展、决策各抒己见、集思广益,对大型企业实在不方便参加决策的股东,也应当制定相关制度来鼓励小股东对决策的监督,从而加强对企业投资决策的控制,达到企业投资决策的科学性。

3. 构建对外投资风险评估机制

中国农业对外投资企业面临的环境复杂多样,企业所投资的国家、地

---

① Yothin Jinjarak, "Foreign direct investment and macroeconomic risk", *Journal of Comparative Economics*, Vol. 35, 2007.

区的经济水平、法律政策各不相同,再加上中国农业对外投资企业海外投资经验不足,因此对外投资需要强化投资项目的可行性研究,建立高效的风险评估机制,从内部减少和规避风险。企业要建立一个成熟而严密的风险评估机制,首先,需要对项目进行可行性研究,在进行可行性研究时,企业应当坚持实事求是原则,了解项目的投资环境、发展趋势、产品优势、销售渠道,预算项目的成本费用以及收益效果,对项目进行一个前期的综合评价和给出预期效果。如果可行性研究报告显示该项目有发展前景和空间,企业再继续进行更深层次的研究,即系统科学地评估该项目的投资风险。在进一步的评估中,企业需要更加深入地了解项目的投资环境,包括东道国的经济发展水平、对外直接投资政策、政局稳定性、投资项目与东道国经济发展目标之间的关系、自然条件和税收政策等方面的资料,加大国际市场调查,了解投资产业的竞争对手,然后对数据资料进行分析、评估。对于投资较大的项目,可以派出考察团进行实地考察,通过现场参观和与当地政府官员、企业家的接触,了解该地区的投资环境,并收集相关信息,列出可能遭受的风险。然后,企业需要根据所收集到的情报和信息,对项目投资进行模拟演练,包括投资实施、产品生产、产品销售、货币兑换、手续办理等一系列可能发生的情况,找出可能未考虑的风险。最后,企业需要将所有的风险汇总,给出面对风险时企业的应对措施,评估企业的应对能力和承受能力,以企业对风险的承受能力来评估项目的风险,这样即使投资失败,也可以将损失降至最低。中国相关部门也会出台一些文件资料为中国农业对外投资企业海外投资的风险提供一些参考,比如中国出口信用保险公司推出的《国家风险分析报告》、商务部编著的《对外投资合作国别(地区)指南》以及"中国一带一路网"上提供的国际合作投资指南等。

4. 组建专家咨询团队,找准企业自身优势

中国农业对外投资企业在投资决策时,以内部人员的意志为主,缺乏外界的建议与参考。借鉴发达国家农业海外投资企业的经验,中国农业对外投资企业在进行对外投资时,可以聘请国际法方面的律师、注册会计师、银行金融专员、了解相关政策的人士以及相关企业的高级管理人员等各方面专业人士,组成专家顾问团队,对可能实施的投资项目让他们进行风险分析评价并提出对应的建议,然后企业应当找准自己的定位,根据自身的优势以及熟悉的领域,结合专家团队的意见,慎重选择投资区域和项

目,这样可以有效地降低企业可能遭受的风险。

5. 建立分散投资机制,降低风险强度

中国农业海外投资企业在进行对外投资过程中,应该坚持以经济效益为核心。分散投资机制的建立目的就是为了降低、分散企业可能遭受的风险,使企业获得更大的利益。分散投资机制主要是通过投资主体、投资区域、投资领域等多方面的多元化合理分配投资资源。在投资主体上,企业可以根据自身情况,采取联合中国其他农业海外投资企业"抱团走出去"的策略,这样不仅可以避免一个企业在国外势单力薄地单打独斗,还能减少企业之间的内部斗争,形成利益共同体,达到优势互补、资源共享,增加投资实力,从而更加从容地面对各种复杂的情况和可能发生的风险,实现企业与企业之间的互利共赢。在投资区域上,中国农业海外投资企业可以根据地理位置选择多区域的投资,"一带一路"经济区跨度广、国家多,对于对外投资经验不足、初次"走出去"的企业,可以先从中国附近的国家进行农业投资,比如东南亚、俄罗斯等,相对于其他国家而言,与中国相邻的国家在国际关系上更加融洽,双边协定、贸易政策更加丰富,相对容易进行沟通,当企业在这些国家投资站稳脚跟拥有经验后,可以再向非洲、拉丁美洲的发展中国家或者是欧洲、美洲的发达国家进行农业投资,由近及远、从简到难的发展模式和理念,也会为企业降低投资风险。在投资领域上,中国农业海外投资企业可以优先选择自己擅长的、具有优势的行业,然后根据实际情况结合发展进行一些其他项目的投资,比如在进行种植业取得成功过后可以进行与之配套的养殖业投资,多行业多方面地发展,另外,对东道国的资源利用也不仅仅局限于自然资源,也可以加强对东道国技术资源的利用,取长补短,让企业更好地发展。

(二) 建立健全的风险预警机制,妥善处理已发生的风险

当企业拥有一套成熟而完备的对外投资风险评估机制后,并不能放松对风险方面的预防与警惕,对外投资风险评估机制是在投资决策时对有可能面对的风险进行分析预测,但并不能保证能预测出企业在实施投资项目中实际所发生的风险。风险预警机制是利用企业在投资生产过程中取得的信息和实际情况,通过一系列指标的计算和模型的构建对企业的投资收益进行监控,使企业能够在生产过程中及时发现异常情况,及时采取措施防范、应对风险,降低企业的损失。另外,风险预警机制不仅应当对企业投资过程中的外部风险进行预警,也应当对企业的内部风险进行预警,以达

到对企业全方位、全过程的保护。当风险发生时，企业应该争取面对，采取积极而适当的补救措施，妥善进行风险处置。

1. 根据企业实际情况，建立与企业相适应的风险预警机制

在企业进行海外投资项目过程中，要密切关注和监督项目的进展情况，随时发现和解决执行中的问题。对投资风险的评估要贯穿投资风险防控全过程，投资风险评估中发现可能造成损失和危机的因素要及时发布风险预警，进而揭示风险的发展趋势并预测可能造成的后果。① 一个完整的风险预警系统应该包括警情指标、寻找警源、分析警兆、准确及时报警、快速排警并收集反馈信息等内容。具体可从以下几方面叙述：一是警情监测。相关渠道主要是各国及区域政府网站、消费者调查、市场反馈等，对信息进行整理。二是风险分析。对获得的警情信息与相应指标进行比对，通过分析找出警兆变化，判定警度及损失程度。三是发布风险信息。依照警情信息及预测警度，做出报警提示。四是风险控制。对分析结果作进一步整理，评定风险等级，采取相应的补救措施，防止潜在风险成为现实。五是已采取补救措施的风险，还要对其进行跟踪监控，以防止条件改变使风险变大，并将结果反馈至风险信息采集子系统。② 中国农业对外投资企业应当根据自身的实际情况建立一套健全的风险预警机制，加强对企业的投资保护。

2. 加强企业内部监督体系，严格控制授权审批程序

当企业耗费大量人力物力建立了一个健全的风险预警机制后，如果没有有效的实施，那么企业的内部控制系统威信将会大大降低，会使企业内部陷入混乱与腐败，所以加强企业内部的监督体系建设，才能更好地发挥企业风险预警机制的作用，保证企业良好的运行。企业内部的监督体系建设，不仅包括企业职工在企业内的工作活动等监督，也包括企业内部人员在海外投资活动中的外部活动监督。在人员方面，主要是员工履行工作任务的情况、对企业制度的遵守以及与工作活动无关的其他方面可能损害企业利益等行为的监督。在制度方面，主要是对企业内部所制定的所有制度的查漏补缺，对制度进行不断改进和升级。在财税方面也应当加强监督，

---

① 新形势下中国对俄罗斯东部地区投资战略及投资风险防范研究课题组：《中国对俄罗斯东部地区投资风险的防控》，《俄罗斯学刊》2017年第3期。

② 张雄辉：《中国企业对外直接投资风险分析及防范措施》，《电子商务》2013年第4期。

会在后面章节详细叙述。另外，企业应当实施明确、严格的授权与审批程序，对企业员工的授权范围应该由领导阶层集体商议，达成一致结论后对每一个员工给出确定的授权范围，并加以公示，对企业的重大决策、重大事项、重要人事任免以及大额度的支付业务等，应当严格按照企业的章程或相关制度规定的程序进行，保证领导阶层集体讨论、集体决策，共同签署，对企业的审批制度应当加强监管，严格按照规定执行，杜绝在审批时跳跃程序，严格控制支付金额，不允许出现缺乏手续或超过额度的审批通过。另外，加强企业员工的自我评价、自我监督机制，定期举行自我评价活动，鼓励企业员工进行互相监督，提倡"对事不对人"的建议与批评。

3. 加强对风险预警机制的有效性评价，实行全员共同建设

企业建立风险预警机制后，应当定期对风险预警机制进行有效性评价，总结企业风险预警机制的优点与不足，鼓励企业所有员工积极参与评价，发挥共同的智慧建设企业的风险预警机制。对及时发现企业风险预警机制漏洞的员工实行嘉奖，鼓励企业员工寻找发现风险预警机制的漏洞，也对针对风险预警机制提出良好改进意见并成功采纳的员工进行嘉奖，激励企业所有员工参与到风险预警机制的建设中来。

4. 利用其他机构防控风险，积极主动参与海外投资保险转移风险

对于企业海外投资中可能遭受的风险，不仅可以从企业自身条件进行控制，也可以通过外界帮助来防止、降低可能发生的风险。在国际投资合作市场中，存在着大量的中介机构，它们是国家、地区与企业之间沟通的桥梁，很多对外投资合作项目都是在中介公司的牵引下完成的，增强中介公司的责任承担，可以保证项目投资的质量，降低企业风险。对项目中把握性不是很高的业务，可以采用分包的形式，找东道国当地的相关企业或机构完成，将部分业务承包给它们，让它们分担相应的风险。另外，中国现在成立了一些与农业对外投资贸易相关的行业协会，甚至东道国也会有一些相关的农业产业行业协会，加入这些行业协会，积极履行会员义务，能够得到行业协会的帮助与支持，减少很多摩擦与风险。积极参与海外投资保险业务，也是对企业风险很好的一种预防方式。目前，中国唯一承办出口信用保险业务的政策性保险公司是中国出口信用保险公司，出口信用保险包括商业风险和政治风险，海外投资保险的承保风险范围包括征收、汇兑限制、战争及政治暴乱、违约四个方面，赔偿比例最高达到95%。虽然海外投资保险中的范围不是很广泛，但是也能对几大主要风险进行预

防,目前中国正在积极发展和探索开展更多的海外投资保险业务。中国农业海外投资企业不光可以参加中国的海外投资保险,还能参加东道国本地的产业项目保险,作为东道国本地的一种产业之一,以国内产业身份购买当地的产业保险,这样可以获得更多的保险种类,也更加简单和方便,用来弥补国内海外投资保险未涉及的地方。

5. 采取风险规避的措施

风险规避表达的意思是在考虑到某项活动存在风险损失的可能性较大时,采取主动放弃或加以改变,以避免与该项活动相关的风险的策略。将风险因素消除在风险发生之前,因而是一种最彻底的控制风险技术,具体可通过修改项目目标、项目范围、项目结构等方式来实行。具体方法有两种:(1)放弃或终止某项活动的实施,即在尚未承担风险的情况下拒绝风险;(2)改变某项活动的性质,即在已承担风险的情况下通过改变工作地点、工艺流程等途径来避免未来生产活动中所承担的风险。中国农业海外投资企业应当慎重采用风险规避措施,因为这是一种特殊的措施,除了消除风险外,也会丧失投资机会。另外,中国农业投资企业可以单方面终止合作协议,以承担违约责任的方式来规避可能发生的更大的风险,将企业的风险损失控制在最低点。

6. 对已经发生的风险采取积极而适当的补救措施,妥善进行风险处置

不管企业有多完善的风险评估机制和风险预警机制,都不可能完全避免风险的发生,若企业在海外投资过程中发生了风险,一定不能惊慌失措、自乱阵脚,应当根据事前的准备积极应对,妥善处置。第一,应该与风险发生涉及的各方以友好的姿态采取积极的谈判,并及时向中国有关部门汇报,从公私两个方面努力加强协商,作出必要的让步,将企业的损失降至最低。第二,博取舆论优势,赢得民众支持,当企业在协商谈判无果后,应当采取积极的公关措施,赢得民众的支持,形成有利于企业的社会舆论,这样可以使得企业在接下来的事情处理中,体现良好的形象和广大的支持度,给对方造成压力,迫使对方谈判让步,降低损失程度。第三,采取积极的法律措施维护自身利益,中国农业海外投资企业在发生风险后,不能达成调解也无法自行解决时,应当勇敢地向当地法院或相对的国际争端解决组织提起诉讼,不能妄自猜测东道国当地法院可能会采取什么态度或方式而放弃在当地进行法律诉讼,也不能因为对国际争端解决组织

的不熟悉而放弃自身权利的保护，应当积极主动地收集证据，聘请拥有相关经验的律师协助进行，以强硬的态度坚持维护自身利益，降低企业的损失。

三　管理体系完善

（一）优化企业管理模式，完善企业内控制度

21世纪以来，中国对外放开投资取得了巨大的进步和成绩，中国企业也逐渐走向世界不断变强，企业的管理模式也不断优化，紧跟世界发展的潮流。但是相对于其他产业来说，中国农业海外投资企业走出国门的时间较短，经验相对缺乏，农业海外投资企业在管理上仍然存在一些缺失。目前，中国农业海外投资企业的内部控制管理制度相对比较陈旧，体系不太健全，缺乏实际管理经验。中国农业海外投资企业想要在农业海外投资市场建立优势，就必须抛除部分传统的管理模式，加强向西方发达国家大型农业对外投资企业内部管理模式的学习，并结合企业的实际情况，建立一套既符合自身特色又适应国际农业市场要求的国际化内部控制模式。

1. 在法律法规的范围内，结合政策行规，重视企业内部"软法"体系建设

所谓的"软法"体系其实就是企业内部性规章制度的汇总，在企业管理和发展的过程中，会颁布许多自治性的规定和办法，这些规定和办法都是为了解决企业某一方面的矛盾或困难，但也往往杂乱无章，具有较强的任意性。企业内部性的管理规定就好比一个国家的法律体系，如果这个体系本身就存在着内部的矛盾与冲突，将会给整个国家造成秩序的混乱与制度的破坏。或许"软法"体系的建设对于微小企业来说，影响不是特别明显，因为这种企业本身就大量充斥"一言堂"的情况，所以决定朝令夕改的波及范围也不会很广。但作为农业跨国企业来说，即使是中小企业，所面临的情况也更加复杂，而且企业终将不断扩大，"软法"体系的建设能给企业创造出优秀的文化底蕴，而大型企业更是如此。在企业内部"软法"体系的建设中，首先，企业制定"软法"的依据应当是中国现行有效的法律法规，应当在法律法规的授权范围之内进行。其次，企业可以依托中国给予农业海外投资企业的优惠政策、行业协会提供的便利条件，制定鼓励企业和员工发展的制度，此时企业也可以充分地发挥自治的权利，对管理制度创新创优，增强企业的创造力与活力。再次，企业内部应

当明确内部"软法"的效力层级,当存在"软法"冲突时,可以很清楚明了地适用更高效力的"软法"。最后,企业应当对已经制定的所有"软法"汇总,按照效力等级和内容进行汇编,将有重叠冲突的部分及时修改或删除,并在后期的发展中,根据实际情况及时地修订。

2. 建立内部控制制度评价体系,明确内部控制的评价责任主体

目前中国内部控制评价实务中,管理层建立健全有效的内部控制,一般是参照财政部发布的《内部会计控制规范——基本规范(试行)》进行的,内容主要是以单位的内部会计控制为主,同时兼顾与会计有关的控制,注册会计师内部控制审核业务则是根据中国注册会计师协会发布的《内部控制审核指导意见》进行的。由于缺乏一套完整的内部控制体系,造成内部控制有效性评价流于形式,没有和财务报告审计中的内部控制评价明显区分开来。而在内部控制制度评价的强制性方面,仅有2001年10月证监会发布的《关于做好证券公司内部控制评审工作的通知》中对内部控制评审提出了明确的规定,即要求证券公司根据"证券公司内部控制指引"的要求聘请有证券执业资格的会计师事务所对公司内部控制进行评审,会计师事务所应当向证券公司提交内部控制评审报告。而在其他规范中,没有对管理层进行财务报告内部控制有效性评价提出强制性规定。[1]由此可以看出,中国企业的内部控制制度评价体系存在较大的漏洞和缺陷,反观美国在企业内部控制制度方面的发展是比较先进的,它们的一些方法和经验值得中国农业海外投资企业学习和借鉴。美国对于上市公司的内部控制评价制度作出要求的主要是由《萨班斯法案》、美国证券交易委员会(SEC)制定的《最终规则》和美国上市公司会计监管委员会(PCAOB)发布的《与财务报表审计相关的财务会计报告内部控制审计》这三个规则构成,这些规则加强了对美国上市公司内部控制制度的监督,防止了上市公司的内部舞弊和腐败行为,促进了整个企业界风气的改良,使得大批企业在相对公开透明条件下发展。针对中国企业内部控制制度评价体系的有效性不强的问题,我们可以向美国上市公司的制度学习,即明确内部控制的评价责任主体,中国农业海外投资企业可以在内部控制管理体制建设中,设立专门的小组来领导实施企业内部控制的评价体系建设,对领导小组的成员各自分工,制定具体的任务与责任范围。明确评价责任

---

[1] 宋子雄:《美国企业内部控制制度的发展及对中国的启示》,《亚太经济》2005年第3期。

主体，有利于增强个人责任感和积极性，更好地配置企业资源，形成良好的团队效应，加强对企业内部控制制度的建设，减少企业因内部控制不当引发的经营风险和损失。

3. 加强记录控制，明确内部问责机制

在农业海外实际投资操作中，中国部分农业企业对记录控制的重视程度不够，导致对整个投资的整体性把握不强，经常出现纰漏，影响项目的效率甚至造成损失。企业的记录控制应当包括项目事前、事中和事后三个方面全方位的记录，特别是对企业项目的投资决议、申报审批、资金流动、人员调动、资产处理等有关企业决策、资产以及人事等重大方面，要求每个阶段都有真实完整的客观记录，并对核心机密实施严格的保管。加强记录控制，有利于企业对项目发展的细节把握和后期调整，方便对整个投资活动的回忆与复查。企业可以结合记录控制，明确内部问责机制，对各个环节的主要负责人在存在重大失误的情况下实施连带责任惩罚，并让所有员工都明确地知道自己的责任范围，以此来增强自身危机感和对企业的责任感，减少工作中的玩忽职守、消极怠慢，减少企业的内部推责，提高企业发展效率。

4. 提高环保法律意识，切实履行企业的社会责任

随着全球环境保护意识的不断提高，企业在环境保护方面面对的风险也不断上升，提高企业整体的环境保护意识能够使企业避免一些不必要的麻烦和风险，减少因环境破坏带来的损失，这就要求中国农业海外投资企业必须要主动了解东道国有关环境保护方面的法律法规以及政策，在懂得法律的情况下还要严格遵守法律法规以及政策，避免造成污染环境、不合理地使用自然资源等行为，赢得东道国和当地老百姓的支持与认可。除了从内部有意地提升环保意识外，中国农业海外投资企业还应当端正认识，切实履行企业的社会责任。企业承担社会责任不仅仅是遵守法律法规、保护自然环境、做慈善捐助等，更重要的是企业要做好本职工作，加强企业的内部管理，严肃企业的内部纪律，因为企业最好的履行社会责任就是提供优良的产品和服务保证。在农业海外投资方面，部分企业存在过度开采、不注意资源的持续性利用，过度使用化肥、农药，给土地造成严重的破坏等多方面不遵守当地环保规定的行为，这些行为会严重伤害企业的公信力，破坏企业在当地政府和群众中的印象，招来反感和厌恶，虽然企业可能会获得短暂的利益，但使企业不能长久地发展。提高企业的社会责任感，是希望企业在做好本职工作之余，多参加社会公益活动，使企业努力

融入当地的文化环境之中，增强企业与当地群众的沟通与情感，获得当地政府和群众的认可与支持，从而减少社会责任风险的发生。

(二) 强化企业金融防范意识，完善财务管理机制

资金是企业的生存和发展的命脉，是企业进行一切活动的基础，企业的资金状况体现企业的价值与实力。因为农业产业的投资周期较长，初期成本高，资金回笼较慢，加上海外农业投资企业融资渠道较为狭窄、融资手段单一，所以中国农业海外投资企业普遍存在企业周转困难、资金短缺的难题。对于现金流充裕的企业来说，应该防患于未然，对于存在此方面问题的农业海外投资企业来说，应该加强企业金融风险防范意识，完善企业内部财务管理机制，将企业的资金实行最优化的配置，增强企业的竞争能力。

1. 强化企业金融风险防范意识，借助外部力量抵抗金融风险

中国农业海外投资企业要自上而下地加强金融风险的防范意识，正确认识投资贸易过程中可能发生的金融风险，加强金融风险的宣传力度，特别是提高内部相关人员的风险防范观念。首先，中国农业海外投资企业应该提升自己企业的信用级别，在投资经营活动中遵纪守法、按照规定履行好自己的义务和行使自己的权利，将企业的信用评价提升到高层次水平。其次，在投资贸易活动中，注意对合作领域的企业进行细致的调查分析，寻找出优质的潜在合作对象，并提前预估可能存在的风险。然后企业需要时刻关注国际汇率、国内金融政策、东道国相关政策的变动，建立汇率变化监测和预警机制，提前预估国际形势，尽量避免货币政策变化给企业带来的损失，以此增强企业对金融风险的应变能力。其中，中小企业在对外投资中还要对汇率风险实现合理化规避，常用的方法主要有三种：一种是对跟单信用证、预付货款等国际贸易方面结算方式实现灵活运用；另一种是向银行申请办理国际贸易融资，也就是在出口货物之后，预计汇率可能会上升，企业可以向银行申请办理出口保理、出后押汇以及票据贴现等贸易融资，以加速收汇进而规避汇率风险；再有一种就是向银行申请人民币远期结售汇业务的办理，也就是企业和银行双方实现远期结售汇合约的签订，对未来办理结售汇具体的外币币种、期限、金额以及汇率等进行约定。同时，还可通过外汇期货交易、外汇资产平衡等方式规避汇率风险。[1] 中国农业海外投资企

---

[1] 李祺：《浅析中小企业对外投资中金融风险的防范》，《中小企业管理与科技》2018年第12期。

业应该紧紧跟随中国农业海外投资的政策风向,积极响应和参与国家政策提供的海外农业投资优惠政策,合理利用国内外金融机构推出的金融产品活动,加大与国内外金融机构的合作,扩宽国内外融资渠道,通过对外部条件的适应和利用,来降低企业发生金融风险时所遭受的损失。

2. 完善会计核算内控体系,科学的规划资金使用,优化资金机构

企业应该建立健全的对外投资账簿查询制度,对进行投资的资金设置明确的分类和记载,不论是否有其他机构的记录查询或者代管服务,都要对所有账目详细记载,并妥善保管,以备查询。在企业内部财务人员方面,实行定期轮岗制度,这样可以发现企业在资金上存在的漏洞或其他情况,定期对企业内部财务人员进行考核,对业绩不符合要求的人员调离与企业资金有关联的重要职位。另外,中国农业海外投资企业部分存在缺乏长期战略规划,片面追求短期效益的弊病,因此,企业应当提高营运资金管理意识,制定合理的资金使用规划,根据自身条件对投资经营的各个环节合理分配金额,减少企业在资金上"拆东墙补西墙"的情况,保证企业稳健发展。

3. 加强财务控制,完善财务监督

在企业决定项目投资过后,应当加强对资产投出、管理、处置与监督的控制,包括货币资产、实物资产以及无形资产。企业应当对与之相关的机构、人员进行合理的分类,加强控制的有效性,例如在会计工作中,将会计与出纳分离,各司其职。相对于其他方面,企业在财务监督方面应该更加重视,必须严格遵守企业的申报授权审批制度,加强对手续细节的把控,对大量资金的使用实行特别授权形式,制定更为严格的申报审批程序,杜绝一切越权行为,加强对财务人员的问责机制建设,对因分内工作不严谨、不合规造成的失误进行连带惩罚。企业应该加强对实物的控制,限制其他无关人员对现金、存货等资产的过多接触,定期进行财务清查,盘点实际财产,保证实物与记录的一致性。此外,企业在对财务人员实施更严厉的监督与责任的制度下,也应当提升财务人员的工作待遇,采用更多的奖励机制让他们更加负责、公正地工作,以减小企业在内部财务方面所面临的风险。

四 企业文化建设

(一) 注重劳工权益保护,加强人才培养建设

在企业进行海外投资的过程中,除了需要有强大的资金实力、健全的

管理体系等硬实力外,企业的软实力也不容忽视。企业的最终运作需要靠人的活动来完成,企业的发展与强大是所有员工的集合,增强企业的文化内涵发展,有利于提升企业的自信心,提高企业员工的责任感与归属感,促进企业产品的品质上升。针对中国农业海外投资企业在人才方面的缺失,所有的农业海外投资企业都应该注意并加强人才培养制度的建设,并将此作为一个长期的战略目标来不断完善。企业人才的培养是一个周期很长且情况复杂多变的过程,企业应当提供足够的支持与耐心来造就一批国内农业海外投资的专业性人才,通过人才培养和文化建设来提升中国农业海外投资企业的综合实力,使中国农业海外投资企业在错综复杂、变化莫测的国际农业市场中砥砺前行。

1. 加强对企业员工身心健康的保护,建立劳工权益保护机制

中国农业海外投资企业应当加强对所有员工身心健康的关心与保护,并建立企业劳工权益保护机制来加强企业对人权的保障。企业所有员工应当受到平等的对待,在内部不得存在歧视等不良行为,对机会和岗位应当享有公平的竞争权利,对本职工作的履行可以在法律要求和公司规定的范围内不受干预地自主进行。企业应当充分保证企业员工休息的权利,不得强迫企业员工进行劳动,合理地给予员工事假、病假以及年休假,对企业员工的发展给予长期的规划与安排,完善"五险一金"缴纳制度,解决员工的后顾之忧。注重对劳动者职业健康与安全的保护,对危险的项目和工作加强员工技能培训,提升安全意识,提供预防和保护措施,对不利的影响要积极采取补救措施,对因工受伤或造成其他情况的员工,要对其进行及时的救治和安抚,按照规定保障该员工以及相关家庭成员的基本生活,对其他员工应加强安全意识培训,并定期组织接受心理辅导和身体检查。此外,企业应当关注员工的心声与诉求,建立企业申诉机制,来保障企业员工对工作和生活上的需求与诉求。企业通过更人性化的管理与制度,可以增加企业的凝聚力与亲和力,让企业员工对企业有更强的亲切感与归属感,对企业的工作也更加尽心负责,从而减少因人员引起的风险与损失。

2. 注重内部文化建设,积极推进与东道国文化的整合,努力融入东道国文化之中

在中国农业海外投资过程中,很多矛盾与风险都是因为文化碰撞所导致,文化的冲突已经成为海外投资过程中不可忽视的问题。针对中国农业

企业在"走出去"的过程中与他国文化产生的碰撞,我们认为企业可采取的最佳方式是"尊重当地文化,并积极融入当地文化之中"①,在我们自身的文化与当地的文化中,找到一个平衡点,以此来达到和谐共赢的相处方式。这就要求中国农业企业首先要调查、了解东道国的文化状况,然后要对其文化进行分析研究,找出与中国文化不同之处,并给出企业的应对方案,最后要将企业的调查与研究方案准确及时地传递给企业的每一个员工,避免与当地企业、群众在文化上产生隔阂与冲突。另外,中国农业海外投资企业应当增加一定比例的当地员工,吸收部分东道国当地的优秀人才,比如聘请当地会计、税务人员,来帮助公司处理报税纳税的事务;聘请当地律师来担任法律顾问,来处理在东道国的各种纠纷;聘请当地优秀的管理性人才,来提升企业声望、促进公司运行等。企业通过这些方法让当地人员参与到企业的发展建设中来,可以更好地处理与当地政府、组织、民众的关系,获得他们的认可与信任,从而减少冲突,避免损失。

3. 促进企业内部专项人才培养,构筑国际化人才体系

目前中国农业海外投资企业普遍缺乏在国际投资中的复合型、专业型人才,且因为企业自身的原因,也很难吸引和留下专业性极强的优秀人才。因此,企业可以通过内部培养,造就一批与企业一同成长进步的专业性复合人才。企业可以加强与相关高校的合作,派遣优秀员工赴高校进行相关专业的学习,提升企业员工的专业知识技能,或是直接引进高校相关专业的毕业生,并将这些理论基础扎实的人才派赴到国外学习先进的实践经验或是管理经验,将理论与实践相结合,让企业的内部人才既有知识技能又有实践经验。企业还可以鼓励并支持一方面的专业人才学习另一方面的专业技能,例如企业的法律工作者学习东道国的语言与法律,企业的国际金融分析人员学习国际法律法规制度等,从而形成一批优秀的复合型人才。当这些人才获得企业的支持与企业共同进步时,也需要增强他们对企业的归属感与忠诚度,以此来留住企业自己培养的人才。在企业不断壮大的过程中,应当更加注重对人才的培养与吸收,在有条件的情况下,可以创造丰厚的优惠政策与条件,来吸引国际上的优秀人才,将企业的才人梯队从国内走向国际,从而构建一个国际化的人才体系。

---

① 李锋:《"一带一路"沿线国家的投资风险与应对策略》,《中国流通经济》2016年第2期。

(二) 加强科技创新品牌，提高企业知识产权保护意识

科技是推动企业发展的主要动力，科技的创新能够为企业带来强大的生产动力和创造能力，例如历史上的两次工业革命带来的先进生产力和巨大的发展，就是科技创新带给整个世界的发展与进步。中国农业海外投资企业应当重视对科学技术的研发与创新，加大企业对相关领域科研投资金额的提升，不断研发新的技术和产品，努力增加中国企业的专利数量，利用科技的创新与进步来带动企业的发展。

1. 改革企业创新制度，营造良好的创新环境

目前，中国海外农业投资企业对于自身的科技创新重视程度不够高，其主要原因还是因为中国农业海外投资企业大多以中小企业为主，风险承担能力较弱，企业不愿意将资源花费到科技创新上，这样，中国农业海外投资企业的整体科技创新水平较低，进度较慢。一次成功的科技创新，可能会将企业的发展进程提升几年甚至十年，因此，中国农业企业应当加强科技创新改革的顶层设计与整体谋划，在自己承受的范围内，鼓励创新，大胆尝试。在具体的实施过程中，需要企业的管理层、创新者有敏锐的目光，一是敏锐地发现目光，能找到正确合理的创新方向；二是敏锐的纠错目光，在创新过程中能及时发现差错，及时止损，修正方向。企业营造良好的创新环境，可以调动企业员工的创新热情，也能在整个行业引领良好的创新势头，带动整个行业的科技发展。

2. 以科技创新推动产业结构优化升级，定位企业的优势领域，注重高附加值产业的发展

企业在发展科技创新的工作中，应当积极参与相关领域的科技项目建设，紧跟国家的发展指导方向，努力争取政府科研经费的支持，以加快企业的研究创新进度。企业也可以加强和高校、科研院所以及相关企业的科研合作，分工协作，汇集各自的优势领域与智慧，提升科技创新的质量，实现互利共赢。企业可以根据产业技术的发展状况，及时调整和优化产业结构，并准确寻找出企业的优势领域和项目，对具有优势的领域，进一步加强科研投入，大大提升产品质量，获得国际市场的认同。例如，日本有一家制造业企业，只生产动力车辆所使用的几种螺丝，这家企业一共只有40名员工，但目前世界上绝大部分动力车辆所使用的螺丝都是该企业生产的，其主要原因就是其重视科研的发展，掌握了高质量螺丝生产的核心技术。另外，如果企业在某一领域取得较高的地位和影响力后，可以关注

相关领域高附加值产业的发展，这些领域和产业对于企业来说，能与之优势领域相互依赖或是产生影响，企业可以依托自身优势快速了解和进入，以此丰富企业的发展领域和方向。

3. 加强科技创新中的国际合作，打造世界知名农业品牌

在国际海外农业投资领域，西方很多发达国家的农业企业在生产技术、经营模式上都比中国农业企业更有优势，中国农业海外投资企业想要加快融入国际农业投资市场的脚步，就必须加强与国际农业企业的合作。中国农业企业应当以发展的战略眼光积极参与科技创新的国际合作，寻求企业的长远性发展，并加强对企业的国际宣传，积极提升企业在全球市场的知名度和影响力，让企业的品牌获响彻全球，增长企业价值。

在品牌创新打造过程中，由于知识产权在各个国家的规定不同，中国与"一带一路"沿线国家所参与的知识产权国际保护条约不能完全重合，会使得部分知识产权的保护受到阻碍。此外，某些霸权强国针对中国海外投资企业在知识产权上的问题大做文章，并以此故意引发摩擦，企图遏制中国海外投资企业的发展。因此，中国农业海外投资企业一定要注意在知识产权问题上对自身的保护，紧紧依靠中国知识产权法律体系的保护，严格遵守中国参与的知识产权国际条约，在遇到知识产权问题争端时，首先依靠法律途径解决，面对个别国家的无理取闹、恶意诉讼时要以强硬的姿态应对，充分相信国家的知识产权法律保护体系。

五 相关保障措施

中国农业海外投资企业在对外投资过程中，很多都是初次走出国门，没有国际投资的经历与经验，会遇到各种各样的风险与困难，在复杂的国际环境中它们能够依靠的力量只有国家，国家是这些对外投资企业最坚强和可靠的后盾。中国政府在推动企业对外投资方面发挥了强有力的积极作用。[1] 国家的力量体现在很多方面，除了在贸易过程中的条约、协定或是争端解决等，还包括在中国农业海外投资企业在投资前的建议与指引。充

---

[1] Buckley, Peter J. Clegg, L. Jeremy Cross, Adam R. Xin Liu, Voss, Hinrich, Ping Zheng, "The determinants of Chinese outward foreign direct investment", *Journal of International Business Studies*, Vol. 38, 2007.

分发挥政府对中国农业海外投资企业在对外投资过程中的指引作用,能大大降低企业可能遭受的风险与损失,让企业少走弯路、错路,提高企业的投资成功率,赢得良好的经济效益。企业在投资前的内部性权益保障制度构建过程中,也应当积极响应国家及政府的引导,认真参考国家及政府的指引性文件和政策,积极实现企业与国家共同发展进步的目标。目前,在"一带一路"经济圈的投资过程中,国家正在积极发挥着指引作用,在"中国一带一路网"的主页上,有很多相关信息会及时公布,这是国家的责任担当,也是政府为中国投资者提供的便利与帮助,中国农业海外投资企业需要时刻关注和学习。此外,国家、政府和社会还可以从其他方面加强对中国农业海外投资企业内部性权益保障制度的配合与支持。

(一) 完善农业对外投资法律体系

目前,中国虽然针对企业进行海外投资活动出台了大量的法律法规及章制度,但相对于发达的对外投资国家,中国的对外投资法律体系仍然不够成熟,需要进行不断的探索和完善,加强对中国海外投资企业的指导与保护。

1. 规范整合对外投资法律法规及规章,加强对外投资法律体系建设

中国现阶段对农业海外投资企业的管理与指导主要依靠法规和规章来进行,例如2017年12月26日国家发展和改革委员会发布的《企业境外投资管理办法》、2013年2月18日商务部、环境保护部印发的《对外投资合作环境保护指南》等,对于中国农业企业进行海外投资的管理办法和保护指南等制度由多个部门共同制定,相关的其他规范性文件也依据主管单位的职责不同分别制定,这就导致了在对外投资的管理规定中,会存在少部分的重复交叉或者共同盲区。规范整合这些法规及规章制度,按照效力的大小自上而下进行整合编纂,查漏补缺,使得相关规定一目了然,有利于相关企业的查询与学习,更有利于后期新的法律法规及其政策在制定时发现问题,并且及时作出调整,这样能够为中国对外投资法律体系的建设与完善打下坚实的基础,加快推进中国对外投资法律体系的成熟化。此外,中国农业海外投资法律体系在建设过程中,还要注意国内立法与国际法制的衔接,既要加强保障中国海外投资企业的正当合法权益,又要强调与国际法制相适应,追求内外的协调统一,这样可以帮助中国海外投资企业在国际市场上稳步前行。

2. 更加注重法律对海外投资企业的保护，加快制定和完善《对外投资法》①

现在中国农业海外投资企业在进行对外投资过程中，主要的依据还是政策、规章，没有一部专门的正式法律，这使得中国农业海外投资企业在国际贸易中面对风险防控、内部控制等问题时无法得到法律的保障，在遭遇风险损失时难以进行全面的法律追责。因此，中国的《对外投资法》尽早出台显得尤为重要，《对外投资法》将作为中国对外投资企业进行对外投资的主要法律依据，引领着中国企业对外投资的发展方向，协调贸易中各方主体的角色关系，对中国对外投资法律体系建设发挥至关重要的作用。《对外投资法》将作为中国对外投资法律体系的中心，对中国的海外投资作出全方位的、综合性的规范与指引，国务院及其相关部委需要进行充分的沟通协商，对各自出台的文件依据《对外投资法》进行修缮，改变现在各个部门各自为政的状态，细化相关规定和具体措施，形成一套协调统一的对外投资法律体系。因此，《对外投资法》的出台将会为国内企业在国际市场的快速发展保驾护航，让中国企业更好地"走出去"、更好地融入世界。

（二）充分发挥政策在对外投资中的指引作用

政府支持是农业"走出去"的重要保障。② 政府在市场贸易中可以作为一个服务机构，给中国农业海外投资企业的对外投资提供信息咨询、投资引导、政策支持等帮助活动，为对外投资活动创造一个良好的对外投资氛围，让中国农业投资企业有信心、有底气走出国门，走向世界。

1. 通过合理的外交手段来帮助引导中国农业海外投资企业的内部性权益保障制度的构建

中国作为"一带一路"倡议的发起者，在"一带一路"经济圈中发挥着重要的纽带作用，与"一带一路"沿线的国家保持着良好的友谊关系，在与各个国家的贸易交流过程中，政府作为我们国家的代表，有时可以通过合理的外交方式来维护中国农业海外投资企业的合法权益。在部分问题上，由于企业之间的语言、文化上的差异，会使两国企业产生

---

① 曾文革、孙健：《中国海外农业投资的环境风险与法制对策》，《江西社会科学》2015年第3期。

② 王婷：《日本农业"走出去"经验借鉴》，《国际经济合作》2013年第8期。

沟通上的阻碍，对两国的政策产生不同的理解与认识，从而出现曲折甚至冲突。增强两国政府在外交上的沟通联系，可以从更高的层面和更远的发展目标来对待问题的解决方式，从而避免企业之间产生的直接文化碰撞而形成的相对狭义的发展方式，以追求两国企业在对接上的流畅性，达到理念和目标的高度一致性，这既是政府对中国农业海外投资企业的一种保护，也是政府对中国农业海外投资企业的一种服务和帮助。这样，减少了中国农业海外投资企业在对外投资过程中的困难和弯路，让中国农业海外投资企业在内部方案设计、内部制度构建等问题上有了更加明晰方案，能更有针对性地进行查漏补缺，从而使企业更加良好地运行。

2. 及时出台和调整对外投资相关政策，充分发挥政府对海外投资企业的监督、管理、保护及服务作用

在中国农业海外投资企业制定内部性权益保障制度的过程中，政府作为服务机构，可以对企业进行指导和监督，必要的时候也可以根据社会实际情况进行相应的干预管理。政府的指令与政策等，是企业发展的风向标，是所有企业行动的指南与根据，企业在政府的扶持帮助下能事半功倍，实现高速度、高效率的发展，政府对企业的政策调整，既是对企业的帮助与指引，又是对企业的规范与保护。政府根据国内外社会发展的情况，需要及时调整对外投资的相关政策，从宏观层面上为企业的发展方向和模式作出具有优势的道路指引。对于中国农业海外投资企业的内部性权益保障制度的构造，政府可以对于不合理、不合法的地方进行监督，可以通过规范性文件杜绝不利于发展、损害劳工权益等一些内部制度的建立，并通过开展政府与企业的交流会、问答会等方式，为企业内部性权益保障制度的构建给出建议和意见，帮助企业打造一套适合自身发展的内部性权益保障制度。

3. 利用政府的地位优势，调动各方面资源，为中国农业对外投资企业提供有效的风险防控信息

第一，由政府主导，设立专业的海外投资咨询机构。该机构属中介机构性质，向海外投资企业提供及时、实用的信息，包括投资目标国现实国情、投资环境、投资程序、政策法规、合同形式等基本信息及办理企业注册、工程招投标、专利申请、报关报税、申请劳务许可证手续等业务信息，提供介绍合作伙伴、合作项目等投资促进服务。第二，由政府主导，

建立海外投资风险数据库。该数据库由政府相关主管部门、研究机构、金融机构及有代表性的企业共同参与建设，收集的信息涉及政治、法律、经济、金融、社会、文化等方方面面，旨在帮助企业识别、分析和应对海外投资风险。第三，由中国政府（或地方政府）有关部门出面，协调投资国政府（或地方政府）有关部门，共同建立企业投资合作信息交流制度，定期开展进出口数据、投资合作数据及资源开发等项目招商信息交换，共同建设境外投资项目信息库和投资企业信息库，认证投资企业境外注册、税收、用地、资源权属等信息。①

（三）注重加强发挥相关行业协会和工会的作用

在近年的对外投资贸易发展过程中，相关的行业协会和工会在本领域内逐步承担起更重要的责任，中国越来越多的农业海外投资企业也自发地加入了当地甚至是更大领域范围的行业协会和工会，通过这些平台来实现整个行业内部的有效畅通交流，使得整个行业能以团体的力量获得并进式的发展。因此，行业协会和工会的力量将在今后的对外投资发展过程中，占据更加重要的地位，充分发挥好行业协会和工会的优势和作用，能够有效维护行业的整体利益，使中国农业海外投资企业获得更加优越的营商环境。

1. 行业协会的作用

虽然近几年行业协会在我们国家开始逐渐走向社会的舞台，但是相对于发达的农业大国来说，仍然不够成熟。美国是世界上最发达的现代化农业国家，也是世界最大的农产品出口国。在美国的社会化服务体系当中，各种农业协会对美国的农业发展起到了非常重要的作用。美国的行业协会组织众多，涉及社会、经济、文化等各个方面，涉农行业协会也是应有尽有，这些协会组织形式健全，功能完善，尽管名称上存在差异，但其组织模式、作用和性质类同。② 参考美国成熟的农业行业协会的发展，我们对中国涉农行业协会在帮助中国农业海外投资企业构建内部性权益保障制度方面提出以下一些建议。

首先，为会员提供全方位的优质服务。第一，行业协会可以开展一些

---

① 新形势下中国对俄罗斯东部地区投资战略及投资风险防范研究课题组：《中国对俄罗斯东部地区投资风险的防控》，《俄罗斯学刊》2017年第3期。

② 栗进朝、郜俊红：《行业协会在美国农业中的作用及启示》，《农业科技通讯》2010年第5期。

劳务、技术、管理规范、行业标准的集中培训，通过收集会员们在实际生产贸易中发生的较为普遍的难题和麻烦，通过集中讨论、集中学习的方式，改善该问题对整个行业造成的阻碍。对新的技术可以组织会员集体学习，提高整个行业的业务水平。对国内外优秀的发展模式，在符合会员生产经营的情况下，进行集中推广式的培训学习，在制度上缩小与发达国家农业海外投资企业差距。第二，行业协会可以在全球范围内大力推广中国农业产品。在海外投资贸易过程中，产品的推广是至关重要的，加大对中国农产品的推广，能增强中国农产品的国际市场影响力。部分企业已经非常重视产品广告的投入，但仅仅是企业单独地进行推广，只能单一提升那一个品牌的影响力，影响范围较小，倘若借助行业协会的力量，以地区或者整个行业作为一个品牌进行推广，那么将会在国际市场上激起更大的震荡，通过行业协会增强企业的话语权。第三，行业协会可以加强与海外相关行业协会的联系，为中国农业海外投资企业提供信息服务，帮助中国农业海外投资企业建立产品销路。行业协会与国外相关行业的有效沟通交流，有利于获得更多投资国的内部性信息，有利于帮助中国农业海外投资企业更加了解当地的市场情况，也能在沟通交流过程中，及时对接双方产品的信息，寻求合作的机会，为中国农业企业的产品销售建立一定的基础。

其次，制定统一的行业标准，规范经营行为。行业标准的制定是行业协会的一项重要职能，行业标准能够规范会员的生产行为，提高产品的质量保证，促进整个行业和谐有序的发展。虽然有法律法规及其规章对整个行业进行指引和规范，但是行业标准仍然能起到补充和完善的作用，对于不同地区不同行业的实际情况，行业标准可以制定更加细致和具体的操作规范，让整个行业在内部具有明确的目的性和更强的操作性。

最后，建立行业协会的有效协调机制。农业行业协会一般是由从事农业相关生产或者经营活动的农户和农产品加工企业，在各自自愿的基础上共同组织起来的非营利性民间组织。农业行业协会一个最重要的特点就是它是居于中间的服务机构，并非营利组织，因此，农业行业协会可以作为中间人，在整个行业中发挥有效的沟通协调作用。若有企业与企业之间私下单独的协商进行约定，容易在行业内部形成小集团、小圈子等恶性发展的情况，由行业协会站在中立的立场上对行业内的各种事宜进行协调，更容易达到一种公平统一的模式，能获得企业的信服，并更好地自发遵守。例如，行业在价格方面的协调，在国内协调本行业产品的价格，避免企业之间通过打价格战造成恶性竞争，损害国内整个行业利益，在国外市场上保护本国产品的合理价格，为避免中国农业海外投资企业采用过低价格战略竞争国际市场，从而遭受东道国在反倾销或反补贴上面的制裁和诉讼，行业协会通常采用规定会员的最低限价来对整个行业进行保护，这样不但可以减少在国际贸易中的摩擦，还能更好地维护整个行业的基本经济利益。再如，行业协会可以根据国际市场供求关系变化的需求，在整个行业内部进行良好的统筹安排计划，针对某一国家或地区供求关系的变化，适当给当地国和周边国家的生产计划提出建议，在全球范围内调整会员的长期生产计划，这样，不仅可以避免企业各自为政，对一时的热流产品大规模生产造成供大于求的损失，还能有针对性地生产，减少输入成本和保证产品的销售。

2. 工会的作用

工会原意是指基于共同利益而自发组织的社会团体，这个共同利益团体诸如为同一雇主工作的员工，在某一产业领域的个人。工会组织成立的主要意图，是与雇主谈判工资薪水、工作时限和工作条件等。在新时代下，工会的作用也突破了最开始的范围与限制，变得更加多样，工会已经不再主要是充当组织文娱活动等类似的角色了，而是在为工人谋福利，协调劳动关系，增强企业的凝聚力。[①] 因此，工会的良好组建和运行，对于中国农业海外投资企业内部性权益保障制度的构造有极大的促进和完善作用。

第一，工会是企业与员工之间重要的桥梁和纽带，有利于发展整个企业的团结与建设，增强企业凝聚力。在企业的发展过程中，难免会遇到企业的高层管理人员与普通职工在认识与期待上的差异，这个时候往往会出现较大的争议，妥善处理好企业与员工之间的摩擦与矛盾将直接影响到企业的稳定和发展。工会作为企业职工的代表组织，是职工意志的体现，工会的代表人员往往也是职工中拥有较高威望和文化素质的人，在与企业的谈判过程中，不仅能够避免少部分职工的别有用心，还能在谈判中发挥更好的积极作用，从而最大限度地维护职工的基本利益和权利，争取更多的福利待遇，取得让企业和职工皆大欢喜的双赢

---

① 姚先国、李敏、韩军：《工会在劳动关系中的作用——基于浙江省的实证分析》，《中国劳动关系学院报》2009年第1期。

结局。

第二，工会在企业文化建设中发挥着重要的作用。企业职工在企业的生产劳动过程中，会自发的形成一种精神文化，每个员工之间也会相互影响，这种工作中的文化是每个企业所独有的，最终形成的一种不成文的默契就是企业的文化。对于中国农业海外投资企业来说，注重加强工会对企业文化的引导作用，能够使企业焕发出更强的活力和生命力。工会可以定期组织企业的文化培训活动，对于个人的优秀精神品质进行表扬和嘉奖，树立模范标兵，鼓励全体员工学习，对于消极落后的精神面貌，及时提出批评建议，要求其改正，阻止负面影响在企业的传播。对于先进的文化和工作理念，工会人员要主动带头学习，并积极传播到整个企业职工群体中去。工会还需要关注职工的思想动态发展，定期组织心理咨询和安抚活动，保障职工身心健康的共同发展。通过一系列的文化活动建设，让企业更具活力，更有凝聚力，以保证企业的长远发展和不断进步。

这些外部方面的要素虽然不会直接参与中国农业海外投资企业的内部性权益保障制度的构建，但是它们是中国农业海外投资企业在设计和制定内部性权益保障制度时的重要指引和参考，对中国农业海外投资企业内部性权益保障制度的构建有着深刻的影响，是国家、政府、社会以及企业必须引起注意的不可缺少的重要部分。

另外，中国农业海外投资企业的内部性权益法律保障不仅需要企业自身的重视、国家的支持与引导，也需要努力寻求东道国的帮助与支持。东道国对中国农业海外投资企业内部性权益法律保障制度实施的帮助与支持，可以鼓励企业的信心，也能使企业获得更多便利，在实际操作中更加容易实施。通过这种内外结合的保护模式，方能将企业的内部性权益保障法律制度的优势最大限度地发挥出来。

第六章

中国农业海外投资企业的外部性权益法律保障

第一节 中国农业海外投资企业外部性权益法律保障的内涵及特点

中国国农业海外投资企业外部性法律保障从内容上看包括待遇保障（包括东道国给予中国农业海外投资的待遇以及国内政府给予的待遇保障）、财产性权益保障、环境与社会保障、政策法律透明度保障以及解决争议请求权益保障。相比内部性权益法律保护规则，外部性权益保障规则较为复杂，实施面临着更大的不确定性。由于各投资地区与东道国政治、经济、地域的特殊性及当地农业产业所处的阶段不同，企业外部性权益法律保障程度亦各有不同，实践中也有所差异。

一 外部性权益法律保障的定义与内容

外部性权益法律保障制度是指针对所须要应对的各类不确定风险因素，从风险预防、风险抵御、风险转移、经验总结的角度基于法律工具所制定的一系列规则总和。上述规则又以各类文件为载体而表现出来。外部性权益法律保障制度又与内部性权益法律保障制度相区分，外部性权益法律保障制度是立足于中国投资企业与东道国纠纷风险规避所创设的法律保障制度。从风险防范的流程看中国农业海外投资外部性权益法律保障制度主要包含以下内容。

(一) 风险预防法律保障

风险预防法律保障处于中国农业海外投资外部性风险法律保障的首个环节，是指对中国农业企业海外投资过程中在东道国可能遭遇的风险进行主动识别与干预，具体来看包含投资情报收集机制，即通过多种途径收集风险因素；风险分析机制，即基于投资情报收集机制识别出可能造成投资损失的风险因子；风险干预机制，即对筛选入库的风险因子依据风险的重要程度与类别进行科学归类；风险提示机制，即依东道国政治风险、法律风险等类别做好风险提示，提供给农业海外投企业，供企业在东道国进行投资之前作投资决策参考。

(二) 风险抵御法律保障

风险抵御法律保障是直接应对风险的关键一环，即中国农业海外投资企业通过强化自身抗风险的能力来正面抵御东道国风险。风险抵御法律保障重点关注当投资企业面临农业海外投资外部性风险时，从风险抵御的角度探讨如何主动面对风险，化解风险。结合实践看多是通过国内政策支持或强化企业自身管理来提高风险抵御能力，例如通过投资国政府的融资支持，拓宽投资企业的融资渠道，避免投资企业的资金短缺，进而强化投资国农业海外投资企业的抗风险能力。

(三) 风险转移法律保障

在农业海外投资过程中当投资国企业不具备直面应对风险能力的时候，就需要通过其他途径转移外部性投资风险，即消极应对风险。此时就需要通过法律手段搭建风险合法化转移的通道，设计一系列规则规范风险转移的过程。例如实践中农业海外投资企业往往通过购买海外投资保险的方式来转移农业投资过程中所面临的风险。

(四) 风险反馈法律保障

一系列应对风险的举措，无论是行之有效或是失败的举措都有收集和反思的意义，这使得风险反馈法律保障在外部性权益法律保障制度中的意义凸显。作为辅助保障制度，风险反馈法律保障意在通过设计一套法律规则针对已经发生的一系列风险事件，总结提炼处理风险的思路与经验，进而将相关成果反馈至外部性权益法律保障制度之中，改进完善外部性权益法律保障制度。完善的风险反馈法律保障能帮助农业海外投资企业从表现良好的实践成果中提取经验，进而总结推广，形成螺旋更新机制，逐步完善外部性权益法律保障制度本身。

二 外部性权益法律保障的特点

基于投资国农业海外投资外部权益法律保障的风险处理程序,该保障制度本身在运作中呈现出如下特点:

(一) 完整的体系性

外部性权益保障单靠一个机制无法完全应对,需要通过法律手段搭建从风险的识别、风险的抵御、风险的转移直至风险的事后评价等多角度的一系列规则,通过规则构建搭建起来整体性外部性权益保障机制,各个机制协调配合,高度的统一,缺一不可。

(二) 实施主体的复杂性

外部性权益法律保障不仅仅涉及投资国,更和东道国的具体情况密切相关。外部性权益法律保障的落实与东道国的政治环境、法律环境、社会环境、自然环境息息相关。例如前述的风险转移法律保障往往会涉及东道国在投资过程中如何承担因自己的国家行为导致的责任,此外投资国企业如何向东道国追偿因东道国政府行为造成的损失亦需要依靠两国间的协定搭建框架。如何搭建两国合作的法律框架,也需投资国的政府参加相关国际规则的制定,为本国投资企业在农业海外投资领域发声。因而,外部性权益法律保障从实施角度看既和投资国有密切联系,又受投资东道国的影响,实施主体呈现出复杂性。

(三) 内容复杂性与适用地域独特性

外部性权益涉及的事项错综复杂,既涉及东道国政治军事经济因素,也和东道国的地理风土人情密切相关。"一带一路"沿线国家地域宽广,涉及的投资东道国情形极为复杂。不同国家之间,不同民族之间,外部性风险往往有较大差异,同一套外部性权益保障制度无法在全球范围内通过。外部性权益法律保障呈现出内容上的复杂性与适用地域的独特性。

第二节 中国农业海外投资企业所面临的外部性风险与成因

投资风险,是指可能导致投资损失的不确定因素。外部性投资风险是指对投资收益有不利影响、企业自身经营环节与要素外的各类风险。中国农业海外投资所面临的国际条件极其复杂，其中当下贸易保护主义与资源保护主义重新抬头，中国农业海外投资的东道国地域的多样化，国际政治金融的不稳定性，都为中国农业海外投资埋下了外部性风险因子。外部性风险不属于企业自身经营生产的范畴，其依赖于复杂多变国际经营外部环境，这类风险往往更具不可控性，难以预防，一旦风险诱发，导致的损失也极其严重。

一 外部性风险的种类

基于外部性风险的种类与风险强度，可以将中国农业海外投资企业面临的外部性风险划分为政治风险、经济风险、社会风险和自然风险。

(一) 政治风险

政治风险是指国家和政府范畴内的可能导致投资风险的各类要素，政治风险的外延主要包括东道国战争风险、政策与发法律造成的风险以及国有化风险等。例如国家政权更迭频繁，社会不稳定因素增加都会导致政策的快速变化，引发一系列的政治风险。结合实际情况，"一带一路"沿线经济带范围内中国进行农业海外投资的领域很广，资本流入国各国国情不尽相同，政治环境、社会环境、历史环境都呈现出较大的差异。尽管中国与大多数"一带一路"沿线国家保持了较好的外交关系，有着长时间的稳定经济贸易往来，但由于国家本身基于政权的更替具有较大的波动性，相关国家的产业政策也会随着政府及领导人的更迭而发生较大变化。对于一些周期性较长的重大基础性投资，特别是回报周期较长的农业领域内的投资，政策的不稳定性会严重影响相关项目的建设过程与投资收益。政治风险是客观存在的，且站在投资主体的角度很难避免，政治风险的存在导致投资决策客观依据缺失的风险，是外部性风险中最需要尽力克服与避免的风险。

(二) 经济风险

经济风险是指由于市场上各种不确定性因素的影响，导致农业开发投资项目预测的投资收益与实际收益存在差距的可能性。国际金融市场会周期性波动，农业投资作为产业链投资的初级环节，受金融市场波动风险的因素较大。除此之外，政治风险也会连锁引发经济风险，例如，东道国政府对农业海外投资企业采取较为苛刻的经营政策、采取税负较重的税收政策等，抑或是对本国同类农业企业采取过分的保护政策，都可能造成投资企业资金链的紧张和经营困境。① 中国企业在东道国进行农业投资，投资企业同东道国其他企业共同竞争，在东道国经营运作的过程中，特别是因政府行为造成不公平的经营条件下，就会引发一系列的经济风险，难免会在同其他企业进行商业往来的过程中造成损失。

（三）社会风险

在西方媒体长期的负面报道下，"新殖民主义"的说法大行其道。不少东道国群众无法正确看待中国农业海外投资的双赢行为，认为是中国在运用自己的资本优势压迫东道国劳动力，掠夺东道国廉价的资源。部分东道国国内民众对中国的农业海外投资存在较大误解。特别是结合中国农业海外投资实践，因被投资产业往往是农业生产链中的低附加值的初级产业，这些产业往往处于欠发达地区，信息闭塞，属于人员密集型的产业，东道国的社会层面对外界投资会持有抵触情绪，这种矛盾心态在媒体煽风点火下可能会被激化扩大甚至导致冲突，产生例如罢工、动乱等一系列会给投资者造成经济损失的风险。在过去，非洲由于发展阶段普遍较低，部分地区对工业生产的环保要求不高，这就使得中国企业有较大倾向转移高耗能、高排放产业。但是随着经济的发展以及当地政府、民众对于环保要求的提升，尤其是国际组织如世界银行等设定了更加严格的监管，使得未来在这些领域的投资门槛将会更高。加上媒体的不实报道，投资国与东道国群众的矛盾会被进一步激发，进而导致中国农业海外投资的社会风险。

（四）自然风险

对外投资风险因素考量中的自然风险是不可或缺的关键要素，对于农业海外投资更是如此。从中国对外农业海外投资的目的地看，较多东道国位于亚洲与非洲等欠发达地区，由于农业产业对气候依赖的特性，自然风险在对外海外投资风险考量中占据着重要地位。② 例如，"一带一路"沿线国家出入中东地域的国家，远离大海，水资源极其缺乏，这对农业投资造成了不小影响。此外，突发性的天气因素例如干旱也会对农业产业造成打击。在此，就需要在投资前从自然地理的角度客观、全面

---

① 王是业：《政策性金融机构支持企业"走出去"模式探析——来自欧美国家的经验》，《现代经济探讨》2017 年第 1 期。

② 杨亚平、李腾腾：《东道国营商环境如何影响中国企业对外直接投资选址》，《产经评论》2018 年第 3 期。

地评价东道国的自然资源环境，确定合适的产业模式，将投资的自然风险降低。

（五）争端解决机制风险

当下"一带一路"沿线带国家数量众多且各国国情各不相同，虽有双边或多边争端解决机制，但考虑到各国政治、经济、文化、地理环境各不相同，当下的区域争端解决机制无法满足中国农业海外投资争端解决的现实需求，一旦出现纠纷，无法诉求于双边或多边争端解决机制，而只能以东道国的法律和政策为依据按照东道国的程序来解决纠纷，裁决结果往往不公。中国农业海外投资争议往往产生于投资企业与东道国政府之间，抑或投资企业、东道国政府和东道国企业三方之间。在当下争端解决机制无法发挥其应有功能的背景下，需要构建一套国际通行规则解决农业投资纠纷。纵观"一带一路"沿线国家，当下并没有多边条约构建一个完整的区域争端解决机制，以将"一带一路"沿线国家都能包含在内。结合农业海外投资外部性权益法律保障的特点，复制或者直接通过既有的区域性贸易争端解决机制可行性都十分有限。争端解决机制无法发挥功用的导致了农业海外投资过程中一旦产生风险，投资国企业无法通过有效途径来寻求救济，风险只能自己承担。

二 外部性风险的成因

从风险产生源头的不同，将外部性风险的成因划分为农业资源保护主义思潮、国际投资规则的改变、农业海外投资主体缺乏风险识别能力、国家层面规划缺失、国内政策支持力度不强五个原因。

（一）农业资源保护主义思潮

生态和自然资源的保护议题自 21 世纪起就被各国广泛关注。整体来看主要是基于两个原因：第一个原因是发达国家在资本原始积累阶段经历了长期的农业海外投资扩张，掠夺第三世界的农业资源，造成第三世界国家农业自然资源占有不平衡。被侵略带来的被动地位导致第三世界国家希望重新分配有限的农业资源，重新构建全球农业资源格局。第二个原因是经济全球化加快了国际资本的流动，资本的高速运转使全球农业产业竞争越来越激烈，各国都争先占据农业产业链的优势地位，农业产业竞争也伴随着国际农业政治博弈愈演愈烈。

纵观农业投资历史，发达国家掀起了多轮国家对外农业投资的浪潮。

发达国家的资本主义入侵掠夺第三世界国家的农业资源，造成第三世界国家的农业资源流失，人均占有率远远不足。在发达国家资本主义原始积累阶段，发达国家利用技术优势，占有第三世界国家较为便宜的农业资源，以外养内，不断往本国输送农产品。第三世界国家基于自身人均农业资源占有率不足的现状与发展需求，对农业资源保护问题表达了更鲜明的立场。政府层面也有意识地引导以土地为基础的农业资源保护主义思潮向本国政策渗透。

世界各国普遍认为农业海外投资尤其是土地性质投资，已是彰显各国政治势力的舞台，远非经济层面上的议题。从国民经济与国家发展的角度看，农业是一国产业布局的基础，是与国民生计息息相关的重要产业。人均资源占有的不足必然导致在全球农业竞争愈发激烈的今天农业资源保护主义思潮逐渐抬头。是否适度地支持农业保护主义已经成为一个政治议题，而非经济发展议题。对于民众而言，不支持农业资源保护主义就是新殖民主义。在政治层面的巨大驱动力导致农业资源保护主义在全球范围内加速蔓延。农业资源保护主义的兴起使投资国在东道国的市场准入环节承受着巨大压力，后期投资主体在东道国实际经营环节，也面临着很大的社会风险与政治风险。

（二）国际投资规则的改变

随着美国宣布从2014年之后所有的双边投资协定均在新的"文本框架"上采取"准入前国民待遇+负面清单"的方式制定，中美、中欧双边投资协定未来达成时，"准入前国民待遇+负面清单"的国际贸易投资规则新体系将逐渐取代"准入后国民待遇+正面清单"的传统规则成为新主流，这将对中国农业海外投资植入诱发因素。近年来，中东难民危机、特朗普"振兴美国"等一系列多变的国际经贸政策深刻影响着全球化的进程，模糊了未来国际贸易投资新规则体系的建立。纵观近年来政治舞台的各方势力，就农业海外投资规则的国际磋商来看，发达国家与第三世界国家对立紧张的关系愈演愈烈。

土地投资在对外农业投资中占有重要地位。联合国粮食与农业组织（FAO）牵头制定了《国家粮食安全范围内土地、渔业及森林全书负责任治理自愿准则》，相关部门一致同意各国应该出台措施严格限制征地规模。第三世界国家在多轮谈判中都要求对在20世纪跨国公司征购的土地进行重新分配改革。目前，以美国、欧盟为代表的发达国家和地区仍然是在全球农业竞争中占据优势地位的国际贸易投资新规则的主导方,尤其是美国、加拿大、澳大利亚等同时兼具农业对外输出优势又同时处于产业价值链中主导地位的国家。这些国家拥有极大的资本优势与历史经验积累,控制了全球农业价值链中的高附加值链节。它们是规则的制定者,在国际政治谈判中享有绝对的优势地位,出于本国利益,往往会将国际农业投资规则朝着利于既得利益国家的方向推进,大部分发展中国家尤其是具有小农特征的国家往往没有话语权,只能被动接受既定规则。

(三) 农业海外投资主体缺乏风险识别能力

企业自身经营面临的内部挑战与风险是中国农业海外投资的内部性风险,相关问题已经在上一章节作了详细的阐述,但不可否认,内部性风险与外部性风险在某种程度上相互影响,从外部性风险诱发因素的角度考虑,企业主体缺乏识别风险的能力是导致投资主体因外部性风险而造成损失的一个重要原因。从中国海外企业农业投资现状来看,投资能力不足,应对风险能力差,是当下农业海外投资主体所面临的主要问题。中国农业对外投资企业大多为中小企业,龙头企业和大型集团较少,这类企业普遍融资能力较弱,很难通过国内银行的抵押担保贷款条件,资金不足严重制约了农业企业"走出去"的发展,使农业海外投资主体缺乏风险识别能力。[1]

目前从事海外农业投资的企业国际化经营能力普遍较低弱,难以适应"走出去"的发展需要。除此之外,大部分企业跨国经营管理经验不足,缺乏国际化人才,制约着企业境外农业投资发展。风险识别能力体现在农业投资的各个环节,例如,企业社会责任意识不强,对投资项目产生负面影响,产生风险。大部分企业管理理念落后,企业社会责任还没有成为普遍的价值观。部分企业没有积极融入当地的文化和环境,在履行企业社会责任上存在一定差距,无视农业资源的可持续发展和环境保护,与当地社区缺乏交流,引发当地的争议和不满等。

(四) 国家层面规划缺失

针对"一带一路"倡议背景下沿线国家农业投资,我们目前尚无国

---

[1] 魏彦博:《中国民营农业企业如何"走出去":以新希望集团为例》,《对外经贸实务》2012年第7期。

家层面的专门针对农业投资的整体战略规划。从实践来看，中国目前农业对外直接投资项目主要集中在附加值不高、技术含量低等劳动密集型行业和传统领域，国内尚无统一立法将对外农业投资拔高到国家整体战略的高度。中国对"一带一路"沿线国家的农业投资也并未形成农业投资、贸易等互为一体的全球农产品供应链，没有形成统一协调高效的农产品贸易战略与对外投资管理的体制。当下国家层面规划的缺失确实不能回应"一带一路"倡议背景下服务于新形势下农产品大规模进口，实施农业"走出去"的实际需求。此外，国家层面规划缺失，致使中国目前海外农业投资不能摆脱农业加工的初级阶段的限制以及"一带一路"沿线区域落后国家的地域局限，使中国海外农业投资企业面临较为严重的自然风险与社会风险。

（五）国内政策支持力度不强

国内政策支持力度不强的直接后果是投资主体在农业海外投资的各个环节缺乏风险应对措施，进而诱发各类投资风险。具体来看，目前国内政策支持力度不强主要体现在以下方面。

财政政策支持力度不强。当下政府对于农业海外投资企业主要采取现金补助或政策支持的形式，其中直接采取现金补助的情形很少，且直接补助费用金额较少、补助的适用范围狭窄，无法惠及大部分进行农业海外投资的企业。此外，就算符合申请补偿的条件，相关企业申请补助的流程也十分复杂、形式要求条件苛刻，中小型企业很难申请，这也加大了申请补助的时间成本。

金融政策支持力度不强。[1] 当下中国采取的针对农业海外投资企业的金融支持政策仅有贷款贴息政策，目前尚无专门针对农业企业对外投资的融资支持政策，金融工具发挥降低农业企业海外投资风险的功用还可以进一步挖掘。

保险政策缺失。针对中国农业海外投资保险，中国仍缺乏专门的保险制度，也无清晰的政策去引导合理、健康的保险制度的构建。虽然国内投资保险类别颇多，但针对农业海外投资企业保险的制度仍然缺位。

---

[1] 刘志颐：《农业"走出去"企业融资难、融资贵问题分析》，《世界农业》2019年第12期。

第三节 中国农业海外投资企业外部性权益法律保障的缺失

一 风险防范制度缺失

东道国政治风险防范制度缺失是制度缺位最核心的问题。"一带一路"沿线国家环境差异巨大,中国企业在进行海外农业投资过程中所面临的东道国经济政治风险也复杂多样,其中主要包括区域政治风险、东道国经济风险与投资本地化风险防范制度的缺失。[1]

(一) 区域政治风险防范制度的缺失

"一带一路"沿线国家国情差异巨大,既有发达国家,也有欠发达国家。政治体制与政治环境错综复杂导致中国农业海外投资面临着极大的区域性政治风险,而目前中国尚未有专门的区域政治风险防范制度。近年来全球区域性政治动荡与社会冲突层出不穷,加上农业海外投资需要高度本地化的参与,往往伴随政局动荡、战乱冲突、族群矛盾等一系列不稳定因素进而限制中国农业海外投资的健康开展。

(二) 经济风险防范制度缺失

当前世界整体经济形势整体有所好转,少数发达国家的经济开始复苏,其中以美国为代表。但是欧洲国家的经济长期深陷次贷危机后的泥潭之中,绝大部分第三世界国家仍然处于增长停止的困境之中。农业投资项目落户东道国后经营发展与东道国当地的经济形势息息相关,中国农业在海外的投资目前正面临着经济发展动荡与政府经济下滑的风险,更让人焦虑的是这种风险无法进行事先预料,而且对投资项目的影响非常显著。针对此类风险,目前也尚未有具体的风险应对措施。

(三) 东道国的本地化风险防范制度缺失

农业作为与民生息息相关的产业,中国农业海外投资一般针对农业生产链的初级阶段,此类农业海外投资项目需要较高的本地化要求,往往需要当地人力、物力、技术、人员的支持。融入东道国当地对保障农业海外

---

[1] 王延延:《中国企业海外投资的风险及规避》,《企业改革与管理》2015年第4期。

投资项目的运营收益至关重要。根据"一带一路"沿线国家农业海外投资实践来看，农业投资因其产业链的初级性往往带来劳工与社会文化融入等难题。除此之外由于国外劳工文化差异、当地社区关系与非政府组织抗议等本地化风险造成海外农业投资项目流产的情况也很常见。

（四）资金短缺风险防范制度缺失

民营资本是社会主义市场资本的重要一极，在中国农业海外投资主体中，民营企业占有较大比重。民营企业与国有企业相比，对外投资灵活，能因地制宜，表现出较好的适应性。但与国有企业相比，民营企业亦面对着资金来源不足的现实问题，针对民营企业，民营企业资金自身资金实力有限，又缺乏顺畅的融资渠道，资金短缺风险防范制度缺失。

二 外部性风险的抵御能力不够

中国农业海外投资发展还直接面临缺少政策支持、资金不足等困难，这些困难直接造成了相关投资企业自身抵御外部性风险能力较弱。

（一）农业投资企业自身的产业特点

目前中国针对"一带一路"沿线国家开展的农业海外投资尚且处于初级阶段，由于还没有建立起成熟的产业链，需要的投资回报周期长，资本需求单位大，市场需求在短期中具有显著的刚性，而在海外进行农业投资的效益受到自然条件、技术适应性、国际市场价格波动等客观因素波动影响大，使得农业海外的经营风险较大，大大降低了农业海外投资的资本吸引力。资本市场永远偏好风险更低、收益更高的投资机会，而去海外投资农业可以说是既充满风险又难以在短期内提供可观收益，在融资竞争中并不具有显著优势。

（二）针对农业投资企业的产业扶持政策较难落实

由于缺少农业海外投资的保险制度，加上农业海外投资风险极大，企业自身的融资能力不强，农业企业往往缺少固定资产用于抵押贷款以获取流动资金抵御风险。另外从现行的投资政策角度看，农业企业在开展海外投资时获得资本支持力度相比其他产业小。现有的融资评价规则往往不适用于农业投资项目，进一步导致农业海外投资的资本吸引力匮乏。例如中国每年都要求政策性金融机构给予农业投资机构政策支持，鼓励农业企业走出去，但相关政策并没有落实到位，政策性金融机构执行的是现有资本市场通行的投资考核评估体系，而以此作为标准往往选不出合适的农业投资机会，结果导致每年配套的资金都没有办法落实到实际操作中去。

三 外部性风险事后总结与交流制度不足

中国崛起加入全球市场经济的时间较短，特别是针对农业海外投资领域，中国农业企业融入"一带一路"区域经济的时间也很有限，经验的缺乏与经验总结交流制度的缺失导致在开展海外投资时风险管理意识明显不足。

一方面，尽管随着中国农业企业在不断融入"一带一路"沿线国家经济区域的过程中积累起相当的资本与技术优势，但在和"一带一路"沿线国家开展农业合作项目时仍困难重重，究其原因主要是中国融入国区域经济带的时间短、理念更新不及时、农业投资经验不足。外部性风险事后总结与交流制度的不足导致无法满足更加成熟稳定的农业国际合作发展需求。

另一方面，中国农业企业是在改革开放后基于中国的社会制度与政策优势在经济政治社会环境都相对稳定的环境中成长起来的，缺乏对"一带一路"沿线国家复杂的多层次、多元化的经济政治社会风险的认识与准备，此外风险处理总结与交流制度的不足也使中国海外农业投资企业的经验积累较慢，无法针对复杂多变的国际市场波动与国际经济政治风险进行有效、准确的回应。

第四节 中国农业海外投资企业外部性权益法律保障的完善

一 外部性权益法律保障制度应融入合理的投资理念

(一) 沟通、交流与合作的理念

中国作为"一带一路"倡议的发起国，作为负责任的大国，应该践行"人类命运共同体"的发展理念，我们应格外关注沟通、交流与合作的重要性。"一带一路"倡议加快了区域资本的流动速度，通过充分沟通交流与合作推进农业全球化进程，有助于构建新型农业国际交流与合作格局，也与中国农业海外投资全面可持续发展政策理念相吻合。目前当务之

急是警惕、改变过去盲目的资源与规模单一化发展的投资理念,作为"一带一路"倡议的引导国应该充分关注投资农业所在东道国民众的合理诉求、保护环境与地方融入等问题。构建新型农业国际格局的前提是充分的政治尊重与理解,只有加强理解与互助、信息沟通、技术交流,才能在推进全球命运共同体进程中做到互利共赢。

(二) 共商、共建、共享的理念

农业全球化进程引领时代发展是具有前瞻性和可预见性的,中国企业农业海外投资要尊崇党的十九大报告提出的"推动形成全面开放新格局",以共商、共建、共享的理念共谋发展,要将党的治国理念、国家的发展理念、中国的外交方略转化为农业对外投资的策略方案,并将其融入外部性权益保障制度之中。面对"一带一路"沿线国家文化差异引致的农业海外投资运作难题,克服文化与经济上的沟壑,中国农业海外投资企业更需要构建"共商、共建、共享"的桥梁,贡献中国智慧和中国方案。

二 通过立法统筹联动明确农业对外投资战略思路

目前中国尚无统一的国家部门协调其他部门采取联动措施来处理"一带一路"沿线国家农业对外投资风险保障的相关问题。针对目前的基本国情与投资现状,通过立法构建中国农业海外投资风险的法律保障机制,实现海外投资的重新布局与整合不仅需要各个企业的思路转变,更亟须在国家战略层面通过立法推动机制创新。

(一) 统一中国农业海外投资战略思路

基于上述困境,当务之急应通过立法明确国家海外投资领导小组的主体地位,通过立法赋予国家海外投资领导小组权限、职责。相关部门应该互相配合,推进农业海外投资立法,通过立法将统一的海外投资战略思路拔高到国家宏观层面。中国农业海外投资立法应该包括以下核心内容:"一带一路"沿线国家开发战略和中长期规划;统一的资源共享的方案与渠道;融资渠道,技术共享,信息共享渠道;统一的评估风险的机制与投资风险报告的发布流程;投资目标需要统一,在这过程中需要关注当地经济的发展,加强投资主体自身在管控风险和规避风险方面的能力,在坚持目标统一的条件下,提倡多元化减轻分散风险,此外,还可以寻找合适时机利用潜在机会开展国际合作。

(二) 针对"一带一路"沿线国家进行合理的农业投资布局

"一带一路"沿线国家国情复杂,自然天赋与政治环境差异巨大,在

"一带一路"倡议背景下,要从国家层面作出合理的农业投资布局。例如针对沿线地区有一定农业基础、生产力发展达到一定水平、未来仍有较大开发潜力的欠发达国家,如印度尼西亚、泰国、印尼、菲律宾、乌克兰、吉尔吉斯斯坦等"一带一路"倡议重点国家,要坚持"一带一路"倡议,落实"人类命运共同体"的理念,强化合作与信息互通,强化战略伙伴合作关系,在大力发展农业建设的同时,建立农业贸易、农业投资、农业技术紧密结合的伙伴关系,致力于打造有效的粮食供应后备渠道;面对非洲国家及越南、缅甸、柬埔寨等农业底子更为薄弱的地区,要通过农业援助的方式例如包括资金援助、技术援助的方式带动农业投资,提高"一带一路"沿线地区落后国家、工业化水平不高国家的粮食生产水平和供应能力。

(三) 对外农业投资与国内农业投资紧密结合

政府层面要积极引导中国农业海外投资与国内农业投资战略上的紧密结合。在供给侧改革的驱动下,目前国内居民的消费质量正在快速升级,产业布局面临转型,对外开展农业投资的企业要科学看待目前国内消费市场的变革,将国内市场与国外市场紧密结合起来,统一筹划布局。例如对外农业海外投资企业不应该单单关注低端产业链的投资,可以将国内高端产业链与国外低端产业链布局成统一整体。在国外投资低端农业产品,将低端农业产品与国内深加工结合起来,既能降低产业成本,也能通过高端投资培养自己的品牌优势。两个市场相互结合,相互促进。

三 提升对外农业投资企业的自身抗风险能力

面对中国企业海外农业投资的外部风险时,除考虑外部风险的预测与预防,我们还应该从企业内部关注对外农业投资企业自身抵抗外部风险的能力。本部分讨论如何通过外部性风险法律保障制度构建提升对外投资企业的抗风险能力。

(一) 搭建合理的投资规范制度

通过立法确定制度,由制度规范投资过程,通过稳定合理的制度落实国家政策,通过制度对中国农业海外投资提出明确的目标与要求。"一带一路"沿线国家国情复杂,各类隐藏风险频发。我们要通过搭建制度引导前期投入,帮助企业合理预测风险;加强农业企业进行海外投资时的法律意识与抗风险能力,并进行金融的定向支援,为其提供更全面的各项服务，例如信息服务等。积极扶持一批具有领导作用和较高的竞争力的农业企业作为示范。此外，中央政府也需要加强与"一带一路"沿线国家的政策协调，通过对外的政策协调规范投资制度，正确引导中国农业海外投资。一方面对于东道国进口农产品进口税收优惠作为对价换取中国农业海外投资东道国的行政审批和贸易壁垒的减少，另一方面也要积极与"一带一路"沿线东道国进行贸易谈判，推动将人民币作为中国农业海外投资的结算货币。①

（二）建立优惠金融制度促进投资

海外农业投资风险巨大，因为投资周期长，收益回报慢，投资环境不稳定，中国对外投资的企业往往缺乏资金，资金的缺乏造成了对外农业投资企业自身抵抗外部风险的能力较弱。国家要通过优惠的金融制度给对海外农业投资企业给予扶持，具体来可以采取针对特定企业、投资行业的定向降息措施与融资优惠增加对"一带一路"沿线国家投资的农业企业自身抗风险能力。② 此外，如前所述，针对民营企业融资能力弱、融资渠道少的现实困境，政府可以颁布相关政策引导国有金融机构为民营企业提供融资担保业务，此外，还可以创新担保方式与融资方式。政府可以鼓励引导规模性的中国农业海外投资民营企业在国际金融市场发行债券，运用国际金融市场募集资金。引导中国农业海外投资企业购买投资保险产品，促进投资。

除此之外，还可以设立中国农业对外直接投资建设基金，支持与投资计划有关的可行性调查、企业对外投资亏损、市场开拓前期费用和农产品资源回运费等，帮助中国对外农业投资企业减轻运营成本和资金压力。③ 同时，国家应该通过金融优惠制度帮助对外农业投资的企业开拓国际市场，例如对农业对外开放、供应链建设、产品促销体系建设等给予补贴。针对农业投资的巨大不确定性风险，在发生突发性农作物灾害、反倾销应诉、贸易摩擦等情况时应该对农企实施援助。

---

① 杨光、张晨、张芸：《农业"走出去"金融政策现状、问题及对策》，《世界农业》2013年第9期。

② 张晨：《金融服务支持农业"走出去"的问题、原则与路径》，《农村经济》2015年第3期。

③ 王镭、张洁：《国外金融支持农业"走出去"的经验分析与借鉴》，《中国农业信息》2014年第9期。

(三) 培养农业海外投资复合型人才

中国农业外海投资所面临的风险比国内投资要复杂得多，投资往往涉及东道国政治、经济、文化、金融、法律等各方面的专业知识，这就对中国农业对外投资企业所需的人才培养提出了更高的要求，即培养复合型的专门人才。基于现有的国内教育体系，要将金融、法律、管理教育和东道国语言教育紧密地结合起来，强调不同学科间的交叉融合，重点关注人才的实践性与应用型。教育部可以牵头和国内部分农林高校实施联合培养计划，建立稳定的合作机制，从全日制本科生中选拔优秀人才作定点培养。此外，教育部和各级政府还可以针对农业海外投资拨付专门经费用于农业海外投资专门人才的培养。

(四) 构建专业的法律顾问咨询制度

首先，针对开展农业海外投资企业的经营团队，应该有专业的法律顾问团队。在此可以将专业法律人才的人数作为开展中国农业海外投资形式审查的指标。其次，因为农业海外投资不仅事关投资国，投资成果还与东道国息息相关，除了国内的专业法律人才加入，还需要聘请东道国专业法律人才加入以相互配合，共同展开工作，进而更加合理专业地防范东道国的法律风险。最后，在投资国企业进行投资前，应当由专业的法律人才组成小组，全力做好尽职调查报告，科学合理评判投资风险，全面掌握东道国的法律政策和当地金融环境、交易惯例。另外需要补充的是，法律顾问咨询应该常态化地开展，除投资决策前的尽职调查，在企业的日常经营中也需要律师从专业的角度提出建议，领导层应该充分考虑律师建议，重视律师的建议，降低企业投资风险。

四 构建对外农业投资保险制度

农业海外保险制度是对外农业海外投资外部性风险转移机制的核心内容。

(一) 海外农业投资保险制度的基本理念

理念是规则建构的出发点，目前中国海外农业保险制度缺位，需要从基本理念入为切入点，围绕下述理念搭建完整的海外农业投资保险规则。

政府主导保险经营的理念。海外投资保险本质是一种"国家和政府保证"，当投资主体在东道国遭遇风险损失，国家承担赔偿责任，在符合规定的情形下国家有权通过政府层面的渠道向东道国追偿。中国作为"一带一路"倡议的主导国，应该充分发挥大国优势，由政府主导农业海外投资的保险经营，这种经营模式有助于推动中国在"一带一路"沿线国家政治经济话语权的提升，有利于促进中国经济与"一带一路"经济带快速融合，做到保险经营与国家战略相互促进。此外，从保险业务风险成本的角度考虑，结合中国农业海外投资的实际情况，中国海外农业投资一般周期较长，一旦就政治风险发生理赔事项，保险公司向东道国政府追偿的程序极其复杂，无论从经济成本角度还是追偿权实现的角度考虑，农业海外投资都不宜由一般企业来经营。

优先保护本国投资者的理念。"一带一路"背景下中国农业海外投资的根本目标是发展国民经济，提升中国在"一带一路"经济领域的话语权。农业海外投资保险制度的完善与发展，会进一步促进国内资本向"一带一路"沿线国家流动，加快各国经济交流，拉动需求。保护本国投资者的利益是构建农业海外投资保险制度的基本原则。

包容与开放的规则构建理念。"一带一路"背景下，各国"命运共同体"的关系将更加紧密。在世界经济全球化、全球资本流动进一步加快的背景下，中国农业海外投资必然面对来自国际社会的各种机遇和挑战，参与国际竞争不可避免，海外投资保险制度作为中国经济发展战略的重要组成部分，必须走国际化道路。中国农业海外投资保险规则的构建必须坚持包容与开放的理念，吸收世界各国先进的海外投资保险制度。此外，海外投资保险制度尽管是国内法制度，但它的成功运作无不与国际法制息息相关。投资国向东道国追偿都需要双边甚至多边国际规范加以调整，包容与开放是搭建国家与国家之间沟通的桥梁，也是农业海外投资保险制度发挥功能的基本前提。

（二）海外农业投资保险的承保机构

从世界上已有的实践经验来看，承保海外投资的保险机构可以分为三类。第一类是完全的公司商事主体，该类保险机构在市场中的地位和其他保险公司并无区别，只是承保的险种包含了投资东道国的政治风险；第二类是完全的政府主体，在主体地位上隶属于政府机构领导，投资主体申报海外投资政治风险属于行政审批行为；第三类兼具政府主体与公司主体的双重地位，在投保审批上由政府把控，而在具体业务承担上由经国家政府认定的保险机构承担。[①]

[①] 常玉：《中国海外投资保险制度构建问题研究》，硕士学位论文，内蒙古大学，2019年，第8—10页。

结合"一带一路"倡议背景下对外农业投资的特点与东道国政治风险的复杂性，采取政府部门与保险机构双重管理较为合理。即由政府部门对是否承保进行审批，保险业务的具体经办交由国家认定的有从事农业海外投资保险能力的专营保险机构。该类保险机构既能保障政府对农业海外投资的宏观把控，有助于贯彻国家投资政策，又能发挥市场经济的优越性，挑选有实力的保险公司开展业务，促进经济活力，刺激农业海外投资保险业务的发展，一举两得。

(三) 海外农业投资保险的承保条件

基于海外农业投资的巨大风险及不可控性，应该通过立法设定投保农业海外投资保险的基本门槛，在规范海外农业投资的过程中也减少保险机构的运营成本。基于世界其他国家先行的规则，海外农业投资保险的承保条件至少应该包括以下几个方面。

1. 合格投资者

合格投资者，也称被保险人，考虑到农业海外投资的实际情况，能够投保海外农业农资相关保险的主体应该是符合要求的合格投资者。合格投资者应该是中国公民，依中国法律设立的公司、合伙或其他社团。设立保险制度是为了保护中国投资者的利益，故合格投资者应该是满足国籍身份的主体。

2. 合格投资

此条件要求所承保的投资行为是符合要求的中国农业海外投资。具体来看应该满足下列条件：首先，农业海外投资符合中国的国家利益与国家政策；其次，农业海外投资应该得到东道国的批准，作此要求主要是考虑到保险机构理赔后向东道国追偿；最后东道国与中国应该有书面文件确立的沟通渠道。例如东道国应与中国订有双边投资保护协定或者与中国有较好的外交关系并经国家最高行政机关批准，以确保国内立法效力有效地向域外延伸，并与国际立法相配合共同行使对海外投资的强有力保护。

3. 合格的东道国

中国资本流入的国家应该符合相关规定，中国农业海外投资的东道国主要分布于欠发达地区，故国家应该对东道国的相关风险进行评级和定期公示，只有符合要求的合格东道国投资才能承保。

(四) 海外农业投资保险范围

结合"一带一路"沿线国家的实际情况，中国农业外海投资保险机构可以承保的险种应该包括下列类别：

1. 政治风险战争险

这种财产损失是由于暴动、内乱或者战争等原因造成的。因此这仅限于有形财产的损失，而档案文件、债券或证券等相关的无形财产则不包含在内。

2. 征用险

这种类型的保险囊括了政府对投资者的故意非难，或者通过查封、没收或者国有化等方法进行征用，此外还包括了对投资者承诺的违背，例如东道国政府延迟偿付等。这种通过一系列手段造成的"蚕食性征收"效果对投资者造成了损害，因此也应纳入征收的范围。

3. 违约险

这种险种是双边投资担保机构首创的，是中国农业海外投资比较关注的险种，具有较大的风险性，与东道国政府密切相关。如果东道国政府没有履行与担保人签订的合同，而且被保险人还无法求助于司法机关对其提出的有关诉讼作出裁决，或者该司法机关未能根据相关条例规定的合理期限内做出裁决，或未顺利执行这类裁决。

4. 转移险

又称为外汇的风险，具体是指当地货币资源无法兑换成外汇的风险，这其中既包括了无法进行的外汇业务（原因是东道国的管制或限制外汇业务），也包括了投资者的资产在企业的财产出让后要汇回本国时所承受的风险，其中包括政治、行政或立法等障碍可能产生的风险。

五　完善现有国际投资争端解决机制

自 20 世纪 60 年代开始，解决投资争端国际中心（International Center for Settlement of Investment Disputes，ICSID）就为政府与国外私人投资者解决投资争议搭建起沟通桥梁，其作为绝对国际性法人组织在经济全球化背景下，在投资保障、促进全球资本流动方面发挥着重要作用。过去的几十年，ICSID 中心发挥的作用不可忽视，在 ICSID 解决争议的机制导向下，投资者与东道国的很多争议被顺利解决，越来越多的私人资本向发展中国家和新兴国家流动。当下国际投资争端解决机制主要是以现行 ICSID 为核心来搭建，但国际投资争端解决规则总体上是由欧美等国家创设。在特定的时代背景下，该套机制运行规则的设立有其自身的利益考量。从权利保护的角度看，该套规则从争议受理、纠纷解决等环节都倾向于维护投资者利益。不可否认，自改革开放以来，ICSID争端解决机制为中国农业海外投资法律保护提供了相对成熟的机制依托。此外，21世纪以来世界政治经济格局发生重大变化，ICSID机制从匹配性、实际解决争端的效率上考量已滞后于当下政治经济的利益诉求。新兴国家和发展中国家在国际政治经济领域掌握着越来越多的话语权，但ICSID解决投资争议周期漫长、环节复杂、费用高昂、各纠纷裁决结果不一致、代表性不足等问题也愈加凸显。中国作为"一带一路"倡议的引领者与倡导者，需要为完善当下国际投资争端解决机制提出中国主张、贡献中国智慧。在"一带一路"倡议的时代背景下，中国在利用、完善和升级现有国际投资争端解决机制强化农业投资争议处理程序中应该更加彰显大国担当和作为。

（一）完善现行争端解决机制规则框架

在"一带一路"沿线国农业投资领域，结合东道国与投资需求充分利用ICSID规则、利用ICSID成熟机制，将ICSID作为农业投资过程中解决投资者与国家投资争端的主渠道。[①] 农业对外投资过程中要作为投资者要树立维权意识，特别是不断加强中国海外农业投资者通过ICSID进行维权的意识和能力。政府要组织相关平台收集ICSID解决争议的案例，发布指导争议解决的"白皮书"，对实际利用ICSID规则解决农业投资争议给予支持。具体来看从案例指引、信息咨询、仲裁机构和仲裁员选择、争议提交、争议解决等方面都要对海外农业投资者进行指导，帮助投资者加大对包括ICSID和依据UNCITRAL仲裁规则设立的临时仲裁庭等国际投资仲裁机构的参与，通过政府鼓励和统筹的方式不断积累海外维权的实践经验，促进农业海外投资争议解决。同时，中国作为世界第二大经济体、"一带一路"倡议的引领国，应在国际投资争端解决领域加强自身的话语权，不断扩大ICSID决策层和仲裁庭的参与度，更好地维护本国及广大发展中国家农业海外投资者的切身利益。

（二）构建海外投资争端解决的纠错机制

从当前ICSID的运行规则来看，争议解决的纠错机制尚且不足。实践上ICSID国际投资争端争议解决中心虽然有超过500人的裁判队伍，经过近半世纪的发展，ICSID也逐步构建了颇具特色的裁决撤销程序，这一程

---

① 明瑶华：《"一带一路"投资争端调解机制研究》，《南通大学学报》（社会科学版）2018年第1期。

序在某种程度上发挥了上诉审查的作用，但不同裁判人员针对类似甚至相同的事实，适用同样的法律，经常做出明显不同的裁决的问题，仍然无法从源头杜绝。[①] 这就要求必须推动建立类似 WTO 争端解决上诉机制那样的国际投资仲裁上诉机制，甚至借鉴欧盟的做法创立国际投资法庭和相应上诉机制，借此保证仲裁裁决的一致性和公正性。

（三）用经济外交弥补传统投资争端解决机制的不足

相较于 ICSID 机制解决国际农业海外投资争议，争议的非正式解决路径也有着其特有的优势。例如协商、谈判、调解等非仲裁方式具有程序简便、快捷高效、成本低等优势。在"一带一路"沿线国家，非正式纠纷解决机制具有特定优势。中国驻外使领馆与东道国国主管部门联系密切，加上"一带一路"倡议的推进，中国政府公信力较强，东道国认可度高，可借此优势在投资者与东道国双方自愿的前提下充分发挥经济外交的软性作用，争取在将争议提交仲裁前促成和解。对此可以参照《外商投资法》搭建外商投资企业投诉工作机制的做法，推动建立驻外使领馆、东道国农业投资主管部门、双方商会或协会等方面代表共同参与的农业领域海外投资企业投诉工作机制。通过将经济外交手段引入争议解决领域，基于纠纷的非正式解决程序，及时协调处理农业海外投资者与东道国的矛盾，力争将相关争议化解在初级阶段。这种非正式的纠纷解决形式无须双方将争议提交到正式的纠纷解决机构，有利于避免争端双方"对簿公堂"，有利于构建中国农业投资企业与当地政府融洽的商政关系，有助于推动农业投资企业的可持续发展。同时还应注意的是，外交领事机构在维护农业海外投资者利益特别是协助解决投资争端方面应注意把握势与度，在合理的权限和范围内参与争议解决，其参与的依据、参与的规则、参与的流程一定要在中国外交政策、国际法和驻在国国内法许可的范围内开展，不得违反相关规定。

六　构建新的国际投资争端解决机制

农业海外投资法律保护必须与国家对外合作的战略规划吻合。在"一带一路"倡议背景下搭建具有中国特色的农业投资争端解决机制必须根植

[①] 王敬栋：《"一带一路"背景下国际投资争端解决机制研究》，硕士学位论文，郑州大学，2018年，第18页。

于"一带一路"合作的生动实践，设计具有前瞻性的制度安排，提升中国在全球治理中的规则引导权和话语权。在海外农业投资争端领域，中国要充分彰显大国的风范，充分考虑广大发展中国家和欠发达地区的权益，为农业投资争端解决贡献中国方案与中国智慧，牢牢把握全球的话语权。2018年"一带一路"国际商事争端解决机制的建立是解决平等主体之间涉外民商事纠纷的关键一环，接下来要着重考量在"一带一路"沿线国家开展农业海外投资面临的多种风险，完善既有的法律安排，搭建具有中国特色的农业海外投资争端解决机制，为构建全球范围内的中国特色农业海外投资法律保护机制奠定基础。

（一）以"双边"促"多边"，充分发挥双边协定解决争议的巨大潜力

"一带一路"沿线国家国情复杂多样，各国针对外来投资者都制定了不同的投资政策，农业领域大都涉及本国的基本产业，关乎一国的根本，针对外来投资者的农业领域的投资，各东道国都基于现实国情的审慎考量制定了不同政策。基于上述原因，在当前缔结涵盖广泛的区域多边投资协定条件不成熟的情况下，秉持以双边促多边的思路，尽早制定具有样板水准和正式效力的双边投资条约范本（Bilateral Investment Treaty，BIT），同时立足于"一带一路"建设背景，加快推进与"一带一路"沿线国家的BIT缔结和更新，使中国与沿线国家的BIT中的争议解决机制更符合当下求同存异、共谋发展的实际诉求，加快争议高效解决，促进沿线国家资本流动，争取相关国家特别是发展中国家向中国模式靠拢。[①] 以"双边条约"奠定"一带一路"沿线国家的投资基调，通过整合跨国投资规范减少海外投资的法律风险。此外，中国也要充分尊重各国的不同发展水平和实际情况，坚持因国施策、因地制宜和可持续发展的原则，秉持循序渐进、相互尊重、合作共赢的原则开展缔约工作，在以"双边"促"多变"的过程中，充分尊重"一带一路"沿线国的实际诉求。

（二）设立"一带一路"投资争端解决中心

考虑到"一带一路"沿线国众多，涉及投资者数量巨大，为更好地解决投资者与东道国的争议，在时机成熟的情况下要参照ICSID运作经验

---

① 苏馨：《中国对"一带一路"沿线国家直接投资的风险研究》，硕士学位论文，吉林大学，2017年，第47页。

和中国设立国际商事仲裁庭的做法，依托亚洲基础设施投资银行（Asian Infrastructure Investment Bank，AIIB），融入中国智慧和全球治理理念，在共建、共商、共享的指导原则，开创性地成立"一带一路投资争端解决中心"。该中心在纠纷解决理念上要充分融入包容、公正合理、高效快捷的理念；在程序设计上要延续 ICSID 和 UNCITRAL 仲裁规则中的合理成分，适度借鉴欧盟国际投资法庭的创新与尝试，吸取优点；在规则设计中要重点革除现有国际投资争端解决机制中存在的周期漫长、费用高昂、发展中国家参与度低等积弊，要考虑到"一带一路"沿线国家的实际情况，打造开放的"一带一路"投资争端解决新平台。

（三）规则理念要应体现中国特色，同时反映沿线各国的法律传统和文化特征

中国是"一带一路"倡议的主导国，同时有着丰富的传统文化与司法理念。构建"一带一路"争议解决机制的过程中要充分彰显中国文化的先进思想，融入"以和为贵"的理念，借鉴仲裁实践积累的宝贵经验，在解决投资争端时注重发挥磋商和调解的积极作用，争取在萌芽阶段解决争议。在具体操作时应做到调解员与仲裁员分离，防范调解不成影响后续仲裁进程。在调解员和仲裁员选任方面，应以中国和沿线国家法律专家为主，同时也对西方国家专家保持开放态度。由于"一带一路"沿线国家多为非普通法系国家，建议改变当前国际投资仲裁依据普通法系诉讼程序和技巧进行的惯例，更多地采纳非普通法系的仲裁程序和庭审规则。

（四）程序设计要回应现实诉求，满足海外投资保护的实际需求

在"一带一路"投资争端仲裁规则程序设计方面要更好地回应海外投资保护的需求。例如在设立专设仲裁庭和仲裁员选择方面，既要以 ICSID 仲裁程序规则、UNCITRAL 仲裁规则等较为成熟的规则为基本，同时也要考虑"一带一路"沿线国家的特殊需求，尊重东道国和海外投资者的意思自治，允许争议双方以书面形式约定适用于个案的特殊仲裁规则。关于最惠国待遇条款是否可以扩展适用于争议程序，为防止"累诉"风险并结合 ICSID 的通常惯例，在"一带一路"投资争端裁决中应明确排除最惠国待遇条款适用于争端解决程序，防止可仲裁争端范围出现违反条约本意的扩张，但海外投资者通过在第三国注册公司、入股等方式"选购条约"或东道国不持异议等特殊情况，在不违反原则的前提下适用上述最惠国待遇，宜予以许可。

第七章

中国农业海外投资企业权益保障的制度完善和未来展望

本章将对前几章所述的中国农业海外投资企业权益保障的理论基础、国际法环境、国内法环境、内外部保障制度做一个简单总结，并适时结合当前全球农业投资的时代背景和国际战略背景对保障制度的完善提出适当的建议，并从宏观上展望未来中国农业海外投资企业权益保障应坚持的基本发展方向。

第一节 中国农业海外企业投资的国际环境及新趋势

国际政治经济环境瞬息万变，要构建中国农业海外投资企业的权益保障法律体系，就必须准确把握复杂多变的国际格局。自2013年中国创设性地提出"一带一路"倡议以来，中国一直致力于推动全球多边政治经济关系的良性发展。立足于"一带一路"倡议下国内外政策大环境，中国对如此错综复杂的国际投资环境作出了自身的应对。

一 中国农业企业海外投资面临的国际环境

自21世纪初以来，全球投资呈现极具爆发式增长的趋势，世界投资存量攀升明显。此外，随着以中国为代表的广大发展中国家经济社会的快速发展，其资本的海外输出也成为全球投资的一个重要侧面。① 然而，更为重要的一面是，世界经济在逆全球化主义不断抬头的今天被蒙上了一层厚厚的阴影。② 对于农业这项部门投资而言，也出现了全球投资结构不均衡以及如何面临农业投资由"绿地投资"到"褐地投资"的急速转变问题。

（一）逆全球化下的国际投资保护主义的兴起

当今世界，逆全球化的趋势愈发明显，世界各国对外国投资都持相对审慎的态度，越来越重视对国内资本的保护，这无疑对中国农业海外投资企业的海外资本的运营、保护提出了更高的要求。近十年来中国企业海外投资蓬勃发展，自2015年起中国已经成为世界第二大资本输出国。中国农业海外投资也快速发展，年度对外投资流量由2003年的0.81亿美元增长到2015年的25.72亿美元，年均复合增长率达到41.3%，而同期对外投资存量也由8.37亿美元增长到114.76亿美元，年均复合增长率达到29.9%，完成了由投资输入国到投资输出国的角色转变。但与此同时，中国企业在走向海外的过程中也遭遇到不少滑铁卢，仅2005年至2017年6月，中国企业海外投资交易额过亿的搁浅项目就达到217个。

随着近十年贸易保护主义与资源保护主义重新抬头，以及难民危机、英国脱欧与特朗普政府贸易政策冲击为代表的逆全球化事件屡屡发生，农业全球化进程呈现跌宕起伏的波动状态。中国农业海外投资也面临贸易与资源保护主义、国际经贸规则体系转轨冲击、东道国经济政治文化风险、显著的融资约束与企业自身风险管理水平初级的风险叠加挑战。另外，随着全球范围内农业自然资源与初级产业环节的保护主义兴起，中国农业海外投资被迫沿着产业链，由低附加值环节投资逐渐向高附加值环节投资转移，而由于国外企业在高附加值环节已经形成一定垄断竞争优势，使得跨国并购成为中国农业走出去的新常态。

（二）国际农业投资结构呈现不均衡性

长期以来，农业海外投资在世界范围内的流向主要集中在欧美国家内

---

① 近十年来，中国企业海外投资蓬勃发展，自2015年起中国已经成为世界第二大资本输出国。中国农业海外投资也快速发展，年度对外投资流量由2003年的0.81亿美元增长到2015年的25.72亿美元，年均复合增长率达到41.3%，而同期对外投资存量也由8.37亿美元增长到114.76亿美元，年均复合增长率达到29.9%，完成了由投资输入国到投资输出国的角色转变。

② 仅2005年至2017年6月，中国企业海外投资交易额过亿的搁浅项目就达到217个。

部,呈现较强的地区不均衡性。例如,截至 2016 年 9 月,13.6%澳大利亚农业用地(约 5200 万公顷)由外国投资者持有。其中,过半数掌握在英国手中,美国、荷兰、新加坡、中国位列其后。[①] 这主要是由于发展中国家往往还没有为外来资本搭筑起一个较好的营商环境,此外发展中国家对海外投资的保护水平较低且各类风险都显著高于发达国家。

对于中国而言,中国对外投资结构同样存在着很强的不均衡性。截至 2015 年,中国农业对外投资存量和占比前四位分别为澳大利亚(20.5 亿美元,15.8%)、新加坡(15.8 亿美元,12.2%)、以色列(13.6 亿美元,10.5%)、荷兰(13.0 亿美元,10.0%)等发达国家,综合已经占到投资存量总体的 48.5%。从农业对外投资的地域结构看,也主要集中在东南亚及大洋洲的国家,对欧洲、北美的农业资本输出甚少。上述事实都深刻地揭示了一个问题:在全球农业投资领域,因技术垄断或产业链分布情况,农业资本并不能在全球范围内实现自由配置。

(三) 国际农业投资逐步由"绿地投资"转变为"褐地投资"

从经济学理论上看,对外直接投资可按行为模式的不同分为"绿地投资"(Greenfield Investment)和"褐地投资"(M&A,即跨国并购)。21 世纪前,全球农业海外投资主要以"绿地投资"为主。比如,在改革开放之初,西方发达国家对中国的农业投资多采取"绿地投资"的模式,即直接在华投资创建合资或独资企业。21 世纪以来,西方发达国家通过大规模地海外并购不断向中国农业市场注入海外资本,使之成为对华农业投资的最主要形式。

全球次贷金融危机与两次粮食危机以后,跨国并购成为全球农业投资市场中最为主流的投资方式。中粮并购史密斯菲尔德以及荷兰来宝集团,中化集团并购先正达,都已经成为全球农业领域跨国并购的领先案例。这种变化源自两方面的原因:一方面是随着全球气候变暖、国际区域局势日渐紧张等自然、政治原因,绿地投资所面临的风险呈现更加不确定的状态,投资收益不能得到最大限度的保证;二是相较于褐地投资,绿地投资面临着更大的东道国的国有化风险和政府违约风险,而通过褐地投资的方式能够最大限度地降低上述的系统性风险;三是国外许多大型农业跨国企

---

① 新华社:《报告显示英国是澳大利亚农业用地最大海外买家》,2016 年 9 月 7 日,南海网(http://www.hinews.cn/news/system/2016/09/07/030671287.shtml)。

业受到次贷危机后的长期经济低迷冲击致使估值降低,而以中国为首的许多发展中国家农业企业"入世"以来已经积累了一定资本的比较优势,正好可以弥补国外许多农业企业迫切的发展融资需求。①

二 中国对农业海外投资的推动

面对日益错综复杂的国际投资环境,"一带一路"倡议下的提出无疑是这个寒冷"冬天"里的一丝暖阳,它给饱受当下严苛投资环境所困的相关国家提出新的治理思路与解决方案。而中国作为"一带一路"倡议下的发起国,在充分依托倡议下的基础上,为推动全球投资环境转变作出了自身的积极努力。

(一) 推动中国以及沿线国家营商环境改革,努力推动多边治理体系的健全和优化

"一带一路"倡议下是中国对"逆全球化"倾向开出的一剂良方。② 面对诸如美国奉行单边主义、英国脱欧、贸易壁垒层出不穷等由经济全球化带来的负外部性,"一带一路"倡议下向全世界表达了致力于推进全球经济包容性增长,促进和谐世界建设的坚定决心,这突出表现在中国不断推动自身以及沿线国家营商环境的改善。自"一带一路"倡议下推行以来,中国便积极进行营商环境改革以及国内自由贸易试验区的建设,放宽了外资准入标准,提升了外资进入中国市场的效率和保障力度,这为"一带一路"沿线国家树立了良好的改革方案和优化模式。尽管当下一些发达国家和一些发展中国家都在不同程度上加强或扩大了对外国投资的国家安全审查和限制程序及措施,但在"一带一路"倡议下的号召下,我们可以看到优化国内营商环境,进一步提高对外开放水平成为更多国家的基本选择。营商环境的改善使得"一带一路"倡议下有了更多的、更为具体的、更有实效的合作项目,这些都进一步推动了"一带一路"倡议下的多边政治互信,为后续的多边经贸谈判预留了足够的政治空间。

但是,伴随着"一带一路"倡议下国际投资开放程度不断纵向深入,国际投资法的规则架构也面临着更多挑战。"一带一路"沿线国家首先要

---

① Rosen, Daniel H and Hanemann, Thilo, "The Rise in Chinese Overseas Investment and What It Means for American Businesses", *The China Business Review*, Vol. 39, 2012.

② 详见第十二届全国人大第五次会议《政府工作报告》。

面对的是"一带一路"倡议下的新一轮贸易投资谈判问题,谈判的焦点问题集中在逐步对外国投资的国民待遇提前到资本准入准备阶段,加强双多边对于外来投资的保护力度,限制国内政府对外国资本采取措施的"国家裁量权",进一步细化对相关国际公约的法律解释。上述问题应在双多边政治互信的基础上,推动双多边谈判进程,不断通过备忘录、宣言、声明等法律形式巩固阶段性成果。此外,在"一带一路"倡议的基础上建立的多边贸易投资友好合作关系更依赖于一个类似《美加墨三国协定》的一般性多边贸易投资框架,以求在更大范围内寻求适用范围更广的普遍性国际法规则。在极个别"一带一路"沿线国家还不是诸如WTO等多边组织或公约的缔结方的前提下,上述多边普遍性规则的建立则更具有现实意义。

(二) 为国际农业投资合作提供制度动力

"一带一路"倡议推行以来,中国与沿线各国高层互动越来越频繁,无论是在战略发展层面还是具体的合作领域都与多国签订了各类联合声明。在"一带一路"国家内部也举报了多次峰会,并在政治经济合作层面达成了许多共识,如《第二届"一带一路"国际合作高峰论坛圆桌峰会联合公报》。上述的双多边声明、文件都为"一带一路"框架下双多边投资合作、共赢、可持续发展提供了最为坚实的制度基础,当然也为"一带一路"倡议下农业投资合作与资本保护提供了最为基础性的制度动力。

随着"一带一路"倡议向纵深推进,中国农业走出去的步伐不断加快。目前,中国已与"一带一路"沿线的30多个国家签署了双边农业合作协议,按照协议内容,未来双方将在农林牧渔业、农机、农产品生产加工等领域展开深度合作。在国内平台建设层面,2016年年底,农业部发布《农业对外合作"两区"建设方案》,其中"一区"是境外农业合作示范区,即鼓励有实力的企业在境外搭建具有基础设施完善、产业链完整,主导产业规模化、集约化运作等特点的园区服务平台,形成区内企业共享资源、互利合作、共同受益的共赢格局,在东道国的农业发展中发挥更显著的示范带动作用,提升双边农业合作层次和水平,切实互利共赢。

在"一带一路"倡议下的制度供给下,沿线各国的经济发展逐步朝着优势互补的方向发展。如大力投资泰国、柬埔寨的大米生产,推动大米贸易业务的区域拓展,又如将乳业生产链条延伸至新西兰,赚取更高的产品附加值。此外，沿线国家以投资为基础的贸易合作发展迅速，通过投资提升东道国农产品的生产效率，然后通过贸易合作降低中国的进口价格。但是，在纠纷的解决层面，基于"一带一路"国家在地缘、政治、经济合作层面的密切关系，传统的国际纠纷解决机制，如国际民商事仲裁庭、ICISD已经无法满足"一带一路"国家基于密切伙伴合作关系的"差异化需求"，"一带一路"国家急需寻找基于自身战略伙伴关系的特殊化纠纷解决机制。

值得注意的是，"一带一路"国家间密切的高层对话、经贸合作固然会为中国农业企业走出去进行海外投资提供相对利好的制度平台和外部环境，但如此一来，企业会潜移默化地降低对外来风险的识别能力和忧患意识，为自身在海外投资的权益保障埋下了隐患。因此，海外农业投资企业对于内部的风险控制机制的建设并不能因大环境的逐步改善而就此懈怠。

（三）加快由"绿地投资"向"褐地投资"的转变速度

事实上，近年来无论是中国的海外投资还是外国对华投资，投资方式都逐渐倾向于"褐地投资"。尤其是"一带一路"倡议实施以来，这种转变呈现出更加明显的趋势。

与并购项目相比，绿地投资周期长、投入大，投资者需要承担更多项目前期风险，而且对投资者的资金实力和海外市场的运营能力要求也比较高。并购项目虽然可以使投资者通过收购股权或资产，快速实现在海外市场开展业务的目标，时间成本比较低，但需要注意的是选择合适的并购目标并不是一件容易的事。毕马威"一带一路"投资报告指出，投资者需要从财务、税务、法律、商业运营、技术、人力资源等方面对并购目标进行全面调查和评估；此外，并购项目还涉及交易后整合工作，有研究结果显示，并购项目在交易后整合阶段失败的可能性超过50%，并购项目对投资者的海外市场经验和后期整合运营能力的要求更高。[1]

在"一带一路"倡议持续发酵的基础条件下，中国企业积极顺应投资潮流，充分利用"一带一路"倡议带来的优势条件，不断加大海外并购的速度，提升并购质量。首先，"一带一路"建设通过联合声明、宣言等方式奠定了双多边合作发展的基本格调，这无形中促进了东道国外资政

---

[1] 李晓丹：《毕马威"一带一路"投资报告：市场出现三个变化，新加坡投资环境最好》，经济观察网，发布时间：2019年9月5日。

策、税收政策、利率汇率政策的稳定性,大大降低了海外并购的政治风险和法律风险。其次,"一带一路"倡议深刻地促进了各国间金融机构的合作,并购方在这种条件下融资的便利化程度大大提高,大大降低了并购方的融资风险和流动性风险。最后,"一带一路"倡议在世界范围内加强了各国政府间、企业间、国民间的经济文化交流,各国的发展在潜移默化中不断吸纳其他国家的经济文化理念。在此条件下,并购方与被并购方在完成并购后的协同性能够得到一定保证,从而在一定程度上降低了并购后企业的经营风险。

值得注意的是,在21世纪的头十年,中国农业主要的对外投资动机是自然资源获取与市场开拓,以弥补国内农产品贸易快速增长的需求,投资所涉产业链环节也大多处于低附加值的初级环节,因而采用绿地投资为主要的投资模式。而对于"绿地投资"向"褐地投资"的转变,中国农业海外投资企业的资本治理理念也应相应变化以适应全球资本市场变动的现实情况。对于"绿地投资"而言,风险防控在于审查土地所有权归属、东道国对于兴办企业的准入标准和管理制度等。而对于"褐地投资"而言,其关键在于对拟并购企业的运营情况、股权分布、债权债务情况进行实体审查,以便对外投资企业做出科学的投资决策方案。其实,我们不难发现,无论是"绿地投资"还是"褐地投资",从确保母国资本在东道国的安全角度看,都需要东道国政府对母国政府进行一定程度的信息披露,不同的是,后者对信息披露的要求更高。在"绿地投资"中,投资企业所需的信息主要属于公共部门的范畴,而对于"褐地投资"而言,投资企业所需要的信息主要属于私营部门。从传统的法学理论看,公民个人抑或是私营经济部门的权利是神圣不可侵犯的,正常情况下,他们并没有向本国政府披露自身经营信息的义务。[①] 因此,通过国家间的合作并不能从根本上解决企业信息披露的问题。因此,从长远看,"一带一路"倡议应重视为不同国家的企业搭建信息交换平台,倡导各国政府为他国外资企业或本国与外资进行合作的企业提供很多针对性的辅助服务,努力推动各国政府朝服务型政府迈进。

---

① Bernard Michael Gilroy and Elmar Lukas, "The Choice between Greenfield Investment and Cross-border Acquisition: A Real Option Approach", *Quarterly Review of Economics and Finance*, Vol. 46, No. 3, 2006.

三 国际农业投资保障出现的新趋势

随着"一带一路"倡议的不断纵深发展,其国际多边治理的先进理念和实践使既有的国际多边投资机制产生新的变化,国际多边农业投资合作与保障不断呈现出新的趋势,主要表现为农业投资国际保障治理理念不断优化以及充分利用友好合作框架促进相关谈判工作的推进。

(一) 农业投资权益保障理念不断优化

"一带一路"倡议下从本质上可以被看作全球治理理念的又一次重大革新和飞越。随着"一带一路"倡议不断纵深发展,农业投资国际保障的治理理念发生了重要突破,突出表现为越来越多的国家把外来农业投资资本看作是一种"机遇",而非"威胁",越来越多的国家更加重视境外农业投资行为的环境保护标准,越来越多的国家更加重视农业投资与农业贸易的良性互动。

此外,以往东道国对外来农业投资的几近严苛的安全审查立场正在悄然发生变化,取而代之的是国内的一系列环境、人权、劳工保护标准。在农业外资准入方面,在进行"准入前国民待遇负面清单"改革的国家中,许多国家都缩小了负面清单的范围。2019 年 6 月,中国取消了在农业领域禁止外商投资野生动植物资源开发的规定。[①] 这充分表明了,在不断优化营商环境的世界潮流中,许多国家对农业海外资本的态度逐渐由部分领域禁止到通过适当管控合理管理农业外来投资。在这样的大环境下,我们有理由相信中国农业海外投资企业的合法权益保障将会有一个更美好的前景。

(二) 利用友好合作框架促进相关谈判工作的推进

自"一带一路"倡议提出以来,中国在"一带一路"参与国开展农业投资合作的项目已经超过了 650 个,投资存量达到 94.4 亿美元,较五年前增长了 70%,同时也带动了当地粮食、经作、畜牧、农产品加工等产业的发展,服务了各国经济社会的发展。同时,构建农业合作区的制度创新,也大大促进了国内资本向"一带一路"沿线国家的流动。可以说,跨国农业贸易和跨国农业投资都在"一带一路"的合作共赢的发展框架

---

① 详见《外商投资准入特别管理措施(负面清单)》(2019 年版)、《外商投资准入特别管理措施(负面清单)》(2018 年版)。

下得到了迅速发展。

事实上,通过农业投资合作不仅使中方企业开拓了宽广的海外市场,获取了一定的市场收益,对东道国而言,农业投资的深入也大大丰富了当地农产品的供给,一定程度上提高了当地居民的生活水平。但是更具有深远意义的是,以农业投资和农业贸易为主的跨国农业合作深化了国家间的政治互信,为之后中国与"一带一路"沿线国家进行实质性谈判创造了较为宽松的政治空间和更为强烈的谈判意愿。

值得注意的是,"一带一路"倡议本身是一个既包含了合作又包含了出现争端时的解决措施的全方位的经济、政治合作框架体系。现阶段,政府更多地注重农业投资合作的上游环节,相对忽视了投资风险的应对、损失的保险或赔偿补偿等下游环节。因此,在今后的农业谈判工作中,应更多地针对投资的中下游环节可能出现的问题进行协商,共同提出符合双多边利益的解决方案。

第二节 中国农业海外投资企业权益保护的总体思路

现阶段,"一带一路"倡议还主要停留在国家战略合作层面,缺乏具体的规则框架和操作法则,亟须在国家战略层面进行机制创新。具有现实意义的"一带一路"倡议应当是包含了一系列政治、经济、文化合作框架和合作备忘录的国际可持续发展制度。推进"一带一路"倡议纵深发展,就是要努力摆脱泛泛而谈,不断通过谈判、协商充实其制度框架。

首先,中央应尽快成立国家海外投资领导小组,由相关部委牵头协调,形成统一的海外投资战略思路,其中包括:统一制订规划,包括清晰的非洲市场开发战略和中长期规划;统一资源共享。拓宽融资渠道,技术共享,信息共享;统一衡量利益,行程良性竞争;统一评估风险,在积累丰富的海外经验同时,多方面考量各种因素,合理科学规划,应对纷繁复杂的国际形势与海外风险;统一目标,注意与当地经济发展的融合,提高投资主体自身规避风险和管控风险的能力,通过多元化减轻分散风险,并且在合适时机寻求开展国际合作的潜在机会,与其他较为发达的国家一同对非洲和拉丁美洲欠发达国家进行投资支持,形成更有力的国际势力来降低全球背景下西方利益集团有针对性的政治风险与责难。通过更加积极地参与危机的解决，利用政治对话和外交手段，更加明智地参与全球治理，推动地区间的稳定关系和经济发展。

其次，要注重保障规则的差异化表达。改革开放以来，中国的农业对外投资的目的地主要是在西欧、北欧、北美等发达国家或地区。但是，随着经济全球化的发展，以及中国对外农业合作机制的逐步丰富和完善，近年来，随着"一带一路"倡议下战略伙伴关系的横向拓展，中国农业对外投资在地域上呈现多元化趋势。企业基于自身比较优势及地缘政策优势，向亚洲周边、拉美、非洲等区域的农业投资有明显增加趋势。从区域分布看，中国农业对外投资已经遍布五大洲，全国有近300家企业在46个国家和地区开展农业资源合作开发，主要集中分布在东南亚、俄罗斯、拉美及非洲。

最后，需要注意的是，"一带一路"倡议绝非同等地给予每个伙伴国家优惠待遇，"一带一路"从本质上看是一种具有特殊性的普遍国际友好合作倡议战略。总的来说，发达国家的政治风险、法律风险、政府违约风险的发生概率大大低于广大的发展中国家和欠发达国家。因此，当东道国为欠发达或者发展中国家时，在构建国内的风险防控机制方面应设定更为严格的风险审查标准，在程序控制方面也应以审批为主并适当强化审查程序，进而最大化地预防各类投资风险。此外，针对发展中国家农业生产技术相对落后，专业人才相对缺乏的现状，国内的对外投资法律、法规应侧重于鼓励企业的技术投资，通过技术入股等方法提升东道国的农产品的附加值，通过股权收入获得技术投资的增值回报。最后，要重视与这些国家的双边投资协定谈判，努力达成双边协定，以协定督促东道国法律制度的细化和完善，即促成由国际法向国内法的转变。

一 建立国内保障与国外保障相结合的保障体系

任何一种跨国经济法律关系都会受到多个法律制度的规制和调整，如国际公约、双边协定、投资母国和东道国的国内法以及特定行业的行业惯例等。尽管世界各国通过一系列的国际条约确立了投资的国民待遇原则和最惠国待遇原则，但国际法层面法律保障广泛存在条文的适用缺乏较强约束力的问题，在此类问题上国内法有着更多的优势。因此，现阶段，针对中国海外农业投资企业的权益保障应形成以内部保障为主、外部保障为辅的复合型法律保护框架。

1. 完善国内法律保障体系

对内而言，保障主要是通过本国的海外投资法来实现。目前，中国还没出台统一的海外投资法典，因此应逐步构建以法律为核心，行政法规、部门规章、行业规范为重要内容的法律体系。其中，在法律层面应加速对外投资统一法典的制定，在行政法规层面，应以《境外投资管理办法》《企业境外投资管理办法》为主线，不断填充具体的实施细则和风险管理办法。国内的农业产业协会应群策群力，不断评估总结海外农业投资市场可能存在的市场，增强对海外投资风险的洞察和把控能力，必要时，可以制定自发的行业管理规则和风险评估方法。

此外，值得注意的是，对外国投资法体系建设也应被高度重视，因为这涉及一个国家投资法体系中的国民待遇问题。如果中国的外国投资法没有为外国资本的运营提供一个良好的营商环境，外国很大可能会依据国际投资法中的互惠原则对中国的海外投资采取合理的保障措施。此外，一个不成熟的营商环境会大大加大中国后续双边投资协定的谈判难度。

2. 梳理和优化国际法律保障体系

在中国农业海外投资企业的权益保护的问题上，国际法律保障体系主要由中国与他国签订双方投资协定、涉农专项协定、关于解决投资争端的国际公约以及投资东道国的国内法。上述条约、法律构成了一个庞大且交叉的体系，将它们发散开来还涉及国际投资仲裁、WTO 争端解决机制等各类复杂问题。因此，很有必要对这些法律文件、条款进行系统梳理，寻找到最有利于保障海外农业投资企业的解决方案，对上述法律体系的适用进行实证分析并优化组合，最大限度地保障中国海外农业投资企业的合法权益。

3. 构建行业内部规则治理体系

行业内部治理规则的完善度与成熟度与一个行业整体的权益保护效果呈正相关。[①] 从本质上讲，所有的农业海外投资企业可以被看作一个特殊的行业群体，它们是农业产业和海外投资企业的交集。因此，行业机关在制定相应的行业规则、指导方法时应充分考虑这两个维度。在规则的设计层面，应当考虑将风险的评价规则、环境保护措施时效、风险的预警机

---

① 孙霞：《体制外行业协会内部治理困境探析》，《商场现代化》2011 年第 4 期。

制、信息共享机制等方面纳入治理体系当中。当前,针对中国农业海外投资这一特殊行业群体而言,还没有形成相对统一、有影响力的行业规则、战略指引等规则,构建行业内部规则治理体系依旧任重而道远。

二 推进保障主体的多元化

中国农业海外投资企业权益的法律保障问题涉及多个主体之间的关系,各个主体之间应当相互配合,统筹价值理念和价值目标。总的来说,其主体结构属于政府、金融机构、企业、行业协会、社会公众组成的五元保障结构。想要使这几方力量产生强大的合力,关键是理清它们在权益保障中各自的作用以及它们之间的相互作用。

从组成自由市场的角度看,每个企业都应为它们所做的任何决策、行为埋单,因此,从这个角度看企业本身应发挥最重要的作用。从国家利益保护的角度看,一个国家的政府对一个国家的海外投资有审慎监管的义务,评估相关风险并建立相应的审批备案制度;另外,良好的外交关系能够大大减少海外投资的政治风险。

三 推动政府职能由"管理型"到"服务型"转变

过去,我们对政府的社会经济中的作用的描述总是用"治理""管理"这样的词语。2006年党的十六届六中全会通过的《中共中央关于构建社会主义和谐社会若干重大问题的决定》指出,"建设服务型政府,强化社会管理和公共服务职能",这是第一次在党的文件中提出建设服务型政府的主张。不管是商务部颁布的《境外投资管理办法》还是国家发展改革委颁布的《企业境外投资管理办法》,都强调企业有将投资方案提交给国家部门的义务,国家机关有对企业投资方案进行审查或备案的权力,这种权力—义务结构的单线性管理模式无法推动政府由管理型政府到服务型政府的转变。

现阶段,国务院对海外农业投资企业的投资管控主要是通过对投资方案的审查或备案,而没有过多地主动为海外投资公司提供决定投资方案的各类东道国信息,如东道国的营商环境情况、政治局势情况、国内投资管理法规等。换句话说,当下政府机关对海外农业投资公司提供的信息披露服务还不够,这需要通过另一个维度的法律规则把政府提供这种服务以"政府义务"的形式确定下来。此外,商务部或国家发展改革委可以考虑主动为相应公司提供一定的咨询服务，或者是在充分尊重企业咨询行业的基本运行规则的前提下，适当地给予海外农业投资一定的优惠，这种优惠可以是直接的货币补偿、税收减免、政策优惠等。

国务院、农业部、商务部等应致力于为农业海外投资企业提供更全面的信息服务，积极扶持一批在细分区域上具有带头作用和强大竞争力的农业企业。但是也要注意到农业海外投资通常面临不可预见的风险，单打独斗难以促进投资项目吸引资本市场，更难以抗拒技术水平的差异，以及农产品国际市场价格波动、项目时间长等风险。因此，要加强对企业的抗风险培训，提供更加完善的信息服务，构建更具针对性的紧急预案框架，以此为中国的粮食安全提供更坚定的保障。在国际交往层面，外交部、商务部应加速推动国际农业合作信息平台的建设，为各国农业海外投资企业提供更全面的各类风险信息，建立风险合作预警机制。

四 强化金融支持与金融合作

实行"绿地投资"模式的农业海外投资企业往往很难在短时间内建立起相对完备的产业链，前期资金需求量大，资本运作难度高，且相对于其他产业，农业产业缺乏可以作为抵押物的固定资产，基于这样的自身条件，中国农业海外投资企业在母国和东道国都将面临严峻的融资难问题。

对此，国务院可以通过定向降息、融资优惠等金融支持政策增加海外农业投资企业的竞争优势，亦可通过提供信息咨询等服务解决海外农业投资企业，尤其是中小企业融资难的问题。在农业全球化进一步不平衡和深化的同时，通过国家与企业二者共同努力提高农产品附加值，成为在国际农业产业领域内具有主导影响力的跨国企业。农业海外投资项目周期长，受自然条件、技术适应性、国际市场价格波动等因素影响显著，往往面临无法事先预料的"非常规风险"，农业企业仅依靠自身进行风险管理将致使投资项目对资本市场缺乏吸引力。随着农业全球化进一步深化，国际农产品贸易将会更加不平衡，全球农业资源与高附加值产业环节竞争将会更加激烈。应当加大对农业海外投资采取诸如定向降息与投融资税收优惠等措施的金融支持力度，构建农业海外投资信息服务与风险评估机制，统筹中国农业产业安全与国际化发展需求，有针对性地重点扶持发展一批大中型农业企业，使其成为在各农业产业环节内具有国际影响力与主导地位的跨国企业，为中国粮食安全与农业产业安全提供有力保障。充分利用国家层面的国际合作信息平台，加强对农业融资信息的披露与交换。

此外，要重视与发展中国家开展金融合作，当地金融业的发展可带动实体经济进步，实体经济反哺金融资本，也是一个值得研究的方向。尽管一些发展中国家的实体经济由于起步晚、层次低，确实具有很大上升空间与发展前景，但是稳定的社会环境、整体的受教育水平和观念的转变等方面的不足可能会对其有一定限制性，可以说过于保守的发展策略太慢，但激进的发展思路又可能带来很多风险与社会弊端，同时在一些行业形成泡沫，反向制约中国对其金融方面的投资项目的发展。在中国对非洲和拉丁美洲各国的投资中，如何实现产融结合，在金融资本的支持下结合中国的经验和技术，调整本国的产业结构，接收中国的一部分产业转移，扎实稳步地发展本国经济，还要包括中国和非洲和拉丁美洲国家在内的很多方面的协同努力。

五　树立可持续发展的农业投资理念，保护东道国的自然环境

农业的发展容易对生产地的环境、生态产生实在或潜在的不利影响，即市场经济的负面外部性。中国海外农业投资企业由于受到传统观念、经营理念和科研能力等因素的掣肘，普遍存在只重视生产赢利而忽略环境保护的现象，主要表现为：（1）海外农业投资企业内部基本上没有关于环境保护的制度与策略，环境保护意识薄弱，没有形成保护环境的企业文化；（2）海外农业投资企业没有环境保护资金投入的规定，普遍表现为环保投入相对少，对环境保护技术利用不积极，存在片面追求经济利益的现象；（3）海外农业投资企业也基本上没有针对环境风险及环境事件的预警机制和应急机制，当在生产经营过程中出现各类环境问题时缺乏必要的公关能力。[①]

近年来，国际社会也越来越注重对投资东道国的环境保护。从国际金融治理的领域看，世界银行、亚投行等世界主要多边开发银行都纷纷出台了自己的环境与社会政策。如果一个项目想获得多边开发银行的贷款，就

---

① 曾文革、孙健：《我国海外农业投资的环境风险与法制对策》，《江西社会科学》2015年第3期。

必须满足相应机构的环境保护条件。比如说，中国在巴基斯坦投资的一个农业基础设施建设项目如果出现资本运营不足的问题时，如果向东道国或母国都无法获得贷款，那么这个时候亚投行的贷款可能就会显示出自身的价值了。但是，申请亚投行贷款又必须满足较高的环境条件。[①] 因此，这就要求中国的农业海外投资企业从制定投资战略到经营生产都必须树立较强的环境保护意识。再者，维护东道国的环境本身就是一种不可推卸的责任。

对于中国的农业海外投资企业而言，首先，就是要树立可持续发展的绿色农业发展理念，尊重国际投资法、国际环境法的有关原则，且在东道国的生态环境规则框架下进行农业投资及生产。其次，中国的农业海外投资企业要重视对环境管控工作的资金投入，重视法务队伍的建设，建立专门资金类目开展调研、公关、磋商等必要工作。最后，要将环境风险、环境问题的预警、应对、公关、争端的解决等工作写进企业的投资方案和管理规则当中。

六　践行平等保护原则，加强对广大民营企业的服务和监管

自 2017 年 8 月来，中国金融监管机构进一步加强了对国有企业实施境外投资的监督，以便限制资本外流，遏制风险，财政部要求中央和地方国有集团说明其海外投资项目的财务可行性，并在事前评估其中的政治风险，同时也要执行更严格的审计机制。2017 年 12 月 6 日，国家发展改革委、商务部、人民银行、外交部、全国工商联五部门联合发布了《民营企业境外投资经营行为规范》，该规范主要提及了民营企业在践行"走出去"战略时应当遵守的基本义务，而没有提到民营公司的海外投资方案应受到国家机关的相关控制。与此截然不同的是，中央机关对国有企业的海外投资方案始终保持高度审慎的态度，国家发展改革委、国资委等有关部门正在研究起草《国有企业境外投资经营行为规范》，这表明中央在海外投资监管层面，对于国企和民企的态度是具有很大区分的。所谓监管，本质上是一种服务，一种致力于降低企业海外投资风险的服务。诚然，国有企业所代表的国有资本是社会主义市场经济最重要的组成部分，是国民经济的命脉，理应重点保护，但是，民营企业作为同等地位的市场主体，也

---

① See AIIB Environmental and Social Framework.

理应有享受政府的这种"服务"的权利。因此国家发展改革委、商务部亟待建立国企民企同等对待的审查机制,高度重视对民营企业海外投资行为的风险审查和决策服务,努力实现由"管理型政府"到"服务型政府"的转变。

第三节 中国海外农业投资企业权益保障的法治体系与企业治理体系建设

中国海外农业投资企业权益保障的制度完善应充分把握国内法规范、国际法规范以及公司内部治理规范间的优势互补和一般投资的普遍性与农业产业的特殊性两者之间的差异这两个维度,充分结合现有的国内、国际的法治实践经验进行把握。此外,应充分把握"法治体系"的重要内涵。一方面,"法治"是动态的治理过程,因此必须十分重视对行政机关的行为治理;另一方面,"法治"应当是扩大解释意义上的法治,因此必须高度重视政策本身的作用以及政策对法治的基础性作用,把"一带一路"倡议下国家间的"声明""宣言""备忘录"等内容视为法治体系的重要组成部分。

一 国内法法治体系建设

针对上述的权益保障现状,中国亟待建立由法律、行政法规为主体,行业规则和企业内部治理规则为补充的全方位的农业海外投资企业权益保障法律机制。

(一) 对外投资层面的一般法律保障

所谓中国海外投资的一般法律保障,是指那些规范中国海外投资企业投资行为,保障其投资利益的一般法律规则的集合,这些规则无差别地适用所有的海外投资门类。

从中国目前的立法实践来看,中国当前规制海外投资的法律法规从性质上看主要可以分为三大类:限制类、促进类以及保障类。限制类的规则主要指那些要求海外投资企业审批、备案的法律法规。促进类的规则主要指那些促进海外投资企业进一步规避风险,提升海外资本运转安全度政策法规。保障类的规则主要是指对企业投资的事后权益进行保护的法规体系。从监管的时间来看，又可以分为事前预防性规则和事后保障性规则。

中国当前在限制性规则的构建上还算比较成熟，逐步建立起了以审批、备案、行业限制、金额限制为核心的控制机制。促进类规则主要是通过政府的一些政策和政府行为予以实现，如2019年4月成立长三角境外投资促进中心。① 而保障类的规则当前主要表现为对海外投资的保险制度，就整个2018年来说，中国出口信用保险公司对中国海外投资的承保金额就达到了500亿美元。当下，在"一带一路"倡议背景下，一是急需一部海外投资基本法来统领上述三类规则。二是需要在促进类规则的构建方面挖掘更大的潜力，如建立以政府为主导的企业咨询制度，开发海外投资决策的电子化风险模拟系统，让企业能够实实在在地享受到"走出去"战略下的各类福利，企业不需要泛泛而谈的一纸空文。三是要重视对现行行政法规、规章的优化补足。四是更广义把握"法治体系"，充分利用"一带一路"倡议下的双多边友好互动机制和多边合作谈判合作框架，不断巩固国际投资保护的阶段性成果。

1. 推动海外投资基本法的制定和颁布

如果上述三类规则中的一些基本原则、基本思路能够汇聚于一部海外投资法典当中，那将会迅速推动当前中国海外投资企业权益保障体系的系统化形成。传统意义的海外投资法典基本包含了海外投资鼓励和海外投资保证两个维度的内容。海外投资鼓励主要包含：（1）通过单方面制定税收减免法或同受资国签订双边协定的办法，减轻或消除海外投资者双重课税负担。（2）通过国家行政机关或经济、商业情报中心为海外投资者提供东道国的潜在或现实的情报资料，提供项目评估服务或资助。（3）政府通过金融机构对海外投资项目提供优惠金融服务。（4）对海外投资提供技术培训、咨询或其他经济援助。② 海外投资保证是通过立法的形式对海外投资者因当地战争、内乱或其他政治因素造成的损失，如资金冻结、财产毁坏和国有化等提供保险。因此，如前所述的三类规则都可以统筹于海外投资法典之中。

---

① 《长三角境外投资促进中心成立，促企业走向海外》，新华网，最后访问时间：2019年4月21日。

② 何盛明主编：《财经大辞典》，中国财政经济出版社1990年版，第96页。

一国规制外来投资和对外投资的方式分别是通过外国投资法和海外投资法来实现。而目前中国正在积极酝酿外国投资法案，商务部已于2015年1月19日发布《外国投资法（草案征求意见稿）》。与此相比，中国的海外投资基本法的构建相对滞后。这也突出了当前中国在"一带一路"倡议的指引下，努力改善营商环境，努力为"一带一路"沿线国家树立发展范例，充分表明中国谋求协作共赢可持续发展的世界经济治理理念。但是，任何一种国际经济发展方案都依赖于双多方的共同努力，尽管中国以开放共赢的心态拥抱世界，但是对自身在海外和即将进入海外的资本应强化对其适当的指引和保护，最大可能地降低中国企业资本"走出去"的各类风险，抑或是当出现资本危险时能够给予最大程度的保护。从这个层面上讲，海外投资基本法的制定势在必行。

2. 进一步界定部门权力边界，补足优化法律条文

要进一步界定商务部等具体职能部委在海外投资监管中的地位、角色，明确权力运行的结构。如《企业境外投资管理办法》第40条规定了多类监管方式，如协同监管机制、在线监测、约谈函询、抽查核实等，但对每一种监管方式都没有规定具体的操作方法，也没有释明具体的实施机构以及对应的权限。又如，该办法第11条写道"国家发展改革委会同其他部门，建立健全投资合作机制，国家发展改革委推动海外利益安全保护体系和能力建立，指导国内主体应对风险"。由于国家发展改革委并没有天然地拥有高于其他国务院部委的行政权力，在没有具体的立法授权或国务院的授权的情况下，这里的"会同"应该如何理解变成了当事各方普遍关注的问题。如果不进一步界定这些权力的模糊边界地带，将会为后续工作的开展埋下隐患。

如上述提到的在线监测、约谈函询、抽查核实等工作机制的具体含义是什么？相关部门在开展工作时的权限有哪些？机关开展调查工作与公民、法人的隐私权、商业秘密权、人身自由权等权利的边界在哪里？如果不对这类实质性的权力授予条款进行限制，则会有肆意扩大行政权力之嫌。又如，《企业境外投资管理办法》第49条载明驻外单位、有关部门发现违规后，可以告知核准备案机关并纳入信息系统等内容，其中，驻外单位的外延是什么？是仅指使馆还是使馆领馆都可以有此权利？有关部门是指与投资审批备案有关的部门还是与企业实际经营的产业有关联的部门？这些条款都值得进一步推敲。

3. 丰富"促进类"规则

如前所述,"促进类"规则在中国农业海外投资企业的权益保障的法律体系占有重要位置,且具有较大的潜力可以挖掘。事实上,这类规则的构建与推动服务型政府建设和提升政府的现代化治理能力息息相关。中国目前在这个维度的法律条文并不多见,与其说它是规则体系,不如说它是政府提供的一种具体服务,政府当下的任务就是要逐步建立起对海外农业投资企业的定向服务,然后再通过连续性的立法行为使这种服务变成一种具有约束力的规则和定式。

当下阶段,政府的定向服务应主要包含信息提供、企业决策咨询、第三方评估中介等。结合当下中国经济大环境,服务可适当向企业收取适当费用,但收费水平必须明显小于对应的第三方服务机构,如会计师事务所、咨询公司等。经过一段时间的实践再集合具体的经济形势,逐步降低收费标准直至免费。

4. 进一步提升金融机构在海外农业投资企业权益保障中的作用

在上述的规制企业海外投资的法律、法规中我们很难发现对金融机构责任、义务的声明,这是一块较大的立法空白地带。大多数海外农业投资企业都不得不依靠国内银行提供的商业贷款开展投资活动,当前中国负责企业海外投资融资的金融机构主要为中国进出口银行。当下政府层面对海外投资的审查主要表现为核准和备案两种形式,如果投资不涉及敏感行业或敏感国家、地区,企业只需提供相应材料进行备案即可。如果采取备案的形式,政府的发展改革部门就不会具体对投资方案、投资风险进行系统的审查。而金融机构在向海外投资企业提供贷款时基于最大限度降低贷款风险的考量,往往希望投资项目具有最小的风险,因此金融机构对海外投资的审查具有天然的、内生的原动力。因此,从立法角度看,在相关法律法规中强化金融机构的审查义务是可行的且具有现实意义,这将进一步降低中国农业海外投资企业发生投资损失的可能性。因此,可以尝试建立政府机关、政策性银行双重审查机制,最大限度地保证海外投资资本的高质、高效以及预期高回报率。

再者,还需进一步丰富当前的海外投资保险制度。2018年,中国企业海外投资持续活跃,特别是"一带一路"投资合作稳步推进,中国海外投资日益规模化、多元化、复杂化,海外投资保险逐步成为中国企业和金融机构构建境外项目投融资结构、规避海外政治风险的有效手段。当前，中国承保企业海外投资风险的主体是中国出口信用保险公司，承保的范围也仅限于传统国际投资意义上的战争险、政府违约险等。因此，可以考虑逐步增加适用具体项目特点的特别险别，提供定制化服务。此外，为海外投资提供保险绝不是中国出口信用保险有限公司（中国信保）为海外投资提供的唯一服务。每年，中国信保都对海外投资风险进行全面梳理，对投资风险的成因、影响、案例等进行系统性的总结，打造特有的海外投资风险指标，以定性和定量相结合的方式帮助投资企业识别和评估投资风险。在提供风险评估的同时，中国信保还提供风险管理建议，帮助企业规范管理投资风险，及时跟踪承保项目进度，全面把握项目执行中的国别、行业风险，提供及时、专业的信息服务，帮助企业解决项目执行中的问题，帮助投资者提升风险管理水平，提高项目抵御风险的能力。因此，从这个维度上讲，中国信保还承担了类似于咨询公司的职能。从长期看，相关部门可以逐步将一些权限下放给海外投资保险机构，给予中国信保在事前规划方面更大的权限。

5. 强化政府与企业间信息交换和信息披露机制建设

中国政府与"一带一路"沿线国家的互访互动，将农业合作纳入双边经贸合作的内容，并签署了相关农业国际合作文件，为对外农业投资企业解决问题和困难。但中国的农业海外投资企业对有效的境外投资和服务无法获得与政府机关同等的全面信息，对所在国的政策、优惠措施不能及时了解和掌握，无法建立一个统一健全平台信息制度。相反，海外农业投资企业如果掌握了一手的优惠政策信息，就能在第一时间取得市场的主动性，作出最为妥当的决策。例如，天津海禄投资有限公司在澳大利亚开展奶牛养殖、饲草种植等业务取得成功的主要原因是及时掌握中澳自贸协定的签署信息，得力于中澳贸易的稳定发展，为企业的稳定发展注入新的活力。

在这样的环境下，商务部等相关部门亟待建立政府与企业间信息交换和披露机制。如利用大数据、后台实时更新推送等信息技术建立相关的信息平台。对于建立信息化平台的资金、技术，享受信息化福利的企业也应承担一部分，抑或是可以考虑由政府部门或者行业协会为主导建立一种类似于会员制的"信息共享平台"。因此，在这个问题上行业协会等行业自治组织也应该集思广益，努力通过各种方式强化信息共享机制的建设，解决法律、政策信息不对称的问题。

此外，农业海外投资企业还可以通过聘请农业投资所在国的律师事务所、法律咨询公司、会计师事务所、税务师事务所等方式，不断地学习和应用当地法律、法规、税务和财务会计制度，更好地融入当地的社会、文化，提供更好的产品和服务，不断提升企业自身的抗风险能力。

（二）农业专项层面的特殊法律保障

当前，中国现行的农业法律与法规有25部，农业部门规章有72部。这些法律法规基本是对国内农业生产、经营、农业产权、农产品质量控制等内容的规定，缺乏对农业海外投资的专门规定。在中国规制海外投资法律关系层面的法律法规也很少有专门对农业投资进行规定的。对于农业海外投资这一领域，目前基本上是学者们在探索性地研究。

因此，在后续立法上面，可以考虑在《农业法》增加专章规定农业跨国投资的基础性事项，包括中国对外的农业投资以及外来资本的来华投资两个投资方向，并在配套的法律、规章中完善具体的审查标准、准入（出）制度以及争端解决机制等，以此维护中国农业产业的产业安全和海外农业投资资本的可持续性运作。此外，还可以考虑海外投资法中用专章、专节抑或是负面清单的形式来规制中国农业海外投资企业的投资行为，最大限度地维护资本安全，预防性地避免农业海外农业投资的决策失败。

二　国际法法治体系建设

中国农业海外投资企业权益保护的国际法保障体系是一个宏观、复杂且存在着大量交叉规定的法律保障体系。从法律文本的形式看，可以分为全球性多边公约、地方性多边公约、双边投资协定、农业专项性公约、双边农业公约等；从保障的客体看，又可以分为一般性投资保护条约和特定的农业投资保护条约；从法律文本的效力层面看，又可以分为规定适用条件、解决方法的"硬法性条约"和倡导合作、促进双多边制度安排的"软法性条约"。

当前，对中国农业海外投资企业权益保护的国际法保障更多地依靠传统的双边投资协定，农业专项投资协定、专项合作方案对该领域的保障作用显得较弱。因此，未来完善国际法保障体系应更多地从专项、特定的产业保障方面打开突破口。

（一）不断丰富国际投资法和国际农业发展合作的基本原则和治理理念

法律原则能在法律规则不完善的情况下，为行为人行使权利、履行义务提供宏观层面上的指导，使法律行为不违背经济发展、社会和谐的主流精神。与发展历史更为悠久的国际公法相比，国际投资法是在经济全球化的浪潮中逐步发展壮大的，而学界对于国际投资法的基本原则的外延并没有形成完全的共识，这与国际公法上传统的几大黄金原则形成了鲜明的对比。

农业海外投资属于国际投资的一种基本门类，其发展规律、合作机制、保障模式都需要在国际投资法的大框架中进行把握，运用国际投资法的基本方法来解决基本问题。其中，遵循国际投资的基本原则是促进中国农业海外投资企业权益法律保障的最关键一环。在总结了各类学者的观点和国际投资实践的基础上，目前以下几类原则被认为是国际投资法领域最为主要的原则：

1. 互利共赢原则

互利共赢原则应包含义务共担和利益共享这两个基本维度。在国际投资法领域，其表现为国际投资义务和国际投资权利相一致。具体而言，投资方的义务主要包括诚信投资、照顾投资对方利益和承担投资决策后果等；投资方的权利主要包括分享投资利益，投资收入归投资者自己自由支配，享受投资、再投资优惠等。国际投资各方利益共赢的基本理念表达了世界各国寻求合作共谋发展的认识基点，利益共赢关系从本质上看是一种"一损俱损、一荣俱荣"的连带关系。这不仅表现在发展中国家之间，在发达国家之间以及发达国家与发展中国家之间，这种关系也时常发生。

互利共赢原则在各国投资实践中突出表现为投资条件的对等，禁止以各类理由进行投资歧视。在国家涉外法律实践中突出表现为和其他国家签订双边投资协定，互为对方设定相对宽松的投资营商环境。如减少农业投资企业设立的时间，简化资金的审查程序，更大范围地使用备案制等。因此，商务部等相关部门要更加重视与农业合作国家的磋商工作。

2. 平等磋商原则

双边协定是解决国际投资若干问题、分歧的最重要法律手段，而双边协定的逻辑起点在于平等协商。从国际法律实践的角度看，通过磋商达成国家间的合作主要是通过两种方法实现：在双边投资协定中对农业投资准入、融资政策、争端解决等内容进行特别约定，或达成针对性较强的农业合作方案、农业投资协定。

在"一带一路"合作框架下，沿线国家的经贸、投资往来明显增强，这为双边农业合作谈判提供了宽松的时代背景和政策背景。加之沿线国家农业发展状况具有很强的互补性，使得这类合作有了天然的原动力。在这样的时代、地域、产业背景下，在国家层面的农业发展磋商有了现实的可能。

3. 国际投资风险和国际投资收益正相关原则

投资风险和投资收益正相关，即投资风险和投资收益成正比，是指在一个相对完善的资本市场中，投资者追求的收益越高，承担的风险就越大，反之亦然，因此不存在持续状态的低风险高收益的投资产品以及高风险低收益的投资产品。

因此，对于中国实施"走出去"战略的农业海外投资者而言，首先就是要正视投资收益与投资风险在一定范围内的正相关性，端正投资态度和风险意识，基于此种认识，进行差别化的战略考量和风险评估。对于制定法律法规的国家机构、政府而言，国内层面的法律保障的重点在于当企业的投资收益期待与投资风险在一定范围内正相关时，提供最大可能的法律保障。当企业作出投资收益期待与风险期待明显不相称的决策时，制度性的保障便失去了意义。

(二) 推动国际投资"软法"的系统性硬化

如前所述，在规范国际投资行为的国际法规范中，存在着大量具有"宣言""倡议"性质的双多边规范，这在国际法学理论层面上可以被视为一种"软法"，如《金砖国家农业合作行动计划（2017—2020）》、G20框架下《全球投资指导原则》《青岛宣言》等。在"一带一路"倡议层面，有诸如《共同推进"一带一路"建设农业合作的愿景与行动》等多边行动宣言，也有大量的双边经济合作备忘录、联合声明等。

这类"软法"的共同特点是提出了多方愿意协商一致达成的目标、远景以及多方在该领域实际操作时应遵循的基本原则，其内容多为倡议性的、原则性的，缺乏微观层面的可操作性。现下当务之急，就是要有序、逐步、多层次地推动这些"软法"的硬化，努力推动基础性原则向具体化规则的转变。一种方法是可以在这些软法确定的发展方向、基本原则以及各类备忘录的基础上签署新的具体的且有实际操作性的具体条约协定。另一种方法则是在软法文件中附加上具体的实施方案或实施细则，通过双多边谈判的方式不断充实"软法"项下的附件内容。结合晚近国际法的实践看,笔者认为第一种方式更为合理。在"一带一路"框架下,对于保护中国农业海外投资企业权益,当下最为迫切的任务就是要健全双多边法治体系,重中之重就是要不断推动双边投资保护协定的谈判工作,不断提升双边投资保护水平以及保护效率。

1. 选择合适的双边投资协定模式

双边投资保护协定的保护模式,当下主要有以保证资本输出国承保机构的域外代位求偿权的实现的"美国模式"① 以及以平等协商为基础的、涵盖广泛的自由约定条款的"德国模式"。应当说,"美国模式"更加倾向于对母国外国投资的安全保护以及保护的效率,而"德国模式"② 更强调两国在意定条件下促进双边投资的增长。综合来看,"一带一路"倡议框架下的双边投资协定应尽力吸收上述两者的优点,并且努力寻求投资增长和投资保护之间的平衡点,并努力实现与国内外两个自贸区的对接。

2. 逐步在双边投资协定中落实负面清单制度和准入前国民待遇制度

诸多双边投资协定多就投资的损失规定了投资国民待遇原则和最惠国待遇原则,③ 这两项原则作为国际贸易法领域的两项"黄金原则",在日益密切的国际经济互动中逐渐被国际投资法领域所吸收,在国际投资实践中获得了越来越多国家的承认与肯定。合理运用上述两项规则,有利于中国更好地保护中国的农业海外投资。近年来,中国积极推行自由贸

---

① 美国在第二次世界大战后针对当时的国际形势,首开实行海外投资保险制度之先河,美国海外投资保险的实际赔付主要依靠双边投资保证协定这一形式来实现。美国与别国签订的投资保证协定的核心在于让对方缔约国正式确认美国国内的承保机构有在有关的政治风险事故发生并依约向投保的海外投资者理赔之后,享有海外投资者向东道国政府索赔的代位权和其他相关权利及地位。协定还规定双方政府因索赔问题发生纠纷时的处理程序。

② 相较于"美国模式"而言,"德国模式"的内容更加广泛,不仅将传统的"友好通商航海条约"中有关保护外国投资的内容更加具体化,还融合了上述美国式"投资保证协定"中有关投资保险、代位赔偿及争端解决的规定,呈现实体性规定与程序性规定并重的特点,并且具有更强的灵活性和谈判余地。

③ 如中国政府和韩国政府于2007年签订的最新版的《中华人民共和国政府和大韩民国政府关于促进和保护投资的协定》第5条"损害和损失的补偿"就规定,"缔约一方的投资者在缔约另一方领土内的投资,由于缔约后者一方领土内发生任何形式的武装冲突、国内紧急状态、内乱而遭受损失,缔约后者一方给予其恢复原状、赔偿、补偿或采取其他解决措施的待遇,不应低于它给予本国或任何第三国投资者投资的待遇"。又如,于2001年8月27日签署的《中华人民共和国政府和尼日利亚联邦共和国政府相互促进和保护投资协定》第5条也规定了同样的内容。

易试验区的建设，逐步确定了投资准入的负面清单制度和准入前国民待遇制度。事实上，中美自由贸易协定的谈判就是围绕着上述两个核心问题进行的。鉴于"一带一路"沿线国家多为发展中国家，对中国的投资总量相对较低，而与之相反的是中国在"一带一路"沿线国家的投资呈现爆发式增长的趋势，因此在后续的双边投资协定的谈判过程中，应着重对"一带一路"沿线国家对中国资本准入的范围及准入前国民待遇等问题进行磋商。

3. 适时突破既有双边投资协定的争端解决模式

双边投资的一个重要内容就是约定了出现争端时的解决方式。当争端出现在两个缔约国家之间时，基于主权豁免的国际法基本原则，只宜采用仲裁的方式。而仲裁的最大特点就是当事人的意思自治，这个时候缔约双方通常可以协商选择法律。但是，当缔约方的投资者与另一缔约方发生纠纷时，最大的可能性就是由东道国有管辖权的法院管辖，这个时候，该法院审理涉外投资纠纷所依据的法律就只能依据该国的国际私法体系确定，通常情况下是适用东道国本国的国内法，其具有天然的偏向性，不利于促进中国海外农业投资企业权益的保护。因此，可以考虑在双边投资协定中约定当出现某种纠纷或某种具体损害时，适用中国法律。诚然，这无疑有破坏对方缔约国司法主权之嫌，谈判难度极高，因此中国可以考虑提出给予同等的条件让步，但是这个做法必须考虑对最惠国待遇原则的遵守问题，否则将会造成难以回避的国际法治困境。

（三）完善国际组织的规则体系搭建，提升相关国际机构在解决投资争端层面的作用

农业海外投资属于国际投资的重要领域，理应受到国际投资的国际法体系的规制，而专门化的国际机构在国际投资争端的解决问题上发挥了重要作用。如前所述，多年来，解决投资争端国际中心（ICSID）和多边投资担保机构（MIGA）分别在国际农业投资纠纷解决和跨国农业投资者权益的事后保障层面起到了基础性的作用。

20世纪80年代初，许多发展中国家面临巨额的国际债务，与此相对应的投资母国基于对东道国国家征用等政治风险的担忧，于1985年通过了《多边投资担保机构公约》，又名《汉城公约》。该公约最大的作用就在于公约规定了多边投资担保机构的一项重要职能：为外国提供非商业性的政治风险的担保业务。公约在11条"承保先别"详细释明了机构为四类政治风险提供担保服务,分别是货币汇兑、征收和类似的措施、违约、战争和内乱。同时,该条第 2 款还规定了在满足特定条件的情况下,担保范围可以扩展到上述四类风险之外的非商业风险。因此,当中国的农业海外投资企业因东道国的非商业风险遭到利益损失时且满足公约规定的担保条件,那么就可以就公约规定向多边担保机构提出赔偿请求。

20 世纪 90 年代以来,ICSID 受理案件的数量急剧增加。当下,仲裁已经成为争端解决中心解决争端的主要方法,但是解决机制不完善的问题阻碍了机构充分发挥其解决国际投资纠纷的职能。比如,不同仲裁庭对同一投资条约解释不一致或对相同案件的裁决不一致、仲裁程序透明度不够、缺乏有效的监督或矫正机制等。[1] MIGA 公约确定了承保的四种险别、"合格投资"的定义、"合格投资者"的定义以及机构的代位权等。上述规则推动了机构规则的确定化和可操作性,但又潜移默化地限制了机构自由裁量权的发挥,不利于以一种更为灵活的方式处理投资争端。此种情况下,机构可以考虑适当拓宽承保的险别,放宽对"合格投资""合格投资者"的认定标准,赋予担保机构基于代位权所取得的赔偿款项的豁免权。因此,相关机构应不断对其内部治理规则进行完善,推动操作方法的科学性、针对性和灵活性,不断扩大适用标准,努力实现其作为国际专门机构的更大价值。

三 企业治理体系建设

企业作为市场经济最主要的主体,其对于自身的经济行为始终是最终责任的承担者,法律规范和社会政策都只能作为企业自身发展、战略选择的外部条件。

对于致力于"走出去"的中国农业企业来说,权益保障的核心就是企业要不断提升自身的风险识别能力。此外,董事会(董事)的决策框架和风险评估能力对于海外农业投资的风险防范和权益保护具有至关重要的作用。因此,海外农业投资的主要管理人应不断强化自身的业务能力,主动向商务部、国家发展改革委等部门了解海外投资的宏观政策和主要风险的分布情况,以企业海外投资的基本风险为导向,结合东道国的基本经

---

[1] Garcia-Bolivar and Omar E., "Comments on Some ICSID Decisions on Jurisdiction", *International Business Lawyer*, Vol. 32, No. 4, Aug. 2004.

济社会政策、相关法律不断调试既存的风险评估模型。此外,如前所述,行业协会、政府的指导与服务权能同样应当在企业的内部治理体系中发挥重要作用,不断引导企业投资行为日趋规范化、合理化、科学化,不断推动中国农业海外投资企业内部治理体系的现代化。

(一) 不断提升农业海外投资企业的风险识别能力

首先,要对中国农业海外投资企业权益进行保障,就要弄清那些可能造成投资失败或受挫的风险所在。概括起来,风险主要可以分为以下几类。从管辖地域的角度看,可以分为国内风险和国外风险;从自然与社会二维角度看,可以分为自然风险和社会风险;从与国家行为的关联程度看,可以分为政治风险和非政治风险。要探究中国企业农业海外投资法律保障的总体发展思路,就要对影响投资收益与回报的几类重要风险进行回应。通常来说,农业这一特定产业的海外投资,面临的主要风险有自然风险、普通商业风险、政治风险、国际市场风险、海外融资风险、投资决策风险、法律风险等。自然因素属于不可抗力,不因人为因素而转移,不在法律保障机制的探讨范围之内。

1. 政治风险

政治风险主要可以包含政府干预风险、货币汇兑风险、战争内乱风险、国有化风险以及政府违约风险。对于这几类子风险,按照政府可控程度,又可以做更细致的划分。通常来说,政府可控程度越高,投资利益保护的法律制度空间就更大。例如,政府违约行为就可以采用国际法上的报复、反报复、经济制裁等合法手段加以威慑,从而降低其发生概率。再如,通过对投资东道国政治经济制度及所有制结构等基本制度进行深入分析,建立全面、可操作、针对性的评估机制也有利于大面积地减少国有化风险的发生概率。

2. 海外投资的国际市场风险

农业海外投资的国际市场风险主要表现为农产品的国际市场价格、供需及汇率等变动造成农业企业潜在损失的可能性。总的来说,国际市场风险的发生取决于国际市场供需关系结构的改变以及东道国的外汇、金融管控政策。市场的供需关系作为最为重要的宏观经济规律,其本身具有固有的周期性、无法预测性等特征,难以为政府部门所预知、监管。而一个国家的金融外汇政策更多地属于一个国家的"内政",很难通过国际谈判行为而有所松动。因此,对于农业海外投资的国际市场风险而言,亦缺少相关的法律制度保障空间。

3. 海外融资风险和投资决策风险

对于应对海外融资风险和投资决策风险而言，其法律保障具有较大的构筑空间。诚然，中国农业企业在海外投资建设的过程中常常遇到资金周转等问题，相较于国内融资，海外融资面临着更为严峻的挑战，挑战可以分为主观性挑战和客观性挑战，主观性挑战是指中国海外投资企业对东道国融资规则的认识不足并欠缺实践经验，不能有针对性地制定融资方案。客观性挑战指的是东道国的融资政策可能会出现歧视性条款或设定显然过高的融资标准。但是上述挑战可以通过企业增强自身的规则识别能力、增强管理人员法律素养、加强投资的东道国与母国的谈判工作等方法应对。

4. 环境风险

当今国际社会，环境生态的保护已经完全融入国际经济活动当中，对于环境的保护日益成为一项经济活动取得预期效果的重要因素。在国际投资实践中，尊重投资东道国的国内环境保护法律、政策，努力维护投资东道国的生态环境成为国际社会的共识。从风险的发生阶段看，环境风险容易发生在投资准入前和投资企业海外日常运营这两个阶段。从风险的性质和类别看，海外农业投资的环境风险主要可以分为这两类：一是海外农业投资准入环境壁垒风险。在全球环境保护意识高涨的今天，环境保护问题如果得不到妥善处理，可能会引发海外投资者和当地居民关系的紧张，甚至冲突，并可能迫使东道国政府以环境保护为借口，制造新的壁垒，限制海外农业投资。二是海外农业投资企业运营环境风险。海外农业投资企业在运营的过程中，如果违反了东道国的环境保护规定，将引起惩罚性的后果，如民事赔偿、行政处罚甚至刑事制裁等。

（二）企业自身应不断探索建立企业内部的事前风险评估机制

相较于事后评估，事前评估在农业企业海外投资企业权益保障中的重要性更为突出，因为一次战略性投资失败或者对风险的错误预估将无法给一个企业汲取教训的机会。因此，企业管理人应时时重视内部事前风险评估机制的发展与完善。在风险的事前评估方面，董事会可以通过各类决策设定企业自身的咨询队伍或者是聘请国内外知名的咨询团队。而对于事后投资权益的救济层面，中国的农业海外投资企业应与当地的知名律所建立战略合作伙伴关系，为企业了解东道国法律、政策提供帮助以及为企业提供高效的诉讼、仲裁服务。而对于企业自身来讲，也应高度重视自身的涉外法务团队建设工作,努力培养公司的国际法务人才,减少企业因对东道国或第三国的相关法律认识不足或理解偏颇而可能造成的损失。

(三) 充分利用行业协会搭建标准化经营规范

前文已经阐释到,行业协会在整个行业的发展中发挥着不可替代的作用,行业协会既不属于政府机关,也不属于企业组织,因此从本质上可以被视为非政府组织(NGO)。伴随着非政府组织在国际层面的飞速发展以及法律活动空间越来越广,其不仅在社会治理中发挥作用,而且在向宏观经济层面不断渗透。这里的行业协会不能固化地把它视为国内的行业协会,国际层面的行业协会往往能在农业跨国投资权益保障层面发挥更大的作用。在国内层面,有中国农业国际合作促进会(China Association for the Promotion of International Agricultural Cooperation),其是1998年经国务院批准、民政部注册、农业部管理的全国性、非营利的国家一级社团组织。运营多年来,中国农业国际合作促进会以促进农业人才、技术、投资与信息等方面的国际国内交流与合作,拓展服务领域、提升合作层次,扩大交流范围,深化农业领域的国际合作,推动中国优质农产品出口与农业企业走出去,促进中国农业健康、快速、可持续发展,提升中国农业品牌的国际影响力与市场占有率,全面发展中国农业经济为宗旨,不断加强国际横向交流,直面国际市场,在行业管理、国际合作、咨询服务、标准制定等方面取得了许多实质性成绩。在国际层面,有以国际农业联合会(International Agriculture Federation)为首的非政府间国际组织。这些组织在加快农业国际交流合作,优化农业资源、资本在全球范围内的配置方面起到了重要作用。

在"一带一路"倡议的号召下,沿线各国的营商环境不断优化并不断呈现"趋同化"倾向,这为行业协会努力推动国际标准化经营规范的构建创造了极为有利的条件,必将进一步缩小不同国家间关于农业的经营理念和经营策略的差异。此外,国内行业协会积极推动国内统一标准化经营规范同样应当被提上日程,这将进一步释放中国农业海外投资企业的集团优势,通过规模化的方式来不断影响国际农业产业的发展模式。

(四) 政府应不断强化其引导和服务职能,推动企业内生保障规则机制的完善和优化

虽然政府行为不能被视为中国农业海外投资企业内部权益保障机制的范畴,但是通过这种外生性因素能够推动企业内生性保障机制的建立。当代的国际竞争归根结底是信息的竞争,谁掌握尽可能多的与商业运行的各类信息，谁就能在瞬息万变的国际竞争市场中占据主动。前述已经详细论证了政府在海外农业投资企业权益保障中发挥服务和引导职能的必要性，在该领域，政府应不断加快推动由"管控型政府"到"服务型政府"的转变步伐。

具体而言，政府可以考虑为农业海外投资企业搭建信息化服务平台，除了通过电子平台审查的操作模式来节省农业海外投资企业的投资前准备时间，以此来优化营商环境，还可以通过电子化平台发布重要的东道国风险提示信息和营商环境改良信息，以便投资者能够根据这些实时变化的信息来调整自身的投资战略。再者，政府可以在官方网站上展示各类农业海外投资的成功决策案例和纠纷解决案例，以供其他企业学习参考。另外，在"一带一路"框架下，中国政府与外国政府达成的各类外交成果、合作协议、政策优惠等都应及时公布在相关网站上，以便企业因时制宜、因地制宜选择投资方案。

第四节　中国农业海外投资企业权益保障的未来展望

要确定"一带一路"战略下中国农业海外投资企业权益法律保障的基本方向，就必须牢牢把握当今世界农业海外投资的发展阶段、现状和"一带一路"在海外投资层面的机制建设成果这两个维度，充分利用时代环境、国家政策、中国在世界贸易体系中的优势地位、政策支撑能力等优势条件，全方位地保障农业海外投资企业的合法权益。

一　不断丰富并深化全球治理理念的内涵及行为框架

全球治理理念的变革与演进直接决定了中国海外农业投资的基本模式与海外农业投资企业合法权益的保障时效。在单边主义、贸易保护主义日渐抬头的国际背景下，2012年11月党的十八大明确提出要倡导"人类命运共同体"意识。这是一次由长期以来资本主义制度主导下的资本本位到以人为中心的人文本位的根本性转变，根本目标在于实现整个人类的包容性发展。[1] 实

---

[1] 郑长忠：《人类命运共同体理念赋予包容性发展新内涵》，《当代世界》2018年第7期。

际上，其他国家或国际组织也提出了类似的理念，如东盟提出"Sharing and Caring Community"，意思是共享与关怀的共同体。其实这些关于全球治理与发展的理念都是相辅相成的，都是希望所有的国家及其人民能够共同发展，共享和平与稳定。从国内法与国际法的互动层面看，党和政府在国内践行的发展理念同样可以不断向国际社会渗透，逐步上升为国际法治理的基本原则，如"创新、协调、绿色、开放、共享"五大发展理念。

"一带一路"倡议下中国农业海外投资企业的权益保障的基础在于实现国际经济合作层面的"对等保护"，这可以是投资与投资的对等，也可以是投资与贸易的对等。寻找"一带一路"国家间的利益共同点，让每一笔农业海外投资都能与东道国自身的技术发展、粮食安全、环境保护等核心要素紧密连接起来，促进资本保障的内生性动力。因此，无论是"人类命运共同体"还是其他发展理念都不能被束之高阁，也不能仅仅停留在一种"政治性理念"的层面，全球治理理念亟待通过一个个具有代表性的个案来凸显其巨大的现实意义。目前，"一带一路"倡议下的各类农业合作区正是推动这种现实意义实现的重要载体。

二 积极推动农业全球化进程，积极提升农业投资规则制定中的话语权

全球化是将各国核心利益紧密联系起来的重要连接点，积极推动农业全球化进程，加强沟通理解信任和尊重，构建新型农业国际交流与合作格局，推进中国农业海外投资全面可持续发展，是促进中国农业海外投资企业权益保障的根本路径。尽管单边主义、逆全球化等浪潮在近年来屡屡为农业的全球化进程制造跌宕，但全球化进程在可预见的未来仍然引领着时代发展趋势的主流。在"一带一路"倡议的引领下，推动农业的全球化进程，就必须在政治互信的基本前提下，在全球范围内寻求更为广泛的利益结合点，寻求更为多元化的农业资源的全球配置方式，将投资保护、技术输出、贸易合作、社会环境生态保护等国际主流诉求紧密结合，扩大双多边经济谈判基础，强化共商共建共享的国际合作体系。

商务部、外交部等部门要牢牢把握国际规则从酝酿、产生、发展到完善的基本环节、重点要点，巩固既有的战略合作伙伴关系，发掘潜在合作

伙伴，尽可能地在国际多边条约的制定、解释或完善过程中担任倡导者、组织者的角色，承担更大的国际责任。现阶段，中国应充分利用中国农产品进出口量占世界比值逐年上升，对外投资流量与存量规模逐年递增，在全球农业投资贸易层面的影响力与日俱增，以及发达国家无节制的生产发展掠夺和破坏了更多的自然资源与生态环境，并把这种压力和破坏转嫁到缺乏相关法律法规保护的发展中国家，于是越来越多的发展中国家期待以中国为代表的新兴国家能够作为其代表发出瓦解陈旧的国际农业投资体系的利益诉求这两个现实基础，加强谈判的效率和针对性，改进现有多双边投资协定，并在未来多双边经贸谈判中为中国农业海外投资争取更多实质性权益，让更多便利惠及中国农业海外投资。

三 依托传统国际法多边治理体系，不断探索多边投资合作新模式

如果仅仅是在"一带一路"倡议下把握中国农业海外投资企业的海外权益保护问题，往往会"一叶障目，不见泰山"。当下，国际社会越来越重视调解和协商在国际经济治理中的重要作用。如联合国国际贸易法委员会历时四年研究拟订的，并经联合国大会会议于 2018 年 12 月审议通过的《新加坡调解公约》（全称《联合国关于调解所产生的国际和解协议公约》），公约旨在解决国际商事调解达成的和解协议的跨境执行问题。公约的签订使当事人在发生商事纠纷时采取和解的解决手段变得更有保障，这也必将为中国的涉外民商事纠纷的解决机制注入新的活力。

总之，尽管"一带一路"倡议为沿线各国提供了一个更为亲密的合作发展关系，但是我们依旧不能忽视国际社会当下奉行的价值准则。欧美发达国家的合理思路、措施都可以为"一带一路"沿线国家所用。只有顺应了国际农业海外投资发展的新趋势，才能更好地保护中国农业海外投资企业的合法权益。

（一）逐步探索农业投资合作模式

从目前的情况看，"一带一路"倡议从性质上看只能归于全球性的战略发展框架，不具有传统意义上的国际组织的基本属性和基本特征。笔者认为，这也正是现阶段"一带一路"倡议的优势所在，因为现阶段"一带一路"倡议的目标并不是建成一个区域一体化组织，因为区域一体化组织的封闭性和结构性很可能使一些希望参与的国家有所顾忌或因区域条件

不具备而被"拒之门外"。① 但是,"一带一路"倡议框架式的构建模式已经持续多年,进一步探索、创新农业投资合作与保障的新模式成为势在必行的新趋势。对此,笔者认为可以仿照 APEC(亚太经合组织)的组织结构形式构建"一带一路"倡议框架下的准"国际机构"。APEC 在组织建构上并没有建立起类似于 WTO、欧盟那样精密、完备的规则体系,而是主要通过各类非正式会议、部长级会议、高官会议实现成员国之间的互通有无,促进投资贸易合作与谈判。现下,中国主要是通过双边互访、双边谈判的方式确定与"一带一路"沿线国家及有意愿加入"一带一路"的国家的政治经济合作关系,并没有建立有效的多边谈判框架。在这方面,APEC 的运作机制或许能够给"一带一路"倡议在农业海外投资保障层面的发展提供一定的规则借鉴。

(二) 积极寻找建立自由贸易区的突破口

在当下的国际法体系中,国家间就外资准入、投资保险、纠纷解决等投资问题进行双边安排主要通过两种方式来进行:一是通过签署双边投资协定予以调整;第二是通过双边或多边自由贸易协定中的投资条款进行规制,并与双多边贸易安排紧密结合。笔者认为,当下结合"一带一路"倡议的多边主义基本立场,应加速推进"一带一路"倡议框架下多边自由贸易区的谈判工作,并在法律文件中确定基础性的多边投资准入条件、待遇标准以及争端解决程序等基本法律事项。如前所述,中国—东盟自由贸易协定体系中已出现多份多边投资协议并在减少分歧、奠定基本投资合作格调方面起到了重要作用。未来,在"一带一路"倡议横向扩展和纵向深入的步伐下,中国应牢牢把握"一带一路"沿线国家的共同利益这一基本逻辑起点,努力探索与新的国家抑或是国家联盟,如非洲国家联盟缔结涵盖多边投资保护在内的多边贸易协定,建立更多的自由贸易区,推动海外农业投资与跨国农业贸易的联动发展,推动中国进口农业产品的价格稳定,推动国民经济的外源性增长。

"一带一路"自贸区的构建,不能只局限于东盟或中亚的几个国家,应把目光投向更广阔的中东欧市场,这些国家对于农业投资项目的落地有着较强的意愿。诚然,欧盟内部犹豫、担忧甚至保守的态度会让中欧自贸区的谈判举步维艰,但是中国应拿出充分的诚意,并沿着中欧投资协定、

---

① 王筝:《"一带一路"战略模式构建的国际法思考》,《当代经济》2019 年第 6 期。

中欧服务贸易协定、中欧自由贸易区的路径稳步推进。① 此外，还应不断推动亚欧合作与中欧合作的融合，积极寻找建立"一带一路"倡议下自由贸易区的突破口。

（三）创新农业海外投资模式，强化海外农业投资项目谈判

2017 年 11 月，农业部印发《农业对外合作"两区"建设方案》，为企业"走出去"搭建境外、境内两类平台，以外带内、以内促外，形成推动农业对外合作的双轮驱动和高水平双向开放格局。② 事实上，对外农业合作区的建立创设了"一带一路"倡议下中国海外农业投资的新模式。与传统的海外农业投资模式相比，以政治互信与战略合作为基本前提的合作区模式对当事双方提供更为灵活的制度供给，双方可以对合作模式、投资优惠、东道国参与、关税税率、争议解决等要素进行专门性协商，这就绕开了传统模式下双方国家官方谈判的法律行为范式。

随着"一带一路"倡议不断推进，中国要不断探索双多边的农业投资贸易合作方式，尤其要注意规避投资对贸易的扭曲作用，寻求海外农业投资与国际贸易结合的新方法、新思路。要强化海外农业投资合作项目的谈判工作，以国有大中型企业带动中小企业逐步高质量地落实"走出去"战略，不断积累企业的农业海外投资经验，切实维护中国农业海外投资企业的合法权益。

四 完善纠纷解决机制，推进沿线国家的司法合作

中国农业海外投资企业权益受到威胁既可能是基于东道国政府因素，如国有化、征收、战争内乱等，也可能是基于普通的涉外民商事关系。对于前者，如前所述，可以利用 MIGA 公约项下的基本规则抑或是通过双边协商、谈判的方式解决争端。而对于后者，更依赖于传统国际法意义上的民商事纠纷解决机制，国际民商事争议解决方式众多，一般而言分为诉讼与非诉讼两种途径，包含自行协商、第三方调解、提交仲裁和诉诸法院四

---

① 欧盟贸易官员在第七届中欧论坛的发言中专门强调，欧盟的顺序是先谈投资协定再谈服贸协定，然后是自贸协定。欧盟在 2020 年前的计划十分明确，达成全面的双边投资协定，这是和中国谈自贸协定的前提。

② 根据该文件，农业部决定在"一带一路"沿线以及其他重点区域组织开展境外农业合作示范区建设试点，在沿海、沿江、沿边等条件成熟地区组织开展农业对外开放合作试验区建设试点，简称"两区"。

种方法。当事人可基于争议类型和自身情况、结合不同手段的优势和特点，自愿选择纠纷解决方式。双方自行协商主要取决于双方当事人的诚意和争议纠纷所涉利益的重要程度，在这里不作讨论。

(一) 充分发挥调解新机制作用

在"一带一路"倡议提出前，沿线国家就有已经有大量的专业性的调解机构，既包括仲裁机构下属的调解中心，又包括大量专业性的调解机构，如新加坡国际调解中心、克罗地亚经济商会调解中心、阿布扎比商务调解仲裁中心等专门性调解机构。值得欣慰的是，2016年10月19日，由北京德恒公益基金会联合中国五矿化工进出口商会等发起的"一带一路"首家调解中心——"一带一路"国际商事调解中心正式成立。该中心受理包括但不限于"一带一路"相关的国际商事争议，并就调解前置程序确立、在线调解系统搭建、诉调对接平台设立等方面积极开展制度创新，在进一步提高效率的同时有效降低成本，为促进以调解方式解决"一带一路"民商事争议贡献了独特的"中国方案"。[①] 该调解中心的成立告诉我们可以在建立专门服务"一带一路"经贸合作的争端解决中心方面提出更多的制度设计，充分搭建传统调解机构与专门性的调解机构同时运作、互为补充的多边调解制度平台。另外，在当事人达成调解后，调解协议是否能够做到有效的承认与执行是关系调解目的能否最终实现的关键所在。对此，应加强调解与诉讼或仲裁的衔接，如根据调解协议快速出具仲裁裁决，推动东道国对调解协议的司法确认机制的构建或完善。

(二) 成立专门的"一带一路"投资仲裁中心

据统计，世界多数国家所签订的 BIT 绝大多数国家都选择了 ICSID 作为解决投资争议的方式。但是国际实践表明，ICSID 在处理投资者与东道国之间的投资争议时存在着透明度不高、仲裁员多出自欧美发达国家、仲裁结果多偏向发达国家投资者等问题。但是，"一带一路"倡议下的各国形成了相互尊重、互利共赢的交往态度，且沿线国家基于地缘政治、经济发展水平的类似性，其投资纠纷产生的原因存在着一定的共性，沿线国家可以成立专门的"一带一路"投资仲裁中心，用于专门解决沿线国家间投资者与东道国的投资纠纷。基于此，中心首先应设定区别于现有的国际

---

① 龙明洁:《"一带一路"首家调解中心挂牌暨在线调解系统上线运行》，2016年10月19日，中国经济网（https：//china. huanqiu. com/article/9CaKrnJYadu）。

商事仲裁的普遍规则,如在双多边认可的情况下,逐步引入"强制仲裁"制度,提升仲裁中心的案件数量和适用频率。其次,可按照 ICSID 对"投资"的扩大化解释确定仲裁的适用范围。最后,仲裁中心应尽可能地设定较高的透明度标准,逐步提升客户的认可度和国际影响力。

(三) 探索建立"一带一路"商事法庭

成立于 2015 年的新加坡国际商事法庭(Singapore International Commercial Court, SICC)是国际商事诉讼机制晚近创新的典型代表,也是新加坡迈向国际争议解决中心的一座里程碑。"一带一路"沿线国家可以参考 SICC 的运行模式,成立专门的"一带一路"商事法庭。在管辖上,可以建立同时适用当事人自愿提交案件和沿线国相关法院提交案件两种管辖模式。在准据法的适用上,由于"一带一路"商事法庭不能被视为传统意义上的一国国内法院,所在国并不能当然基于属地管辖权而通过本国的冲突规范确定适用的准据法。因此,可以借鉴仲裁制度当中的当事人协商选择适用法律的规则,抑或是在征得双方当事人同意的情况下,由法院决定具体适用的法律。

参考文献

一 中文文献

（一）中文著作

陈安主编：《国际经济法学》，北京大学出版社2017年版。

高子程主编：《"一带一路"沿线六十五个国家中国企业海外投资法律环境分析报告汇编》（上册），北京市律师协会出版社2017年版。

郭静利主编：《"一带一路"六国农村土地制度概论》，中国农业科学技术出版社2017年版。

何君：《跨国农业投资风险管理理论与实务》，中国农业出版社2019年版。

刘英杰主编：《"一带一路"农业合作国别指南》，中国农业出版社2019年版。

聂凤英主编：《"一带一路"国家农业发展与合作——中亚五国》，中国农业科学技术出版社2018年版。

聂凤英主编：《"一带一路"国家农业发展与合作——东南亚十一国》，中国农业科学技术出版社2018年版。

农业农村部国际合作司、农业农村部对外经济合作中心编著：《中国农业对外投资合作分析报告（2018年度）》，中国农业出版社2019年版。

邵沙平：《国际法》，高等教育出版社2008年版。

王传丽主编：《国际经济法》，中国政法大学出版社2015年版。

王贵国：《发展中的国际投资法律规范》，法律出版社1988年版。

王铁崖主编：《国际法》，法律从出版社1995年版。

武拉平主编：《对外农业投资政策法规教程（亚洲和美洲篇）》，中国农业出版社 2019 年版。

余劲松：《国际投资法》，法律出版社 2000 年版。

余劲松主编：《国际经济法》，高等教育出版社 2018 年版。

曾华群：《国际经济法导论》，法律出版社 2007 年版。

曾文革等著：《我国农业贸易生态化转型的法律保障研究》，中国社会科学出版社 2017 年版。

翟学玲主编：《"一带一路"倡议下中国农业对外合作研究——主要国家投资环境与企业发展实绩》，经济管理出版社 2017 年版。

翟雪玲主编：《"一带一路"倡议下中国农业对外合作研究》，经济管理出版社 2017 年版。

（二）中文论文

蔡拓：《人类命运共同体视角下的全球治理与国家治理——全球治理与国家治理：当代中国两大战略考量》，《中国社会科学》2016 年第 6 期。

蔡向辉：《"绿地"与"褐地"投资：孰优孰劣？》，《国际经济合作》2002 年第 8 期。

曹冬艳：《"一带一路"战略下中国与中亚国家农业合作策略分析——基于全球价值链的视角》，《现代商贸工业》2016 年第 27 期。

常玉：《我国海外投资保险制度构建问题研究》，硕士学位论文，内蒙古大学，2019 年。

陈伟光、王燕：《全球投资治理下的国际投资协定多边谈判与中国对策》，《天津社会科学》2017 年第 3 期。

程国强：《我国农业对外开放的影响和战略选择》，《理论月刊》2012 年第 7 期。

程国强：《中国农业对外开放：影响、启示与战略选择》，《中国农村经济》2012 年第 3 期。

程淑珍：《我国企业杠杆收购财务风险形式与控制》，《企业经济》2008 年第 6 期。

戴龙：《我国反垄断法域外管辖制度初探》，《法学家》2010 年第 5 期。

邓瑞平、董威颉：《中国海外投资安全风险国家层面法律防范研究》，《河北法学》2019 年第 2 期。

邓婷婷、张美玉：《"一带一路"倡议下中国海外投资的条约保护》，《中南大学学报》（社会科学版）2016年第6期。

葛永波、姜旭朝：《企业融资行为及其影响因素——基于农业上市公司的实证研究》，《金融研究》2008年第5期。

龚兵：《中俄经贸合作中利用俄罗斯土地的法律风险控制》，《北方法学》2018年第3期。

郭桂霞、赵岳、巫和懋：《我国"走出去"企业的最优融资模式选择——基于信息经济学的视角》，《金融研究》2016年第8期。

韩立余：《构建国际经贸新规则的总思路》，《经贸法律评论》2019年第4期。

韩秀丽：《中国海外投资地环境保护——母国规制方法》，《国际经济法学刊》2010年第3期。

韩永红：《"一带一路"国际合作软法保障机制论纲》，《当代法学》2018年第4期。

何志鹏：《逆全球化潮流与国际软法的趋势》，《武汉大学学报》2017年第4期。

胡欣：《"一带一路"倡议下中国国有企业海外投资的风险与保护之策》，《对外经贸实务》2019年第9期。

胡玉鸿：《试论法律位阶划分的标准——兼及行政法规与地方性法规之间的位阶问题》，《中国法学》2004年第3期。

黄河：《论我国农业补贴法律制度的构建》，《法律科学》2007年第1期，

贾立：《杠杆收购：并购融资创新路径探讨》，《理论探讨》2006年第3期。

姜晔：《"一带一路"背景下的中国与中亚农业合作前景》，《农民日报》2015年第3期。

蒋冠宏、蒋殿春：《绿地投资还是跨国并购：中国企业对外直接投资方式的选择》，《世界经济》2017年第7期。

金虹：《中国企业海外投资的环境评估与区域选择》，《改革》2003年第1期。

金三林：《我国农业对外投资的战略布局与重点》，《经济纵横》2018年第7期。

雷著宁、孔志坚：《中国企业投资缅甸的风险分析与防范》，《亚非纵横》2014年第4期。

李锋：《"一带一路"沿线国家的投资风险与应对策略》，《中国流通经济》2016年第2期。

李猛：《"一带一路"中我国企业海外投资风险的法律防范及争端解决》，《中国流通经济》2018年第8期。

李敏：《"一带一路"战略下我国对哈萨克斯坦的农业投资风险与应对策略》，《农业经济》2017年第1期。

李霞、丁宇、汉春伟：《"一带一路"倡议下中国对外投资的环境挑战、机遇与建议》，《世界环境》2017年第5期。

李勇彬、汪昊：《我国与"一带一路"沿线国家避免双重征税协定对比》，《税务研究》2017年第2期。

栗进朝、郜俊红：《行业协会在美国农业中的作用及启示》，《农业科技通讯》2010年第5期。

廖益新：《论避免双重征税协定与国内税法的关系》，《厦门大学学报》（哲学社会科学版）1995年第3期。

凌捷：《供给侧改革与中国创新驱动发展战略研究》，《改革与战略》2016年第7期。

刘二虎、陈瑛：《丝绸之路经济带背景下中亚五国投资环境比较研究》，《世界地理研究》2018年第4期。

刘敬东：《"一带一路"法治化体系构建研究》，《政法论坛》2017年第5期。

刘娜：《东南亚国家投资环境分析》，《对外经贸》2014年第7期。

刘乃郗、韩一军、刘邦凡：《逆全球化背景下中国农业海外投资风险与对策》，《哈尔滨工业大学学报》（社会科学版）2018年第1期。

刘乃郗、韩一军、刘邦凡：《逆全球化背景下中国农业海外投资风险与对策》，《哈尔滨工业大学学报》（社会科学版）2018年第1期。

刘晓晨：《中国海外投资保险法律制度研究——基于"一带一路"倡议和全球治理理论视角》，《财经问题研究》2018年第4期。

刘志颐：《农业"走出去"企业融资难、融资贵问题分析》，《世界农业》2019年第12期。

吕捷、李丹丹：《中国农业海外投资新思考》，《世界农业》2018年第

11 期。

马俊：《缅甸最新投资法律对投资者的影响研究》，《商业经济研究》2018 年第 17 期。

茆海星：《中国农业企业对外直接投资模式研究——以中粮集团为例》，硕士学位论文，吉林大学，2016 年。

明瑶华：《"一带一路"投资争端调解机制研究》，《南通大学学报》（社会科学版）2018 年第 1 期。

宁红玲、漆彤：《"一带一路"倡议与可持续发展原则——国际投资法视角》，《武大国际法评论》2016 年第 1 期。

曲丽丽、韩雪：《"一带一路"建设中金融风险识别及监管研究》，《学习与探索》2016 年第 8 期。

曲星：《人类命运共同体的价值观基础》，《求是》2013 年第 4 期。

任清：《海外投资须重视国籍筹划》，《中国外汇》2017 年第 17 期。

任太增：《比较优势理论与梯级产业转移》，《当代经济研究》2001 年第 11 期。

任天舒、乔龙、王国梁：《中亚五国投资环境比较研究》，《对外经贸》2019 年第 1 期。

宋洪远、徐雪、翟雪玲、王莉、徐雪高、夏海龙：《扩大农业对外投资加快实施"走出去"战略》，《农业经济问题》2012 年第 7 期。

宋双双：《在"一带一路"战略下扩大对外农业合作》，《国际经济合作》2014 年第 9 期。

宋子雄：《美国企业内部控制制度的发展及对我国的启示》，《亚太经济》2005 年 3 月。

苏馨：《中国对"一带一路"沿线国家直接投资的风险研究》，硕士学位论文，吉林大学，2017 年。

孙吉胜：《中国国际话语权的塑造与提升路径——以党的十八大以来的中国外交实践为例》，《世界经济与政治》2019 年第 3 期。

孙南申：《"一带一路"背景下对外投资风险规避的保障机制》，《东方法学》2018 年第 1 期。

孙雅娜：《跨国公司与东道国当地企业的合作方式及其经济内涵》，《当代经济管理》2011 年第 8 期。

孙侦、贾绍凤、吕爱锋：《中国海外耕地投资状况研究》，《资源科学》2018年第8期。

孙志煜:《中国—东盟自贸区争端解决机制的制度反思与路径优化》,《政法论丛》2016年第4期。

谭畅:《"一带一路"倡议下中国企业海外投资风险及对策》,《中国流通经济》2015年第7期。

唐礼智、刘玉:《"一带一路"中我国企业海外投资政治风险的邻国效应》,《经济管理》2017年第11期。

汪莹、郝卫平、张海凤:《双汇收购史密斯菲尔德及其借鉴意义》,《国际经济合作》2014年第4期。

王宏新、毛中根:《企业国际化阶段的理论发展评述》,《上海经济研究》2007年第2期。

王锦意:《中国—东盟框架下涉外投资的法律风险防范研究——以越南〈投资法〉为视角》,《法制与经济》2017年第5期。

王敬栋:《"一带一路"背景下国际投资争端解决机制研究》,硕士学位论文,郑州大学,2018年。

王镭、张洁:《国外金融支持农业"走出去"的经验分析与借鉴》,《中国农业信息》2014年第9期。

王明国:《"一带一路"倡议的国际制度基础》,《东北亚论坛》2015年第6期。

王是业:《政策性金融机构支持企业"走出去"模式探析——来自欧美国家的经验》,《现代经济探讨》2017年第1期。

王婷:《日本农业"走出去"经验借鉴》,《国际经济合作》2013年第8期。

王延延:《中国企业海外投资的风险及规避》,《企业改革与管理》2015年第4期。

王彦志:《国际投资争端解决机制改革的多元模式与中国选择》,《中南大学学报》(社会科学版)2019年第4期。

王筝:《"一带一路"战略模式构建的国际法思考》,《当代经济》2019年第6期。

魏德才、雷羽:《论我国海外农业投资保险法律制度的构建——以中国在东盟自由贸易区的农业投资为例》,《广西师范大学学报》(哲学社会科学版)2010年第2期。

魏彦博:《中国民营农业企业如何"走出去":以新希望集团为例》,《对外经贸实务》2012年第7期。

吴智:《我国海外投资保险制度法律关系主体的思考》,《时代法学》2003年第1期。

肖黎:《我国农业海外投资的六类风险与应对措施》,《求索》2012年第3期。

肖永平:《全面依法治国的新阶段:统筹推进国内法治与国际法治建设》,《武大国际法评论》2018年第1期。

谢国娥、许瑶佳、杨逢珉:《"一带一路"背景下东南亚、中东欧国家投资环境比较研究》,《世界经济研究》2018年第11期。

谢海霞:《对赌协议的法律性质探析》,《法学杂志》2010年第1期。

谢小庆:《构建"一带一路"国际规则体系的路径与策略》,《人民法治》2019年第8期。

新形势下中国对俄罗斯东部地区投资战略及投资风险防范研究课题组:《中国对俄罗斯东部地区投资风险的防控》,《俄罗斯学刊》2017年第3期。

徐虹、林钟高:《信任水平、组织结构与企业内部控制制度设计研究》,《会计研究》2011年第10期。

徐卫东、闫泓汀:《"一带一路"倡议下的海外投资法律风险对策》,《东北亚论坛》2018年第4期。

许振宝、李哲敏:《"一带一路"战略下中国与俄罗斯农业合作探析》,《世界农业》2016年第8期。

薛紫臣、谢闻歌:《缅甸国际直接投资环境分析》,《现代国际关系》2015年第6期。

闫恩宠:《中亚五国外国投资法律制度比较研究》,硕士学位论文,吉林大学,2017年。

严立冬:《绿色农业发展与财政支持》,《农业经济问题》2003年第10期。

杨光、张晨、张芸:《农业"走出去"金融政策现状、问题及对策》,《世界农业》2013年第9期。

杨国华:《"一带一路"与国际法治》,《法学杂志》2018年第11期。

杨林瑞、尹良培:《中小企业融资问题的法律研究》,《中国法学》

2003年第3期。

杨亚平、李腾腾：《东道国营商环境如何影响中国企业对外直接投资选址》，《产经评论》2018年第3期。

杨易、陈瑞剑：《对外农业投资合作资金支持政策现状、问题与政策建议》，《世界农业》2012年第6期。

杨易、马志刚、王琦：《中国农业对外投资合作的现状分析》，《世界农业》2012年第12期。

杨泽伟：《"21世纪海上丝绸之路"建设的风险及其法律防范》，《环球法律评论》2018年第1期。

杨震、蔡亮：《论改革开放以来的中国海权与海外利益保护》，《亚太安全与海洋研究》2019年第3期。

姚先国、李敏、韩军：《工会在劳动关系中的作用——基于浙江省的实证分析》，《中国劳动关系学院报》2009年第1期。

殷敏：《"一带一路"倡议下中国对俄投资的法律风险及应对》，《国际商务研究》2018年第1期。

于敏、姜明伦、耿建忠：《中俄农业合作新机遇及对策研究》，《世界农业》2015年第8期。

余劲松：《国际投资法》，法律出版社2000年版。

曾华群：《国际经济法学要研究新问题》，《法学研究》2004年第2期。

曾令良、古祖雪、何志鹏：《法治：中国与世界——国际法治愈中国法治建设》，《中国社会科学》2015年第10期。

曾文革、孙健：《我国海外农业投资的环境风险与法制对策》，《江西社会科学》2015年第3期。

曾文革、王怡：《中国—东盟自由贸易区农业园区风险投资的法律问题分析》，《经济问题探索》2011年第11期。

曾文革、周玉颖：《论我国对东盟农业投资政治风险的法律防范》，《经济问题探索》2013年第11期。

张炳雷、陈英中：《国有企业海外投资所面临的困境与对策》，《海南大学学报》（人文社会科学版）2010年第4期。

张晨：《金融服务支持农业"走出去"的问题、原则与路径》，《农村经济》2015年第3期。

张金萍、高子清：《中俄农业深度合作的基础与路径选择》，《求是学刊》2014 年第 6 期。

张丽娜：《"一带一路"国际投资争端解决机制完善研究》，《法学杂志》2018 年第 8 期。

张晓君：《缅甸外国投资者与东道国争端解决机制研究》，《学术论坛》2019 年第 5 期。

张芯瑜、孟庆军、崔悦：《中国农业企业对外直接投资项目风险评价》，《湖北农业科学》2017 年第 11 期。

张雄辉：《中国企业对外直接投资风险分析及防范措施》，《电子商务》2013 年 4 月。

张颖：《跨国公司在农业领域投资的法律规制研究》，《世界农业》2016 年 4 月刊。

张芸、崔计顺、杨光：《缅甸农业发展现状及中缅农业合作战略思考》，《世界农业》，2015 年第 1 期。

赵骏：《全球治理视野下的国际法治与国内法治》，《中国社会科学》2014 年第 10 期。

郑宝华、李东：《国内农业产业安全问题研究综述》，《农业经济问题》2008 年第 1 期。

郑长忠：《人类命运共同体理念赋予包容性发展新内涵》，《当代世界》2018 年第 7 期。

周旺生：《论我国立法原则的法律化》，《法学论坛》2003 年第 3 期。

周忠海：《海外投资的外交保护》，《政法论坛》2007 年第 3 期。

朱小梅：《论资本要素国际移动对发展中国家经济发展的影响》，《计划与市场》1998 年第 2 期。

（三）译著

[美] E. 博登海默：《法理学——法哲学及其方法》，邓正来等译，华夏出版社 1987 年版。

[美] 凯尔森：《法与国家的一般理论》，沈宗灵译，中国大百科全书出版社 1996 年版。

[德] 鲁道夫·多尔查、[奥] 克里斯托弗·朔伊尔：《国际投资法原则》，祁欢、施进译，中国政法大学出版社 2014 年版。

[奥] 迈克尔·朗：《避免双重征税协定法导论》，朱炎生译，法律出

版社 2017 年版。

二 英文文献

（一）英文著作

Jonathan Bonnitcha, *Substantive Protection under Investment Treaties: A Legal and Economic Analysis*, Oxford: Oxford University Press, 2014.

Kenneth J Vandevelde, *Bilateral Investment Treaties: History, Policy, and Interpretation*, Oxford: Oxford University Press, 2010.

Peter Muchlinski, Federico Ortino and Christoph Schreuer, "Preface" in Peter Muchlinski, Federico Ortino and Christoph Schreuer (eds.), *The Oxford Handbook of International Investment Law*, Oxford: Oxford University Press, 2008, vi.

S. Subedi, *International Investment Law: Reconciling Policy and Principle*, Oxford: Hart Publishing, 2008.

Santiago Montt, *State Liability in Investment Treaty Arbitration: Global Constitutional and Administrative Law in the BIT Generation*, Oxford: Hart Publishing, 2009.

（二）英文论文

Amanda Perry, "Effective Legal Systems and Foreign Direct Investment: In Search of the Evidence", *ICLQ*, Vol.49, 2000.

Andrew Newcombe, "The Boundaries of Regulatory Expropriation in International Law", *ICSID Review-ELLJ*, 2005.

Bernard Michael Gilroy and Elmar Lukas, "The choice between greenfield investment and cross-border acquisition: A real option approach", *Quarterly Review of Economics and Finance*, Vol.46, 2006.

Buckley, Peter J. Clegg, L. Jeremy Cross, Adam R. Xin Liu, Voss, Hinrich, Ping Zheng, *The determinants of Chinese outward foreign direct investment*, Journal of International Business Studies, Vol.38, 2007.

David F. Black, *So You Want to Invest in Russia - A Legislative Analysis of theForeign Investment Climate in Russia*, J. Global Trade, Vol.6, 1996.

David Hallam, *International Investments in Agricultural Production*, Washington DC: Woodrow Wilson Center, 2009.

Garcia-Bolivar and Omar E., "Comments on Some ICSID Decisions on Jurisdiction", *International Business Lawyer*, Vol.32, 2004.

Glnsburg Robert, "Political Risk Insurance and Bilateral Investment Treaties: Making the Connection", *Journal of World Investment & Trade*, Vol.14, 2013.

Ira Lindsay, "A Troubled Path to Private Property: Agricultural Land Law in Russia", *Colum.J.Eur.L*, *Vol.*16, 2010.

Jeff Shim, "Foreign Agricultural Investments in Myanmar: toward Successful andSustainable Contract Farming Relationships", *Colum.J.Transnat'l L*, Vol.55, 2017.

Jeswald W.Salacuse, "BIT by BIT: the Growth of Bilateral Investment Treaties and their Impact on Foreign Investment in Developing Countries", *International Lawyer*, 1990.

Jose E Alvarez, "Contemporary Foreign Investment Law: An 'Empire of Law' or the 'Law of Empire'?", *Alabama Law Review*, Vol.60, 2008.

J.C.Bumham, J.E.Epperson, "A Profile of Foreign Direct Investment by the US Fruit and Vegetable Industry", *Agribusiness*, 1998.

Made Warka, "Development of Investment Laws in Improving Indonesia CapitalInvestments", *J.L.Pol'y & Globalization*, Vol.85, 2019.

Mann, H., "Foreign Investment in Agriculture: Some Critical Contract Issues", *Uniform Law Review*, Vol.17, 2012.

Mavluda Sattorova, "International Investment Law in Central", *Asia World Investment & Trade*, Vol.16, 2015.

Ofodile and Uche Ewelukwa, "Africa-China Bilateral Investment Treaties: A Critique", *Michigan Journal of International Law*, Vol.35, 2013.

Parantap Basu, Alessandra Guariglia, *Foreign Direct Investment, Inequality, and Growth*, University of Nottingham Discussion Papers in Economics, 2003.

Philippe Gugler, "UNCTAD World Investment Report 2009: Transnational Corporations 2009 Agricultural Production and Development Geneva", *International Business Review*, Vol.6, 2010.

Sergei Marinich, Robert Zafft, "Russia's New Foreign Investment Law",

Cent.& E.Eur.L, Vol.25, 1999.

Stephan W.Schill, "System Building in Investment Treaty Arbitration and Lawmaking", *German Law Journal*, Vol.12, 2001.

Tita, Alberto, "Investment Insurance in International Law: A Restatement on the Regime of Foreign Investment", *Journal of World Investment and Trade*, 2010.

Vicheka Lay, "China's Investment in Cambodia", *Asia & Int'l L*, Vol.6, 2013.

W.Michael Reisman and Robert D.Sloane, "Indirect Expropriation and Its Valuation in the BIT Generation", *British Yearbook of International Law*, Vol.74, 2004.

Yothin Jinjarak, "Foreign Direct Investment and Macroeconomic Risk", *Journal of Comparative Economics*, Vol.35, 2007.

ÖKTEN, N.Zeynep and ARSLAN, Ünal, "Foreign Direct Invesment and Socioeconomic Conditions", *International Journal of Economic & Administrative Studies*, Vol.6, 2013.

后 记

"一带一路"倡议下中国农业海外投资的企业权益法律保障的研究是一个比较宏大的命题，既涉及"一带一路"农业投资领域的相关国际法律和东道国法律的研究，又涉及我国农业投资的相关政策和法律的研究，还涉及这些法律、政策的实施及案例研究。本书主要从"一带一路"倡议下中国农业企业海外投资的概况入手，剖析背后的经济学和国际政治理论基础，引出中国农业海外投资的企业权益法律保障的必要性、内涵、基本原则和制度架构。在阐明国际法规范对"一带一路"农业海外投资作用的基础上，梳理了全球性的多边公约、区域性协定以及涉农投资协定对于农业海外投资的规制。厘清了"一带一路"倡议下中国对相关国际法治的推动和相关立法政策的进展，通过中国农业企业海外投资典型案例，分析中国农业海外投资企业面临的困境与原因。结合"一带一路"沿线国家农业投资的法律环境，分别分析了中国农业海外投资企业的内部性权益和外部性权益的法律保障。结合"一带一路"倡议的时代背景，提出中国农业海外投资企业权益保护的总体思路、法治体系和未来展望。

本书的初步结论是：第一，"一带一路"倡议下中国农业海外投资的企业权益法律保障应坚持共商共享共建原则、可持续发展原则、规则导向原则、创新驱动原则和绿色农业原则，要兼顾农业国际竞争力与本国市场控制力，平衡东道国企业与中国农业海外投资企业的利益保护，促进国际农业资本市场的自由流通，融入全球语境并引导国际话语权的价值取向。第二，"一带一路"倡议下中国农业海外投资企业权益法律保障的思路转变表现为保障范围从侧重于传统农业大国转变为"一带一路"沿线国家，保障对象从侧重国有企业转变为民营企业和国有企业并重，保障环节从仅注重投资管理转变为投资管理的相关环节，保障方式从强调监督管理转变为重视引导服务，保障手段从侧重国内法转变为国际法与国内法并重。第三，"一带一路"倡议下中国农业海外投资企业权益法律保障面临诸多困境，例如农业海外投资企业权益保障的专门法律存在缺失，农业企业海外投资的法律位阶较低，国内法与国际法衔接与转化有待完善，农业企业海外投资的保险亟须立法，农业海外投资企业融资困难，国际投资争端解决机制存在不足。第四，牢牢依托传统国际法多边治理体系，充分吸纳国际智慧；积极推动农业全球化进程，积极增强在新型国际贸易投资规则制定中的话语权；尊重并遵守东道国以及国际通行的环境社会保护标准；充分依托"一带一路"战略，从建立各类农业专项合作示范区等方面推进"一带一路"战略下中国农业海外投资企业权益保障。

然而，由于各种因素限制，本书的研究仍存在以下不足：第一，本书仅研究和分析了在"一带一路"倡议背景下以中粮集团和双汇集团为代表的中国农业企业海外投资权益保障的成功案例，而对于失败案例付之阙如，无法从其他角度进行反思和警示；第二，"一带一路"倡议下中国农业海外投资企业权益保障的国内法法治体系建设、国际法法治体系建设、内部性权益保障机制、外部性权益保障机制以上问题的相互关系及未来发展的研究仍然有待进一步深入。以上问题留待今后进一步研究。

本书主要是 2017 年司法部国家法治与法学理论研究项目一般课题"'一带一路'倡议下中国农业海外投资的企业权益法律保障"（编号 17SFB2045）的研究成果。课题由重庆大学法学院曾文革教授主持，统筹拟纲定稿。课题组成员和部分学生参与了资料收集和写作，从资料的收集整理到写作的讨论修改，整个过程历时两年，字斟句酌，数易其稿，最终完成。以下是各章撰稿人的具体分工：第一章：曾文革；第二章：张路、高颖；第三章：江莉、张宗师；第四章：温融、姜悦悦；第五章：胡斌、吴庆禹；第六章：李海明、崔楷；第七章：曾文革、夏天佑。

本书虽已完稿，但研究并未终止。希望本书既可以对"一带一路"倡议下中国农业海外投资的企业权益法律保障理论和实务提供参考和借鉴，还能引起学界对"一带一路"倡议下中国农业海外投资的企业权益法律保障问题的进一步关注和思考，也期待读者的宝贵意见和建议，以便我们进一步修订，使之更加完善。是为记。

课题组
2020 年 3 月